知識分子的省思與對話

■與會大合照。

■現場實景。

■肖像畫板前報到。

7 活動集錦

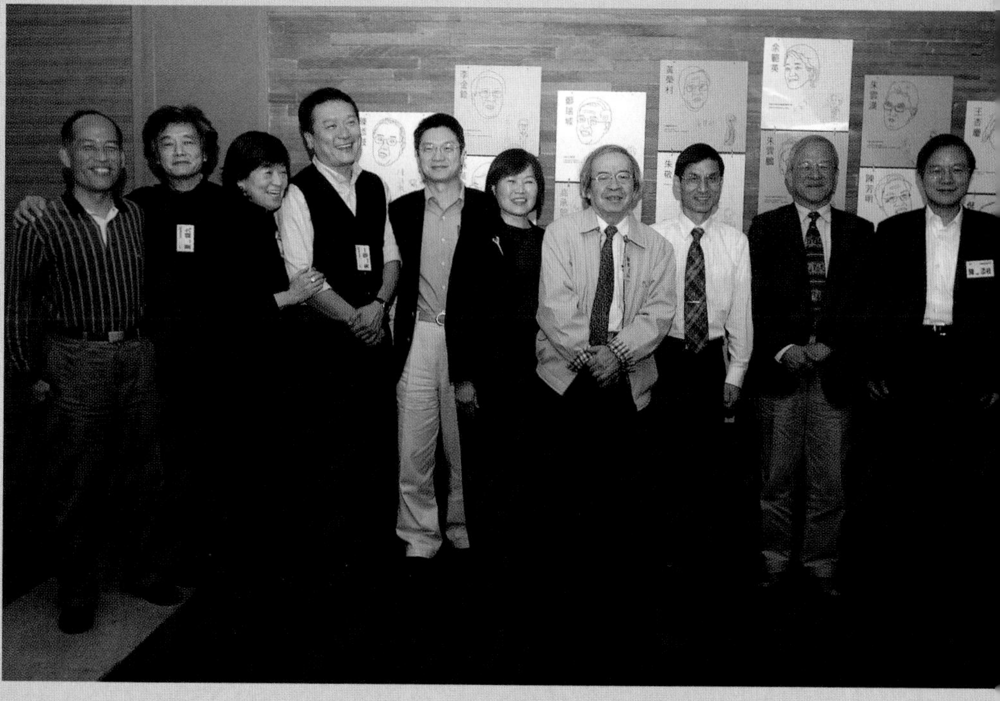

李金銓
林萬億
張笠雲
鄭瑞城
高承恕
黃榮村
朱敬一
錢永祥
林聖芬
余範英
朱雲鵬
王汎森
夏鑄九
朱雲漢
陳芳明
王振寰
王杏慶
倪炎元
江宜樺

王汎森

陳添枝

鄭瑞城
林萬億

鄭瑞城
高承恕

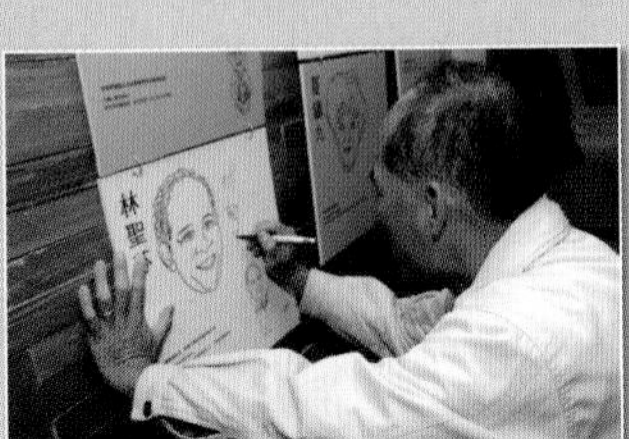

黃榮村
朱敬一

林萬億
高承恕

余範英
朱雲漢
朱雲鵬
陳芳明

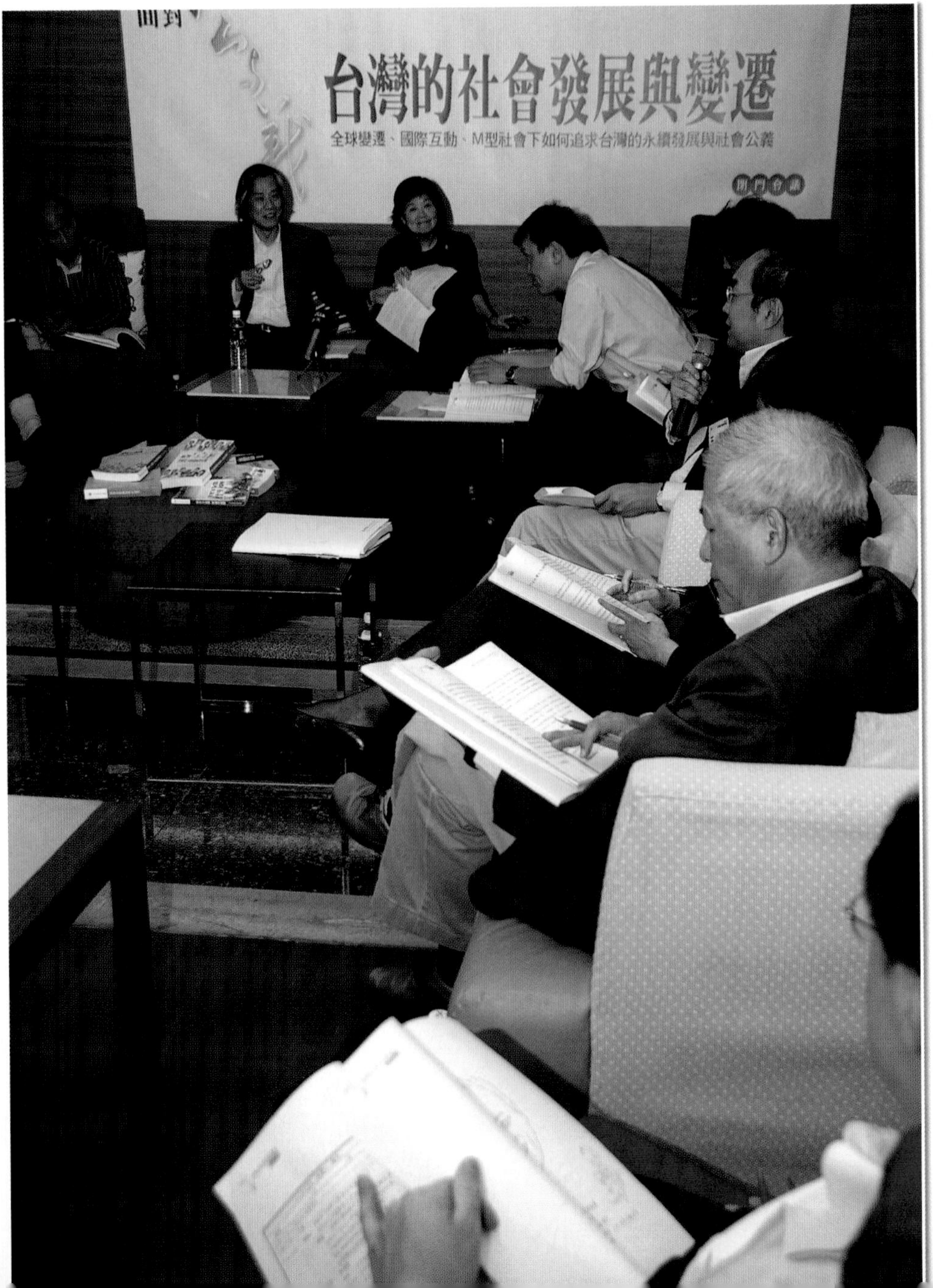
台灣的社會發展與變遷
全球變遷、國際互動、M型社會下如何追求台灣的永續發展與社會公義

■盍各言爾志。

張茂桂
李金銓

■互動、分享，再討論。

社會發展與變遷
社會公義

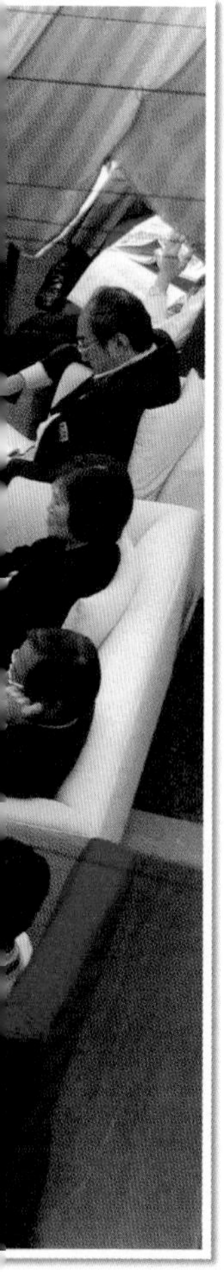

■抒發己見，欲罷不能。

王 汎森

朱
雲漢

社會發展
會下如何追求台灣的
林萬億

台灣的社會發展與變遷
全球變遷、國際互動、M型社會下如何追求台灣的永續發展與社會公義
閉門會議

■發展與分配兼攻，關切與實踐並重。

■面對「公與義」繼續針砭，不忘反思與責任。

■攝影：林國彰

目　錄

序

【開幕序】

尋找下一個二十年

——余範英

我的老友黃榮村；想起十年以前我們就開始面對公與義，我們有個公與義小組每年開不完的研討會，今年又開始了，開始之前雲漢覺得說曾經有過棲蘭山，可不可以再來一次，所以有了今天。本來每次都是覺得我不需講什麼話，但幾十年下來我也有了些感觸、有些想法，算是開場白，我也有一些感想，心裡想該講的還是要講，我就念念吧。

猶記得二十年前的棲蘭山之會，當時有黃榮村有王汎森也有我，當年的學者與聚會記憶猶新，今日我們在草山相聚，就像二十一世紀中第一個十年，台灣好像忘記了世界正在快速轉變，也幾乎不介意東亞經濟版圖的改寫，各領域菁英無不被吸捲於無謂的政治糾纏，這是一個令人窒息的局面，也是一個令人思變與反省的時候。

全球化浪潮的到來，全球正處於科技經濟與環境生態之間的衝突，各在地文化皆面臨巨大的挑戰，我們台灣能做什麼、能有什麼樣的作為？該做的似乎很多，然而只見族群議題再次淪為選戰的工具，公民社會依然沉淪在政治的叫囂之中，經濟發展與環境問題依舊沒有解決，文化價值接近崩潰，沒有前景只有倒退。

我們也許無奈但沒有權力悲觀，存續發展的問題正逐步逼近台灣的各個層面，我們不願意隨波逐流，也不能置身事外，我們堅信台灣仍有許多知識份子，保有對於道德理念的堅持，對世代的關懷，對土地的熱愛以及對各行各業依舊在各個角落質樸勤奮的人的責任。

今日我們在草山重聚，為的就是重新省思知識分子對於人民的責任，為重塑一個多元開放的包容文化價值，為尋找下一個二十年──台灣的出路。

現在我說說這麼多年辦研討會的感想。放眼下一個二十年，台灣的人文社會如何與世界完全同步，如何把握學術中立，釐清文化與學術的責任與位置，過去中研院吳大猷先生開啓了科學領域間的對話空間，然而我們今日期待人文社會科學的研究能夠迎頭趕上，知識良心能夠有所依歸，知識分子能夠再起。

比起歐美許多國家，人文社會科學研究的發展在台灣仍不算蓬勃，專業智庫仍沒有受到足夠的尊重與支持，智庫與政策的對話逐漸式微，為了爭取資源，學術中立屈服於權力的分配下，學術尊重仍需要爭取。

學者與普通人一樣生活在現實中，不可能保持絕對的中立與自信，然而學者又和普通人不一樣，他們對於學術的要求是「真實」而非「現實」的依據負責，對「歷史」而非「一時」的觀念負責，是現代社會精神的中流砥柱與歷史價值的闡釋者，為學術理念傳承負責，是知識分子塑造與改變社會的動力。一次次的研討會，讓我們更體會到知識分子的宿命，世世代代裡我們都經歷過政治的操弄，走過政治的黑暗期，唯有學術理想，真理明辨的環境才能使知識分子的香火傳承。

我尊敬的與會學者們，下一個二十年，我們將無可避免觸及全球化及兩岸問題，面對大中國的競合與挑戰，台灣該有什麼樣的自信與準備？

謝謝大家的參加，黃榮村，朱雲漢，還有我的同事聖芬、炎元，以及我們時報的同仁跟基金會的伙伴、國彰的攝影、蕙仙的訪問，謝謝大家的參加。

【書序】

知識分子不見了？

——黃榮村

二十七年前深秋初次造訪哈佛大學，一眼就看到波士頓環球報的頭條標題「樹上最後的一片葉子」（The last leaf lingering on the tree），配上一幅即將凋零的葉子似在風中做好告別的姿勢。過幾年到維也納，一翻開報紙，頭條報導的是「小澤征爾到城裏來了！」這是一種城市的風格，一片葉子一位指揮家都是這些城市敘說理念鋪陳故事的頭條題材。我們不免會羨慕這種境界，但是不要忘了，城市與社會展現的風格其實是一種結果，兩個城市都是知識分子聚集之地，長期在理念與行動上的經營，匯聚成一種傳統表現出特殊的風格。

回看台灣，這裏也曾是知識分子在苦難中發聲與行動的平台，我們也曾塑造出一種以為可以長長久久流傳下去的風格。但曾幾何時，大家都在問說「知識分子到那裏去了？」這種質疑對台灣社會，一個在這麼短期間內經歷這麼多民主政治變革的社會，是一項致命的根本問題！二十幾年前宜蘭棲蘭山莊的聚會，是時報文教基金會與余範英董事長心中永遠的鄉愁，返鄉的路可以更短，去年底籌辦草山會談，邀集了十九位朋友來「盍各言爾志」，一方面有回應「知識分子不見了？」的味道，另一方面則是探討知識文化圈能扮演多大的社會智庫功能。在會談中，大家的心情是期望多於譴責，希望民進黨執政能回復解嚴前的民間理想，重視黨外精神，不要再繼續沈淪；在野的國民黨要揮別歷史，洗面革新。更多的時間則在期許對社會各項正在擴大中的差距得以消弭，不要製造偏狹的假議題，國家領導應該開大門走大路，讓國家競爭力得以真正提昇。更期待能建立優質多元的社會，讓教育文化開始有座標，從政治中脱身，走出一條能夠豐富心靈的活路。

草山會談彙整出版之時，正逢立委選舉，我們好像在選後的前幾天，看到執政的民進黨誠懇的向全國人民致歉，也看到國民黨抱持戒慎恐懼的心情。祇不過，不知他們這種正確的姿態，能夠維持多久？我們關心的不祇是這種姿態是否能維持到總統大選，更在意的是長遠的未來！我們關心的是台灣社會除了勝負之外，難道就沒其他道理值得講？

愛爾蘭詩人葉慈（W. B. Yeats）是台灣知識分子該深入瞭解的人。他在年輕時候即預感到愛爾蘭即將來臨的困頓，寫了「給未來歲月的愛爾蘭」；經歷恐懼的歲月，他又寫下「再度降臨」，戰慄的是更可怕的未來。當年華老去，開始在火爐旁打盹，他在恍惚中看到的是愛的容顏在群山繁星之中隱藏。但是在不同時代不同發展之下的國家，我們要用不同的方式來見證台灣。我們大部分不必是詩人，所處的也不是過去苦難的愛爾蘭，也許可以幸運的不必如此不安轉趨深沈，但是我們還有一大堆應該做的事，如何趁大局還沒真正轉壞，在還來得及的時候，多做點事情，期待下一個世代民主、多元、公義與永續的大台灣，將台灣放回兩岸、亞洲、與世界，看向台灣的大未來，啓動各層次的良性對話，走出一條活路，以免路愈走愈窄，愈走愈險。

草山會談之後，社會各界的回應指出台灣的知識分子不再祇是傳統上所認知的理念型與批判型而已，有愈來愈多的人以行動展現，投入社會，從事社區營造、環境改善、SARS與災後重建，以及各類教育文化與弱勢的關懷。這正是台灣社會火苗未熄，期待熊熊大火的基礎。但是，我們若能及早營造出良好的氛圍，這股推動台灣社會往上提昇的希望之火可以燒得更早燒得更旺！知識分子應善用其專業與熱情，積極研議各類事關重大議題的分析觀點與解決方案，甚至帶領風潮，讓國家發展能因此提昇知性與道德的高度與視野，更要給下一代接棒的年輕人留下啓示錄（祇要他們願意）。這是台灣當代知識分子不可逃避的責任，也是該再度奮起的時候了，希望到了我們開始會打盹的年紀時，看到的是愛的容顏在山頂在雲間如煙火般的燦爛。

學者論文

■朱敬一

美國密西根大學ANN ARBOR經濟學博士。
現任中央研究院院士、中央研究院經濟研究所特聘研究員、時報文教基金會董事。
曾任中央研究院副院長、行政院國家科學委員會人文社會科學處處長、台灣經濟學會理事長。
專業領域為人口經濟、法律經濟、財政學。
代表著作有《給青年知識追求者的信》、《經濟學的視野》、《基本人權》。

全球化對在地文化的影響

「知識分子有很長一段時間感覺無力，好像找不到什麼人可以好好講講話」，朱敬一說：「這次陽明山上的研討會讓我感受到了溫暖，因為看見還是有不少人對這個社會懷抱期待、願意好好談談問題、做點什麼。」

朱敬一說，很多人在談知識分子該怎麼樣發揮影響力，也有些人對社會似乎已不怎麼看重知識分子感到挫折。「我不知道別人怎麼想、打算怎麼做」，但朱敬一說，他就從教育的札根開始做，「盡我的自己的一分力量。」二〇〇七年九月，朱敬一在北一女等高中人文與社會資優班開授「社會科學概論」課程，朱敬一親自授課一學期近五〇小時，為的是提倡人文社會學風，這創下中研院院士在高中開設長期課程首例。

雖然朱敬一謙稱這麼做只是個人的行動，不過，院士級大師定期在高中教學，不只帶給同學更寬廣與深入的學習刺激，相信也會對社會產生正面的啓發和影響，讓更多對教育有想法、有意見的人，特別是各領域的學者專家，在對教育感到憂心和失望時，還可以有另外一個選擇，就是直接投入，用自己的專業和資源，改變他們所不喜歡的現狀。

根據台大社會學系教授兼系主任、高中生人文與社會科學營計劃主持人陳東升在這項課程結束後所做的調查，上課同學的滿意度高達九成以上。陳東升印象比較深刻的是這六個班、十多位老師認為課程非常精采，精采的比例加起來也超過九成；陳東升說，結業式那天，排隊要跟朱敬一握手、合照、簽名的同學，「人山人海」，可見受歡迎的程度。

考慮到「南北平衡」，朱敬一決定寒假過後的新學期，到高雄中學等四所南部高中教授這個課程，「每周一次，教課三小時，再加上往返的車程，要花費不少時間，更別說，事前要投入很多時間心力準備課程」，陳東升很佩服朱敬一的用心和行動力，「不簡單！」

除了投入教育第一線，關心文化的朱敬一，還曾經跟故宮以及國內某電腦業者談，是不是可以把故宮典藏的書法作品變成電腦的螢幕保護程式，「每次一開機，就可以在電腦啓動作業的那個時間，看某個字一筆一畫寫出來，」朱敬一說，你想想，久而久之，是不是會讓更多人對中國書法之美，產生好奇？而且台灣的電腦還不只賣給華人，全世界的使用者都可以看到啊，「這是多棒的事。」

朱敬一認為，在知識經濟與網路運作之下，全球化對文化的衝擊總是伴隨著資本主義來的，沛之莫然能禦。「但是從哪裡跌倒就要從哪裡爬起來，」朱敬一因此認為，充分運用知識濟與網路，在地文化還是有機會躍起，「書法的螢幕保護程式只是我個人的一個想法。」

全球化對在地文化的影響
——談資本主義「具一元化傾向」的滲透

——朱敬一

坊間有一種對於「全球化」的定義看起來有些無聊，但卻也有幾分參考價值；其說法是：「人類自群居、分工以來，每個團體都不斷向外延伸接觸（out reaching），隨著時間其接觸範圍漸漸擴大，時至今日而遍及全球，就是所謂的全球化。」依據這樣的定義，似乎全球化是一個已經持續了幾萬年的歷程。這種說法雖然不能說錯，卻明顯淡化了最近數十年全球化進程的驚人速度，在邏輯上不夠嚴謹。我不滿意前述這種表面上縱貫古今的空洞定義，但也從中得到一些啓發。近數十年全球化背後雖然有許多客觀因素的推波助瀾，似乎確實有一股持續的力道在鼓舞其動力，而且這股力道在近代史中持續不墜。區辨這樣的客觀波瀾與背後鼓舞的持續動力，應該是有助於我們分辨與解析事情原委的。

在全球化的進程中，幾乎所有人都感受到在地文化受到某種程度的衝擊；我們似乎該有所因應，但是又不很確定該如何因應。這恰也應驗了余英時（二○○四）先生在《重尋胡適歷程》（P.235）中所描述的一段困境。余先生指出，當年胡適受科學精神的薰陶，對於諸多社會問題總希望要研究清楚後再提出解決方案；但對許多急迫性的問題，社會卻沒有時間、沒有耐性去等待科學研究的清楚結果。今日全球化對在地文化的衝擊，似乎就面對這種兩難。

這篇文章的目的，就是希望在全球化對在地文化有明顯影響的「急迫」環境下，稍稍嘗試做一些釐清問題的科學辯證。我打算一則能論證全球化進程中資本主義扮演的重要角色，二則能說明資本主義動態發展中不利於多元文化的關鍵機制。我希望能夠藉此分析，區辨全球化對於在地文化的「衝擊」（impact）與「威脅」（threat），進而幫助我們對在地文化該如何因應，整理出一些方向。

全球化的關鍵驅力

即便人類的活動數萬年來都在向外延伸接觸，但是近數十年來的卻有些不同；究其原因，大致可歸納為左列幾點關鍵性的環境改變：

一、運輸革命：就實體物件（atoms）的運送而言，現在的飛機運輸既快速又便捷，已使得食物、家具、衣著、器械等實體物件的分工與外包範圍，遍佈至世界各個角落；在一兩百年之前，這是不可能的事。

二、通訊革命：近卅年來電腦與通訊技術的突破，使得以位元（bytes）傳輸的所有資訊，都能有效率地於瞬間完成，徹底改變了所有資訊相關產業如出版、新聞、電話的版圖，更使得行銷與品牌的規模大幅膨脹。

三、地理板塊重組：在冷戰結束，東歐國家相繼接受自由市場經濟、中國大陸改革開放之後、全世界忽然增加了一大群工資低廉、地租便宜的國家。他們一方面是許多傳統產品的代工廠，另一方面也是許多產品的最大消費市場。

因此，即使人類數萬年來都在做向外延伸接觸的努力，但歷史上卻從來沒有一個階段像最近數十年一樣，人類社會在短期之內產生如此巨大的全球性改變。

前述三項客觀事實的改變，當然對經社結構影響甚鉅。例如，運輸成本降低與地理板塊重組造就了中國與東歐諸國成為全世界最大的生產基地，各大公司紛紛將部分代工與半成品帶往該地生產。另一方面，通訊革命則使印度等英語系國家成為全世界最大的位元產品「代工」基地，也促成了該國的資訊產業發展。此外，通訊革命也使期貨、選擇權、衍生性交易等「虛擬」產品市場日益發達，一則方便了資產避險，另一方面也增加了金融市場的波動性與傳染性。這些影響當然都只是經濟與金融面的，其所伴隨的其他社會與文化衝擊，當然是不勝列舉。

資本主義的誘因推動

前述全球化的起因，可以做進一步的整理。基本上，冷戰結束、資訊與運輸革命固然是全球化快速進展的原因，但這些因素都是外生的、都是比較「無機」的、沒有自我主宰能力的。在這些外生因素偶然變動之外，真正「有機地」促成重大全球性變化的動力，其實是資本主義。資訊與運輸變革只是「載具」的改變，但真正有動機、有誘因利用平坦路面與方便載具的，卻是資本家。資本主義是全球企業家以牟利為目的所驅使，他們搭著資訊與運輸革命的便車，將產品製程切割外包、將最終產品分銷各地、又將資金彙集投注在全世界最能套利的各個角落。因此，不論是中國崛起、印度發跡、私募基金、M型社會、商業板塊調整，無一不是受「逐利」牽引所致。

不只商業活動與版圖受資本主義所主宰，即使是全球暖化與生物多樣性降低等看似與資本主義不大相干的全球化現象，其實也是與資本主義有關。例如，Swanson（一九九六）等學者指出，生物多樣性降低的主因，是非洲與南美洲等地雨林的砍伐，而其砍伐的目的，除了少數封閉地區耕地需求外，又多與歐美先進國家傢具及紙張的需求有關。又再如，全世界農作物物種的減少，也是要肇因於少數「先進」作物已發展出有效率的農藥，促使其大規模生產極為便利，進而使全世界越來越多的農民改種此「先進」作物。這些造成生物多樣性降低的原因，說他們與資本主義有關，似乎一點也不冤枉。再以全球暖化為例。全球暖化當然是因為二氧化碳排放。但造成該氣體過量排放的主要原因，如汽車、飛機、燃煤、重工業，又當然與企業家在全球各地的逐利行為有關。

總之，從通訊革命或運輸革命或冷戰結束的角度去看全球化，固然沒有錯，但是卻難以將全球化與「人」的積極因素相銜接。而將全球化活動與有機的商業或資本主義活動相連結，卻能方便我們透視全球化過程中文化活動所受到的「威脅」。

文化面的關鍵特徵之一，即在於其特殊性與多元性。我們憂心全球化對在地化可能有衝擊，其實也是憂慮在地文化特色可能會因不敵全球性主流文化的侵襲而消滅。如果許多地方的在地特色都被全球主流文化所襲捲，那麼文化的多元性當然也就有消失的危機。

以大家比較常接觸的電影工業為例。在好萊塢電影工業的大資本、大市場優勢之下，全世界許多有潛力的明星、導演、作曲等人才，都傾向前往該地發展，這已是不爭的事實。但在以往，仍然有些具地域特色的製作能在區域內生存，透過電影、錄影帶的小眾傳播而存活。然而當網路傳輸、DVD燒錄等資訊科技日益普及的情況下，小眾傳播也必然增加了面對國際競爭對手的衝擊，這當然也使得具有地區特色的影音文化較以往更難存活。我想要強調的是，與其說資訊科技或全球化衝擊地區影音產業，不如說是強勢文化在全球銷售DVD的資本主義行銷，衝擊了地區產業。

具「一元化潛能」的威脅

大家也都了解，全球化所激起的種種調整，也不是盡曰不宜；德國許多百年老店將大部分半製品代工移往東歐諸國、台灣若干傳統產業另覓中國大陸或越南為基地、美國許多電話諮詢改以中南美洲人為服務員，這些都是資本主義驅策下的調整，但似乎沒有予以責難的角度。什麼樣的資本主義市場驅力比較可能會危害文化多元呢？我認為是「具有趨向一元化潛能」的市場活動。

怎麼樣才叫做具有一元化的潛能呢？大致說來，一種事業如果具有「規模越大就越具競爭優勢」的特性，那就極有可能產生襲捲效果，把具有地區特色的小文化群體都消滅了。研究資本主義動力的文獻告訴我們，概有兩大類的產銷活動，具有走向「一元化」的潛能。其一，是具有知識經濟特色的規模經濟。人類歷史上鮮有廣域規模經濟（生產規模越大平均成本越低）的事例，但在知識經濟時代，由於知識具有無敵對性（non-rivalrous）的特色與邊做邊學的現行者優勢，使得在知識創新扮演關鍵角色的行業，現存強者非常容易打敗該行內知識落後的工作者，也就很容易呈現規模經濟。其二，是具有網路經濟（network economy）的活動。網路經濟是指市場佔有率越高者就越具吸引客户的能力，這也會促成消費者的極端集中，不利於具有特色的弱勢工作者。我們稱前者為知識經濟群，其特色展現在生產面；後者為網路經濟群，其特色展現在需求面。

一旦看清楚全球化趨勢有相當一部分源自資本主義逐利行為的擴張，而資本主義活動又以「知識經濟群」與「網路經濟群」最具一元化侵蝕性，我們或許就能理解：全球化與在地化未必是互斥的、二選一的、必然顧此失彼的選項。朱銘、林懷民、李安等，都是極具在地特色的文化工作者。他們擁抱與發揮本土特色，不必然表示他們不能走向全球。當他們利用國際載具在全球發光時，也不必然表示一定要全然犧牲其在地特色。如果一定要逼別人在「在地化」與「全球化」之間互斥性地二選一，那麼就很容易掉進意氣用事的陷阱，殊為不智。從前述資本主義的角度來看，朱、林、李等人從事的工作，都沒有明顯的「知識經濟」或「網路經濟」一元化傾向，他們所受到的全球性威脅也就比較小。此外，如果全球化是仰賴資本主義的動力而行，許多人恐怕也不願意在「接受資本主義」與「不接受資本主義」二中選一吧？

當然，拿朱銘與李安這一級已經在國際上闖出名號的知名人物做分析，恐怕並不具代表性。對於大多數文化工作者而言，全球性主流文化兵臨城下的壓力、或是在地文化常是要走向全球所面臨的叩門關卡，都多少是會影響在地工作者的創作動機的。即便是李安拍攝在地風味十足的電影，其中也難謂沒有向主流文化妥協的痕跡。這些壓力、門檻、妥協，背後或許有票房的考量，有主流閱、聽眾的期待、有種種文化社會的約制與衝擊。但若沒有前述「一元化傾向」的特質，「衝擊」與「威脅」之間，就還是有些距離的。

有什麼文化事例是與知識經濟或網路經濟密切相關的呢？當然有。例如，在電腦與網路日益普及之際，大部分的「字」就不再是用寫的，而是用「打」的。當寫字的功能性大幅降低時，寫字的書法藝術就更難維持了。更何況，簡體字普及也有網路效果；這也使得以繁體中文為基礎的書法藝術受到極大的威脅。又如，當電腦作圖與編織技術日漸成熟時，刺繡藝術也就更容易受到威脅。當漢語拼音成為主流之後，注音符號就可能被淘汰（當然，注音符號拼音算不算是有深度的文化，頗有爭議）。我甚至猜想，當數位音樂幾乎能完美原音重現時，表演聲樂的競爭者就越來越多（包括過去所有的同曲演奏者），可能也會影響以後聲樂藝術者的參與意願。這些，似乎都構成了對在地文化的「威脅」，而不只是「衝擊」。

我不想在此誇大資本主義的重要性；說實話在文化層次，資本主義確實是蠻令人討厭的。但是另一方面，了解資本主義在全球化社會文化發展過程中扮演的關鍵角色，卻是改變（甚至挽救）在地文化的重要環節。這裡有幾個重要的問題，值得提出來討論。

例如，在全球化風潮的襲捲下，是不是每一件具有在地特色的文化活動，都需要保護？如果有保護的必要，要怎麼做、花多少資源去做？如何做才能有效？這些都是牽涉到政治哲學思辨對話的複雜課題，絕對不是一個簡單的二擇一的是非題。但是，前述「知識經濟群」與「網路經濟群」的檢查判準，也許是個好的起始切入點。

思考不同的因應方式

以我們比較熟悉的資本主義相關事例做類比，讀者或許能理解我的想法。當資本主義侵犯到工人權益時，民主國家會促成工會、鼓勵工會、允許罷工，希望透過自主團體的運作，去平衡資方的壓力。當資本主義侵犯消費者權益時，民主政府會成立或補助消保團體，以喚起民眾意識為手段，形成民間的普遍防護網。當資本主義侵犯到環境生態時，政府則成立環保署、課徵污染稅，也同時鼓勵民間團體以茲對抗。我們的問題是，當國際資本主義挾全球優勢載具侵犯到台灣在地的社會文化或價值體系時，我們的態度究竟該是如何？這是一個困難且面向頗多的議題，但無論如何，資本主義下具一元滲透傾向的市場活動，應該是個好的切入點。

我曾經嘗試去網路尋找「他山之石」，但是得到的回饋卻相當有限。國際上曾經有國際勞工組織，於二〇〇四年發表一份World Commission on the Social Dimensions of Globalization的報告，但其中與社會文化有關者卻少得可憐。其報告中第五十點指出：「文化是個性和歸屬的有力標誌。全球化應引導文化的多樣性，而不是雷同和不受歡迎的同化或靜態的保存。它必須是創造性的重新定義的過程，在此過程中，全球的和當地的傳統和生活方式在各個層次上結合，重新創造新的形式。必須承認，不同國家和地方的文化的完整和自主是人們跨國創造努力的信心和活力的源泉。」這樣的內容只是理想的宣示，其實質意涵恐怕有限。

此外，諾貝爾獎得主史迪格里茲（二〇〇七）也整理了五點全球化對在地的不合理衝擊，其內容為：

一、全球化的遊戲規則並不公平，它是為先進工業國家利益而特別設計的。事實上，近年一些規則改變是如此不公，甚至使部分最貧窮國家的情況益形惡化。

二、全球化重視物質價值蓋過其他價值，例如對環境及生命本身的關切等。

三、全球化的管理方式剝奪了開發中國家的許多主權裁量範圍，以及他們為了人民福祉而在重要領域上自行做決策的能力。從這個角度來說，全球化已經損害了民主政治。

四、雖然全球化的擁護者宣稱所有人都能因此於經濟上獲益，但有充分證據顯示，無論在開發中國家或已開發國家裡面，全球化下都有很多輸家。

五、也許最重要的一點是：強加在開發中國家身上的經濟制度（在有些例子根本是逼迫他們接受）既不適當，也會造成重大的傷害。全球化不應等同於經濟政策或文化上的「美國化」（Americanization），但這種情況的確經常發生，而這已經引起了公憤。

以上這些內容，涵蓋面甚為廣泛，多多少少也與全球化／在地化的衝突有關，但是牽涉問題與解決的方法似乎又有許多不同。前述第三與第五點，其實都有「網路經濟」的意涵。許多IMF與世銀的工作者，以與美國有關的經濟發展經驗為圭臬，希望別的國家也採用此種「品種」的發展經驗—這當然也是經驗越多越推銷此種經驗的網路效果實例。只不過此類「文化」輸出的衝擊過於龐大，許多國家難以承受，所以才會失敗收場。

我希望在全球化的現象描述外，再加上「知識經濟群」與「網路經濟群」兩項判準。希望這樣的觀點，有助於區辨衝突與威脅，也有助於我們接下來幾場的討論。

■王汎森

美國普林斯頓大學博士。
現任中央研究院院士、中央研究院歷史語言研究所特聘研究員兼所長。
曾任國家科學委員會人文及社會科學處處長、台灣大學歷史學系兼任教授、清華大學歷史研究所兼任教授。
專業領域為思想文化史、學術史、史學史。
代表著作有《古史辨運動的興起》、《中國近代思想與學術的系譜》、《晚明清初思想十論》、《章太炎的思想》。

對「全球化」情境下的台灣文化的幾點觀察

二〇年前也參加過《中國時報》在宜蘭棲蘭山莊所舉辦的那場「國是會議」的王汎森說，他的感覺是，與這次會議相較，兩場會議有明顯的不同，二〇年前的與會者用當時還很新的角度在看台灣社會，很具啓發性；王汎森說：「而這次與會的人，談的都是各個領域比較現實的問題，我覺得這樣也蠻好的，因為意味著大家很想要找到答案。」

王汎森說，很多人都很關心知識分子是不是對社會已經沒有影響力、知識分子是不是不見了等等的問題。王汎森認為，其實這個現象各國都有，「主要是後現代主義的關係，」他說，後現代主義將一切「散碎化」，認為沒有意義才是意義，「不要英雄模式，也不認為誰要對什麼事承擔起責任。」

王汎森的觀察是，某種程度而言，台灣同樣受到了這股思潮的影響，不再相信理想主義，再加上媒體內容走向八卦化，對知識分子所關心的議題沒有興趣，「無處著力之下，很多人也漸漸覺得，那就算了，懶得多講。」

第三個讓知識分子「分量」變輕的理由是自己的專業性不夠，不能讓人尊敬；王汎森說，這種人多了，難免也會稀釋知識分子的價值，讓社會大眾覺得知識分子也無甚可觀。

另有一點，王汎森說，整個社會對政治過度狂熱、過於聚焦，政治宛如金鐘罩，一把罩下，其他什麼東西都出不了頭，「有意義的事，特別是文化活動，很難引人注意。」但他並不認為這是社會不安之下必然的結果：王汎森舉一九四八年胡適在北京所舉辦的某個活動為例說，在當年那個動盪的時空下，胡適做了一場《水經注》各種版本的展覽，結果大大轟動，「我很難想像如果在現在的台灣辦這樣的一場展覽，會有多少人關心？」

失去對文化的關懷，整個社會，「亂跑、亂撞，沒有了座標。」對此，王汎森一直在思索著，到底該怎麼辦才好？涉及文化的事務，似乎政府不該過分介入主導，但他認為仍然有些事情是政府可以做的，以法國為例，法國的文化部有筆專門推廣通識教育的基金，讓更多人透過通識教育培養更寬廣的興趣與文化理解能力，多少可以幫助人們免於知識貧乏與視野窄化的限制，以及因此而產生的關懷層面不足現象。

談到這點，王汎森說，台灣雖然推廣通識教育多年，但是一直沒有一套有系統的通識教育叢書，製作這樣的出版品，就是一種文化教育傳播的工件，所費不用很多，但卻可以有很好的效果，政府是不是要考慮在這裡多著點力？王汎森提醒：「文化不只是辦活動、辦展覽而已，有很多扎根的事要做。」

對「全球化」情境下的台灣文化的幾點觀察

——王汎森

在進入本文之前，我想作一點聲明：我是歷史學者，在我的專業裡，全球化與在地化並未成為關注的問題，所以我對全球化理論了解很少，以下純粹是一個業餘的觀察。

Norbert Elias一九三九年在《文明的進程》（Uber den Prozess der Zivilisation）中這樣說：「生活水準…總是部份地被自己的社會在全球網絡的分工體系中的位置所決定了。」[1]這段話已經透露了「全球化」的味道，但我們知道這個現象在最近一、二十年變得比N. Elias的時代嚴重不知多少倍，事情不是「部份地」被決定，而是越來越

[1]Robert van Krieken, Norbert Elias (London, New York: Routlege, 1998), p.108.

「大部份」地被決定。

從文化上看，全球化與在地化，當然是對立的成份居多，只要看地球上消失的幾千種語言即可知，而且全球化的特徵之一是在資訊與經濟的統合過程中，把兩者之外的大大小小事物也捲進去。現代科技發展出來的訊息傳播及網路無遠弗屆的影響力，使得時間、空間的距離似乎不再具有意義，但另一方面，文化重視獨特性、差異性（但不是基本教義式的在地性），所以就文化層面而言，時間、空間的距離仍具有莫大的意義。

如果全世界的文化最後都變得一模一樣了，這個世界還有什麼意思呢？我的看法是，在全球化的大趨勢之下，應在「文化」與「文化產業」之間作一個概念上的區分（當然，這兩者在實際生活中是分不開的）。思考經濟與思考「文化」之邏輯不同，也不應相同，這是根本。「文化」是日常生活實踐的一部份，像是空氣之於人類，平時並不覺得它的重要，可是一旦把空氣抽光了，它的重要性即刻突顯出來。絕大多數的文化內涵都是在地生活的實踐，而生活及傳統中有許多元素並不能市場化（譬如在公車上讀詩，不一定有市場價值）。準此，我們如果再回過來思考這個問題時，一方面要正視全球化與台灣在地文化之間的問題，並在其中取得足夠的優勢，因為文化與在地生活分不開，不能為了在全球化的競合之局中力爭一個位置，而犧牲太多；另一方面，我們也應正視「文化產業」方面的問題，畢竟這與經濟、就業率等現實問題息息相關。

訊息的世界與市場的世界可以是單向的，但也可以是雙向的。在地的東西也可能藉著現代科技的平台而闖入世界舞台。重點是在地的文化一定要非常突出、非常獨特、非常優質，市場的意義強到一個程度，才可能有這方面的契機。另一方面是我們擁有的訊息傳播工具或通路系統必須強大到一個地步，才有可能將在地的變成全球的，這兩者一樣重要。以我們台灣這樣一個規模不大的文化體來說，必須既獨特而又吸引人，才可能契入全球舞台，而且還要經過一個包裝或重新編碼的過程，使得內容與意義是在地的，可是用來表達的語言是國際的。

第二個方面就是我們所能掌握的各種訊息及通路必須夠強，也就是手上的擴音喇叭聲量要夠強。本世紀法國年鑑學派史學曾經引領世界史學的風潮數十年，在它聲名最盛時便有人說：論史學作品水準之高，義大利可能不輸給法國，可是世界文化擴音器握在法國人手裏（包括法國史家著作英譯），弄得幾乎沒有人知道義大利史學家在做什麼。在地文化與全球文化市場之間的競合，也靠這龐大的、內容多樣的擴音器與通路。二〇〇二年，紀登斯（Anthony Giddens）在台北演講時好像曾經強調SNG車使得在地的東西也可以成為全球的。但是，訊息及通路世界的操作複雜度遠遠超過SNG車不知多少倍。

事實上應付全球化談何容易。一九九〇年代末，馬來西亞總理馬哈地大力提倡「亞洲價值」來和全球化對抗，結果成效非常有限。最可悲的其實是，所謂「全球化」幾乎等於「美國化」，歐洲國家也被美國弄得口不能言，在人文學這個行道，歐洲、日本昔日原有的榮光漸漸不見了。

如果我的觀察沒錯，對於台灣這個規模的文化體來說，全球化下的文化情勢，常常像是流行性感冒一樣，感冒要來時擋不住，要去時留不住。處在這種情境下，在地文化的主體性要夠強，才能對全球優勢文化的影響有所篩選或調適。

所以台灣的當務之急是建立一個極具包容胸懷的文化主體性，才能在全球化的局面中自處。但目前談台灣文化的狀況卻是最困難的，因為台灣文化面臨幾個問題：

一、文化領域嚴重政治化

寫這篇短文時，我曾請助理在網路世界尋找一點參考資料，卻廢然發現過去幾年沒有幾篇相關的文章。在僅有的幾篇中，對於過去、現在或多或少有些看法，對於台灣未來文化方向則大多不敢置一詞。我認為「集體緘默」的主要原因是過去十年政治力量對文化產生嚴重的壓迫，文化問題與統獨議題牽扯得太密，如果多說一點中國歷史文化，就會被冠上統派的招牌，如果強調得少，則會被戴上獨派的帽子，政治與文化之間不清不楚，是目前台灣文化狀況的第一個大問題。

在一九九〇年代以前，如果有人問到台灣文化的前途，人們最關心的是自由民主或專制威權、傳統文化與現代生活之類的問題，這些問題的是非往往很清楚，把某一方面痛罵幾句，再對另一方面提掇幾句，便成為一篇過得去的文章。可是今天，原先那些爭論得津津有味的問題，大多失去了現實的關聯性，即使談傳統文化與現代生活，仍然要問是中國的傳統還是台灣的傳統？

二、「文化」與「學術」鴻溝加大化

近二十年來，台灣文化界有一個重要現象，即「文化」與「學術」鴻溝加大化，知識份子與現實事務疏離化（the alienation of intellectuals），兩者都與政治的無窮糾葛、及學者高度專業化有關。此外，橫跨學術與文化兩界的刊物也日漸減少（如報紙副刊一度兼有一些跨學術與文化的東西，現在基本上也不見了）。

知識份子從社會政治議題抽身，把政治事務留給政客、政論家，知識份子從文化領域抽身，把文化留給外國翻譯作品來填補。從各處抽身後的學者忙著自己的專業，對學術水準的提升確實是非常重要的，但是如果太過火了，也多少會有流弊。

三、舊價值已消失，新價值未建立

近十幾年來台灣的知識圈子悄悄發生了一些變化。借用Lynne V.Cheney一九八八年九月廿一日在美國《高等教育紀事》發表的〈美國人文學狀況報告書〉（Humanities in America-A Report to the President, the Congress, and the American People）所說的：「真理、美、善，都不是永恆的問題，而只是為某些團體作為駕馭別人的一種手段和一時的看法。」錢尼的話雖然不一定對，不過我們確實必須承認，過去台灣文化界所珍視的一些基本東西如「知識份子」、「真理」等，現在好像變得有點過時。所有從一九八〇年代至一九九〇年代余英時先生、許倬雲先生、林毓生先生、張灝先生等等這一輩人作為討論出發點的正面價值，在今天似乎用舊了。確實，台灣的文化問題已變得非常精微、複雜，並非舊觀念所能涵蓋，問題是，新的價值是什麼？

四、制度的空隙

如果以廣泛的文化議題而言，在政府建置方面，出現了一個三不管地帶。現有部會中與教育、學術、文化有關的，有教育部、國科會與文建會，但我總覺得在上述部會之間，有一個涉及廣泛文化意義及人文精神的部份，不是上述單位支持鼓勵的重點，那麼誰應該挑起這個擔子呢？

涉及文化、價值層次的事情，政府單位不應該管，即使想管也無能為力，不過我認為仍有許多間接性的措施可以著力。以文化市場為例，高度全球化下的文化市場正在無孔不入地編派、篩選我們的文化產業，也正在決定我們的國民教養品質。在過去一、二十年，台灣出版界失去過去的一種特質，即不再大量出版帶有人文意義的教養叢書。我並不認為過去就是好的，不過原先頗有影響力的「人人文庫」、「協志工業叢書」、「現代國民基本知識叢書」、「新潮文庫」等等，這些多少帶有教養性質的叢書幾乎已經成了過去式，我們一時也還未看到任何可以扮演類似角色的東西出現。我們的教育、文化單位可不可能透過任何間接性措施調節一下這種偏枯之勢？

以上是一些籠統粗淺的觀察。最後想強調，在全球化的情勢下，如何建立一個偉大而具包容力的文化主體性，是台灣文化界刻不容緩的急務。只有偉大而具包容力的文化主體性，才可能對全球化文化的銳鋒持一個健康的態度，即全球化不再像流行性感冒，對不歡迎的部份可以有所抉擇，對有價值的部份可以留得住，並轉化調適成自己文化中有機的一部份。文化主體性的影響事實上不只限於此。文化的自信與自豪感，往往帶來一種難以言喻的「漩渦效應」（ripple effect），其影響擴及於政治、經濟等各方面，不可輕視。近十年來，韓國由韓劇支撐起的文化格局，與產業相連動，共同營造出一種大氣勢，便是一個值得注意的例子。

■陳添枝

美國賓州州立大學經濟學博士。
現任台灣大學經濟系教授。
曾任中華經濟研究院院長。專業領域為國際貿易、經濟發展。
著作有《生產配額與生產效率：台灣洋菇、蘆筍、鳳梨罐頭聯合產銷的實證分析》、《進口替代與出口擴張：相容或相斥》等中、英文著作。

全球化下的兩岸經濟關係回顧與展望

「或許有人會說，現在的知識分子怎麼都不發聲了，但我覺得這並沒有什麼特別値得擔心的，」陳添枝說，時代不同了，社會對知識分子角色的期待也會有所不同吧，「在威權時代，知識分子要言人所不敢言，去衝破體制的限制，因為除了這樣，普羅大眾的心聲無從表達，現在呢，有很多其他方式可以表現出人民的意向，」他說：「投票，不就是一個！人民的心中自有一把尺，不一定什麼都要知識分子去說吧。」

陳添枝認為，不是知識分子噤聲或者冷漠，而是民主多元，人人都有表達意見的空間；再加上媒體環境的改變，使得某些類型的人在媒體、特別是電子媒體發言的機會特別多，「當你看到某些人在電視上一直講、一直講，你還會想講嗎？不會嘛，因為你懶得跟他們一樣。」

但知識分子當然仍然持續關注著社會的發展與變化。談到台灣的發展與走向，長期關注兩岸經濟關係的陳添枝認為，台商在中國大陸的角色已進入第三階段，「做法必須改變。」第一階段，台商進入中國，在尋求較低生產成本的同時，也幫助了彼時還未面向國際的中國大陸與世界接軌；第二階段，台商開始大舉對中國投資，並將在台灣已發展成熟的資訊產業，移往中國大陸，發揮產業群聚效應，使中國大陸迅速成為僅次於美國和日本的資訊產品第三大生產國。

在這兩個階段，很多台灣人，包括政府的政策，看到的是：台灣的工廠過去了，人過去了，技術過去了，資金過去了⋯這些都讓人感到憂慮和緊張，在「零合遊戲」的思維下，對台商前進中國大陸，總要想辦法「擋」。

如今，中國大陸已成為一個成長中的市場，台商要思考的是如何服務那裡的消費者，「需要的本事已不同於前兩階段，台商得在那裡經營品牌。」陳添枝認為，對台商來說，中國大陸是一個很好的「練兵」的機會，但這並不表示台商從這裡出發、走向國際市場是理所當然的，「全世界的頂尖企業都來到中國了，這裡的競爭其實是最慘烈的」，無論是原本走成本效益（cost-saving）路子的台商，還是打算發展自有品牌的台商，「經營挑戰都極高」。但無論如何，台商在中國還是有機會，畢竟消費偏好還沒有形成，品牌的進入障礙還不算太高，總可試試。

陳添枝說，就經濟層面而言，中國大陸與台灣在生產面上的替代關係已逐漸轉變，在政策上，台灣或許也該跳脫「防堵思維」，思考怎麼樣透過在中國大陸的發展，進一步擴大經營幅員與規模，為台灣企業創造出更多機會。

全球化下的兩岸經濟關係回顧與展望

——陳添枝

一、歷史

台灣自十七世紀以來即是全球化的一環，不論貿易與生產均和全球密切結合。相對的，中國自十六世紀以來，即採取鎖國政策和全球化脱節。當中國和全球隔絕時，台灣扮演著中國通往世界的一道後門，並由此角色取得巨大的利益。在一六二四——一六六二年間，當明朝進行鎖國時，荷蘭人佔領台灣，以安平港做為東亞貿易的中繼站，大做中國、日本、歐洲商品的轉口貿易。一六六二年鄭成功驅逐荷蘭人，在台建立「反清復明」的基地，也是以轉口貿易作為經濟活動的主軸。郁永和在「偽鄭記事」一書中這樣説：「（鄭）成功以海外島嶼，交通內地，遍買人心，而財用不匱者，以有通洋之利也。本（清）朝嚴禁通洋，片板亦不得入海，而商賈壟斷，厚賂守口之官，潛通鄭氏，以達廈門，然後通販各國，凡中國諸貨，海外之人皆仰結焉。於是通洋之利，為鄭氏獨操之，財用益饒。」當時鄭成功的艦隊，北達日本、浙江沿海，南達印尼，在太平洋上縱橫無阻，無疑是東亞海上最大的貿易船隊。

及至清朝將台灣納入版圖，初期（一六八三—一八五八年間）採取鎖國政策，不准許台灣與外國貿易，只准和大陸內地貿易，而且對貿易數量有嚴格限制。兩岸間的船隻往來，也僅限於特定的口岸間。最早開放的是安平和廈門間的航線，其次開放的是鹿港和蚶江（泉州）間的航線，第三個開放的是八里和福州及蚶江間的航線。這種「定點直航」的規範和今天兩岸航線的設計如出一轍。

清政府的鎖國政策直到一八五八年的「天津條約」後才改變。因英法聯軍而簽訂的這個條約，清廷被迫開放安平港對外國貿易，其後又增加了淡水、高雄和基隆三個港口。開港以後的台灣迅速成為茶葉出口的基地，因為茶葉出口的興盛，全島生產的型態也大幅變容。根據英人所作《英國領事報告》的記載：「年復一年，漢人不斷向山區開發，一山占過一山，砍下了樹木，種下了茶。」（林滿紅一九九七）當時台灣出口到美國的烏龍茶，是美國市場的第一品牌。

一八九五年日本據台之後，台灣對外貿易轉向日本，出口的產品以米、茶、糖及樟腦為大宗，早期時出口商品較為分散，一九一〇年以後糖占出口的比率經常在一半以上。這是日本政府刻意設計的台灣和日本本土的分工策略。直到一九四一年太平洋戰爭爆發以後，日本把台灣定位為「北守南攻」的基地，才開始進行少量的工業發展。

自一九四五年台灣歸入中華民國版圖到一九八〇年之間，台灣以「海外加工基地」的定位為西方多國籍公司進行代工的業務，配合著戰後世界貿易的大開放，達成了工業化的初期目標，並取得奇蹟式的經濟成長。

因此自有史可考的一六二四年到一九八〇年的近四百年間，中國均處於「與世隔絕」的狀態，台灣則以其優越的地理位置，充分接受全球化的洗禮，接觸現代文明，包納多元文化，享受貿易的利益。這種情況會因為一九七九年後中國的突然覺醒和積極參與全球化而有所改變嗎？

二、中國參與全球化

中國自一九七九年實施「改革開放」政策以來，逐步融入全球的經濟體系。迄今為止，中國參與全球化的歷程可以大分為三個階段：第一個階段是貿易全球化，第二階段是資金全球化，第三階段則是制度的全球化。茲分述如下：

在第一階段（一九七九—一九九三年），中國政府改革對外貿易體制，取消國營企業對貿易的壟斷權，鼓勵出口，並且開放進口以創造出口的能量。在這段期間，鄉鎮企業利用鄉村的剩餘勞動力所生產的勞力密集產品成為中國出口的主力。祛除了「自立更生」的魔咒後，中國在短短的十四年間，在貿易量甚小的基礎上，快速發展成為一個貿易大國。在這段期間，貿易發揮了資源重配置的作用，使農村剩餘的勞動力得到有效的利用。從經濟發展的型態上看，這段期間基本上是一種「部門轉移」型的經濟成長模式。

在第二個階段（一九九四－二〇〇一年），中國政府以「招商引資」為主軸，提供各種優惠政策，放寬外人投資的部門及地區，減少外資企業的所有權限制、外銷限制、「外匯平衡」限制等等，使外資企業成為經濟成長的主力。這種政策執行相當徹底，使中國很快成為吸引外人投資的大國，二〇〇六年吸引外資六百九十五億美元，居全球第一位。外資企業不僅帶來資金，有助於固定資本形成，而且帶來新技術和新市場，使中國的生產能力和出口機會均大幅增加。招商引資的政策也使外資企業成為中國出口的主力。這段期間基本上是一種「資本累積」型的經濟成長模式。

在第三個階段（二〇〇一年迄今），中國加入WTO，一方面開放國內的市場，一方面進行經濟制度的改革，以便和國際接軌。重要的制度改革包括資本市場的建制、金融監理的強化、公司治理的強化、減少對私人企業的歧視、增強對私人產權的保護，同時強調科技與國、提升經濟發展質量。這一階段改革的主要目標是透過制度的接軌，使中國能更有效利用世界的資源，例如全球資本市場的資源，促成以技術推升的經濟成長。

在中國改革開放的過程中，台商在第一及第二階段均扮演關鍵性的角色，但到第三階段以後則逐漸的邊緣化。茲說明如下：

在改革的第一階段，中國尋求和國際市場接軌，但缺乏管道和外銷的生產體制。台商一方面將其長期累積的出口網路帶到中國，使中國順利和國際市場掛鉤，一方面以綿密的產業鏈支援中國的「三來一補」、「兩頭在外」等初級的出口加工體系，使勞力密集產品的出口在短期內大幅成長，台商則將成衣製鞋等產業移至中國。

在改革的第二階段，台商響應中國各地方的「招商引資」，大舉對中國投資。在一九九五年之後，對中國投資總額占台灣每年對外投資總金額的一半以上，使台商直接成為中國出口的生力軍。尤其在二〇〇一年政府開放資訊業對中國投資之後，在短短數年內，中國迅速成為全球資訊產品生產的第三大國（僅次於美國及日本），而台商也成為中國資訊產品出口的最大力量。以二〇〇五年為例，在中國出口的前二十大企業中，台商即占了十家，清一色是資訊業。

但到第三階段以後，台商在中國改革開放中的地位便逐漸起了變化。二〇〇一年中國加入WTO以後，西方的大型多國籍企業紛紛進駐中國，國際資本市場的資金也大量投入中國的股市、借貸和購併的市場，中國企業主動赴海外（包括香港、美國、日本）上市，使台灣資金相形見絀。在此同時，中國自一九七九年以來實施的「出口導向」成長策略開始出現破綻，沿海地區的工資上漲，人力開始出現短缺的現象，台商被迫轉移到東南亞低工資地區投資。另一方面，中國的每人所得在二〇〇五年達一千七百五十五美元（一萬四千零四十人民幣），內需市場急速成長，台商因欠缺品牌與行銷能力，在內銷市場的競爭，乏善可陳。在這段期間中國與全球市場結合最快的是金融市場，但因我國政府的自我設限，廠商失去掌握先發優勢（first-mover advantage）的契機。

三、中國全球化對台灣的影響

對全世界而言，中國參與全球化的最大意義是使世界忽然增加了十三億人口和約莫七億的勞動力。假使我們把世界分成兩塊，一塊是中國與和中國生產形態相似的國家，另一塊是和中國生產形態不同的國家。借用貿易文獻的用語，姑且把前者稱為南方，後者稱為北方。當南方的勞動力突然增加時，勞力密集財的產出增加，資本密集財的產出減少；在北方產出組合不變的情形下，勞力密集財的相對價格下跌，資本密集財的相對價格上升。明顯屬於南方集團一員的台灣，受到勞力密集財相對價格下跌的影響，貿易條件惡化，若無其他改變，實質GDP將減少，而且商品價格的變化，將帶動國內實質工資的下跌，造成所得分配的不均。換言之，台灣若對中國的全球化無所因應，將被「颱風尾」掃到，成為無辜受害者。也就是說，若對中國的全球化採取「以不變應萬變」的策略，將被全球化犧牲。

台商應變的方法有兩種：一種是積極的參與中國的全球化，成為中國全球化的一員，分享中國全球化的果實，以彌補在台灣方面遭受的損害；另一種是設法轉移陣營，由南方集團跳到北方集團，以獲取貿易條件改善的利益。我們姑且把前者稱為「抬轎者」，後者稱為「跳車者」。

「抬轎者」就是自一九七九年以來積極在中國投資，協助中國出口的廠商。這類廠商利用中國廉價而豐富的勞動力，擴大了在全球出口市場的占有率，成為全球最大的「代工廠」，藉由其龐大的產能，鞏固在全球生產網路的地位。這些廠商在中國雇用大量的勞工，成為世界有數的大雇主，且經由擴大生產的挹注，台灣本土的營收不但不減少，反而增加。它們在台的雇用人數則有增有減，因產業而異，但幾乎沒有例外的是：它們在台灣的雇用結構中，技術性勞工的比例上升，非技術性勞工的比例下降（Chen and Ku 2003）。換言之，這類廠商引發的就業調整，使技術性勞工的需求增加，非技術性勞工的需求減少，其引發之相對工資變化，使所得分配的不均度上升。

「抬轎者」利用生產規模的擴大，可以進行垂直整合，投入上游材料和零組件的生產，也可以投入研究發展（R&D），強化產品開發能力，由OEM廠轉化為ODM廠，使其在全球生產網路的地位更為鞏固。此外也有些廠商進行平行的多角化生產，介入新興的生產領域，以分散產業的風險，取得企業成長的新力道。多角化的領域中也有部分可能在台灣生產。

「抬轎者」一方面和中國結盟，另一方面卻十分擔心自己的代工地位被取代，因此在生產的安排上，儘量少和中國廠商往來，寧可和台商或者外商進行合作，因此在中國的營運是一種飛地（enclave）的狀態。它們除了大量利用中國本地的勞工外，無論是上游和下游都是和國際生產網路串連，而和本地生產網路隔絕。這種飛地型的生產形態需要地方政府熱烈的支持才能成功，因此「抬轎者」也都集中在某些特定的區域，它們所形成的產業聚落，往往也是中國產業最快速發展的地區。這些聚落不只台商集結，而且常常和日商、韓商等相毗鄰，把國際生產網路的優勢集體移植到中國去。它們和地方政府密切合作，以克服中央政府的政策束縛，抑低勞動的成本（Wu 2006）。

「抬轎者」一方面從中國大量出口下游產品到世界各地，一方面由台灣大量進口上游的材料和零組件，使台灣對外的出口在下游萎縮後，中上游反而大幅成長，而維持了出口成長的力道，不致因產業外移而中落。由於他們的努力，中國自二〇〇二年已取代美國成為台灣最大的出口市場，台灣對中國的貿易順差在二〇〇六年時達六六四億美元，「抬轎者」的貢獻不可謂不大。

另一方面，「跳車者」的策略是避開中國所擅長生產的商品，避免與其爭鋒，轉而跳車到北方的舞台，生產中國不具相對優勢的產品。這類產品大都有資本密集和技術密集的特性，需要長時間的鍾練，才能擁有生產的優勢。最典型的產品就是材料和關鍵性零組件，這些產品也是中國加工出口產業所不可或缺的，因此中國加工出口業的快速發展也升高了對這些產品的需求，形成一種共生互補的關係。有些「抬轎者」也同時具有「跳車者」的身份，「抬轎者」和「跳車者」的密切合作，使台灣雖然把電腦出口大國的地位讓予中國，但卻也同時成為半導體和液晶面板出口的大國。

無論「抬轎者」和「跳車者」都是由台灣原始的加工出口產業演化而來，他們利用中國改革開放後所散發的新能量（勞動力），擴大原有的生產規模，並達成部分垂直整合的目的，使台灣原本「淺碟」型的工業增加了一些厚度。他們介入新的領域（材料和關鍵零組件）的生產，使產業結構得以轉型。如果把兩岸的生產體系合併考量，台商在取得中國的資源以後其實是壯大了，不只是企業規模變大，市場占有率提高，而且技術力增強，上下游整合更完備。但在中國進入改革開放的第三階段以後，這種「以出口為網」和中國共生連結的生產體系，正面臨嚴峻的挑戰。

四、新階段的挑戰

中國自一九七九年實施改革開放以來，自農村釋出約兩億人口，成為工業生產的生力軍（以二〇〇五年鄉村的非農業勞動力估計為二億零四百一十二萬人）；目前估計在農村的剩餘人口仍有一億以上（中國科學院 二〇〇五），但中國政府基於政策的考量，不希望他們繼續流往都市。如果這個政策有效執行，則中國對全球工業生產所貢獻的勞動力將到此為止，中國未來工業勞動力的增加將來自人口的自然成長，而非源自部門別的移動，因此中國參與全球化對世界生產所造成的「板塊移動」大抵到此可以告一個段落。中國迄今所造成的最大影響是使勞力密集商品的相對價格下跌，非技術性勞工的工資停滯不進，甚至下跌，原本生產勞力密集商品的國家均面臨長期結構性失業的困擾。

中國第三階段的全球化有完全不同的取向：它企圖以制度的改革和全球市場接軌，尤其著力於金融市場改革，並且鼓勵企業「走出去」，赴外國直接投資或者到海外上市。這一階段的目標是取得海外策略性的資源，包括資金、市場、技術、能源等等。對於這些策略性目標，台商所能貢獻者甚少，因此它們逐漸受到冷落。在資金的取得方面，中國著眼於紐約、倫敦、香港等金融市場或外國投資機構的資金，以支援本土企業的「走出去」站到世界的舞台；在市場方面，以國企或準國企為主力軍，積極拓展海外市場，建立自有品牌（因此有品牌中國之運動）；在技術方面，除延續過去「以市場換技術」的策略外，也藉由併購國外企業以及建立自有技術標準等方式，企圖取得關鍵性的自主技術；而在能源確保方面，則配合外交手段，積極投資海外油源的礦權和參與開發。這些作為，在在顯示「大國興起」的企圖，已經無須台商的牽線和奧援。中國政府反而藉由區域優惠性的協定（如ASEAN和中國自由貿易協定），使台商出口導向的跨國營運布局面臨困境。

在新的策略下，台商甚至被視為中國經濟發展的障礙。它們逐漸被取消出口優惠，被要求繳交更高的營利事業所得稅，提供更多的勞工福利，甚至遷出靠近城市的生產地點，以協助「騰籠換鳥」政策的實現。台商協助創造的貿易順差，變成通貨膨脹的種子；台商雇用的來自農村的大量勞工變成城鎮政府的社會福利夢魘；台商生產所需的大量能源和排放的廢棄物變成節能和減廢的對象。在第一階段和第二階段全球化所累積的負債，逐漸的受到清算。

在這一階段，中國被迫開放內部市場，而隨著所得的提高，內需市場急速擴大。台商因為缺乏品牌和行銷能力，除少數產業（如食品），在中國市場的拓展幾乎寸步難行。例如近年在中國市場成長最為快速的汽車、家電、手機等產品，台商的能見度都很低，遠遠不如我們的競爭對手韓國。目前在中國市場銷售的台商產品，也大半是當地製造的商品（包含食品在內），對台灣出口的貢獻微乎其微。這使得台灣在中國進口市場的地位節節敗退。在這一階段中少數成功的案例，除食品業外，就是某些能提供高階技術有助於中國技術自主的企業（如手機晶片）。

五、結語

中國在成為「世界工廠」的過程中，台商確實扮演了關鍵性的角色，中國的「出口擴張」型成長的機制，也大部分延續台灣的經驗，在這段過程中，台商無論是「抬轎者」或者「跳車者」都獲得相當的利益。台灣的產業結構經過這段時期的上沖下洗，也已經徹底轉型，國內的就業結構丕變。一般而言，產業結構的轉型使高技術勞工受益，低技術勞工受害（他們的工資幾乎停滯不動），結構性失業迄未弭平。過去在台灣出口中扮演要角的中小企業繁華落盡，產業集中度升高。無論是就業結構和企業結構的變化，均不利於所得分配的平均。

現在這個「世界工廠」正在蛻變中，勞力密集型的產業正面臨被淘汰的壓力。中國正在轉型為一個「世界的市場」。這個「世界市場」對能源、原料、大宗物資的大量需求也正衝擊著全球資源的配置。但對台灣而言，最值得我們警惕的，是我們面對這個迅速崛起的市場，似乎「看得見，吃不到」。這是我們在兩岸開放貿易二十年後看待雙邊關係所應關切的最重要課題。

參考文獻

- 中國科學院(2005)《新機遇與新發展：中國二十年戰略機遇期的「三農」與發展》。
- 林滿紅(1997)《茶、糖、樟腦業與台灣之社會經濟變遷》，台北：聯經出版社。
- 陳添枝（2003）全球化與兩岸經濟關係，《經濟論文叢刊》第31輯第3期，第331-345頁。
- Chen,Tain-Jy and Ying-Hua Ku,2003,『The Effects of OverseasInvestment on Domestic Employment,』NBER working paper, December 2003,No.w10156.

Wu,Jieh-Min,2006,『State and Capital in the Making of Chinese Migrant Citizenship Regimes,』 working paper.

■夏鑄九

美國加州柏克萊大學建築博士。

現任國立台灣大學建築與城鄉研究所所長。

專業領域為建築社會學、都市社會學、空間的政治經濟學、規劃與設計理論、建築與都市史、古蹟保存、都市設計、都市規劃、建築設計。

著作有《現代性的移植與轉化─論現代建築在台灣的論述形構與漢寶德的建築省思》、《爭論公共性─公共空間中的公共藝術》等中、英文著作。

面對全球變遷
生態危機
社會與空間的兩極化

「對知識分子來說，學院不是他自我封閉的領地（台灣還沒有形成象牙塔的條件），而應該是他參與、甚至是干預社會的基地，」夏鑄九說，學院是知識分子改造社會最自在、也最有條件的場域，「因為在這裡，你不只是一個人單獨去做什麼，而是有一群人具備專業技能與分析性知識，與社會的變動相接合，力道更強。」

透過課程規畫與學院的改革，面對全球資訊化、社會極化、空間隔離、生態危機、永續發展的挑戰等現實問題，夏鑄九以學院為基地，展開一方面是挑戰既有體制、改變既有狹隘的專業觀點，另一方面則是拉高學院專業「空間」可能的行動。他認為，知識工作者應該將自己的專業與社會發展的大方向結合起來，體現對在地的關懷，並有能力迎接全球視野下的專業新定位。夏鑄九說，這需要兩個條件，第一是不能欠缺知識能力，這樣才可能掌握問題的要害、提出有意義的觀點；第二，要具備歷史縱深的視野，通過對歷史的認識，我們才有辦法認識自己，建構主體，也才有能力去思考未來的道路，夏鑄九稱此為「反身之鏡」。

依夏鑄九的觀察和理解，這兩點，台灣的知識界都嚴重不足。「台灣學術界正沒有自覺地在新自由主義的壓力下，以過於膚淺的標準建立學院裡的領導權，」夏鑄九說，所謂的過於膚淺的標準意思是指在學術領域裡也向市場法則看齊，要求競爭、追求量化，表面看來似乎是為了增加生產力，「其實是透過制度的力量強化國家對知識勞動力的管理。」

夏鑄九說，在這種高度剝削下，第一是學術工作者過勞死，也讓他們「根本沒有功夫來管國家社會的事。」其二，SCI（科學引文索引）、SSCI（社會科學引文索引）行之過度，是不尊重不同學域之間的差異，「更傷害了學院本身的知識深度，讓知識分子沒有足夠的人文視野，同時，」夏鑄九認為，也大大削弱了學院的自主性，「十分地可笑，也是台灣學院的悲哀」。

此外，夏鑄九認為，台灣知識分子對歷史缺乏足夠的認識，「這形成社會面向世界新秩序一個很大的困難。」他說，現在最熱門的議題就是談自主性，但夏鑄九看到的台灣是，在國族認同的分裂下，「沒有面對中國的能力，沒有面對自身歷史根源的能力，更沒有建構主體性的能力。」嘆了一口氣，他說，中國的崛起是全球化年代全世界都關注的事，「台灣卻被綁在虛假的統獨議題上，加上過去長期反共教育造成的盲點，國族認同的分裂，藍綠兩分法，省籍論述的地方偏見，最後，導致排外性的本土主義崛起，台灣在全球化年代自限於一種認同政治所造成的內爆困境。」

社會學者葛蘭西（Antonio Gramsci）和薩依德（Edward Said）期許知識分子能夠在社會上形成一種組織性的批判力量，直接投身，以行動干預社會的改變，但夏鑄九認為，目前台灣不容易期待，「但是，至少知識分子總得是個關心公共爭議的公共知識份子，例如反戰、政治民主化過程中的執政與腐化問題、支持樂生療養院保存、關心弱勢的新移民、族群合諧、兩岸…等現實議題展現參與的熱情，並且提出有反省、具批判性的觀點吧。而發言、文字、辯論、論壇、參與等，都是可以可以實踐的不同方式。」這次在陽明山上，他看見一種經過長久安靜後、知識界想要抒發的氣氛，「或許這會是個好的開始。」

面對全球變遷、生態危機以及社會與空間的兩極化

——一個學院再發展方向的反思

——夏鑄九

本文期望對台灣大學建築與城鄉研究所的經驗提供一個批判性的回顧，將其教訓貢獻於會議的討論，並藉此反省我所未來的教育目標與教學方向。卅年回首，反省向前。做為台灣大學建築與城鄉研究所的資深教師與現任的行政負責人，本文由理論的與專業的角度，面對全球經濟競爭與都會區域崛起，全球氣候變遷與生態危機，所亟需面對的地球暖化、海平面上長、以及掌握永續技術（sustainable technology）、替代性能源、低碳城市（low carbon city）、永續城市等，記取教訓，回首反身，繼續向前。

因為一些人事問題的催化，學生們自己提出了《本所發展與定位芻議》。[1] 回應學生的期待，我們被迫提出未來的展望。面對當前空間與社會的巨變，在二〇〇四年，學

生們提出改革的要求，簡稱為《芻議》。於是，教師提出新的因應方向，回應學生的期望，[2]推動機構本身在改革過程所亟需的人事、教學與研究的再結構。

為了突破前述困境，回應學生的期待，我們提出未來的展望如下：

壹、關於建築與城鄉研究所未來的發展

一、問題與挑戰

面對全球都會區域之浮現、創新氛圍建構的必要性、生態危機與永續城市的急迫性、社會片斷化日益嚴重的趨勢，提出研究與教學升級計劃，進行全球資訊化時代的規劃與設計的教育改革。

二、全球視野下的台灣

什麼是建築與城鄉研究所的下一步？換句話說，新的專業學院（professional school）的新視野為何？尋求專業出路其實意味著必須結合摸索台灣的可能性，引領改

---

[1] 全名稱為：台灣大學建築與城鄉研究所學生會（2004），《本所發展與定位芻議》。

[2] 夏鑄九（2004），『回應我所學生的教學改革芻議』，12月24日。

變，界定方向。

下階段對台灣的想像為何？建築與城鄉專業學院能提供由國土規劃到設計做為創意產業，由城鄉風貌塑造到社區營造…的專業者與研究者。考量台灣的特殊性，在象徵的措辭上，我們可以說：一如清明上河圖裡的橋樑寓意，以專業與學術能力，支持台灣走向全球的節點與橋樑，而不是內向的部落與橋頭堡。（見上圖，宋張擇端清明上河圖）

三、塑造台灣的空間構想

（一）打造都會區域（metropolitan region,mega-city,city-region）

過去，土地改革、加工出口區、高科技科學園區，是銘刻台灣經驗與教訓的地方象徵，然而，下一里程的台灣特色呢？過去，在經濟結構、社會組織、文化表現上，在政治冷戰與經濟的國際分工下，經濟是代工，設計是複製，文化是模仿西方（也就是美國）。

當前，台灣的經濟動力全球流動，表現為越界的網絡！然而，歷史的鎖鍊，使得台灣的政治竟然成為對立面。[3]

終究，在台灣，主要是台灣西海岸，做為多中心的全球都會區域已經浮現，北台、中台、南台三個次級都會區域亟需經營，我們必須乘勢而起。換句話說，在世界上被看到的是兩千萬人口的集居過程所形成的流動的節點，而非過時的、封閉內向的國族國家領土。

我們要有能力迎接與打造全球都會區域。在全球都會區域，一方面，高鐵與Internet網絡成為流動骨幹，國際機場、國際港、資訊港、園區、工研院、大學棋布，例如台清交的主要校園分佈…，接合國際學術與專業社群。

可是另一方面，我們需有能力重新理解連結在全球經濟中的不連續區段與不均等發展。因切斷（switch off）與繞行（bypass）效應所形成的社會排除（social

[3] 夏鑄九（2000），『全球經濟中之跨界資本：台灣電子工業之生產網絡』，《城市與設計學報》，第11、12期，頁1-37。

exclusion），造就了與全球資本主義經濟痛養無關的，大面積土地與被放棄的人口，如邊遠地區與離島，區域間的差距與都會區域內的脫落社區都較過去的台灣嚴重得多。因此，建築與城鄉專業學院做為扣和社會脈動的，有理想的學術與專業基地，必須同時關照被繞道而邊緣化的區域，脫落的地方，被忽視的社區！

（二）進一步認識全球都會區域的架構與所需的專業能力：

－由於全球經濟競爭的現實壓力，必須面對全球都會網絡中的節點與創新氛圍（milieu of innovation）建構；

－由於全球氣候變遷與地球暖化加劇，必須正視生態危機城市；

－由於納入全球資訊化資本主義，必須處理社會片斷化與空間隔離；

－規劃與設計的新角色與作法：譬如說，區域發展與建構都會區域、國家的規模重整（state rescaling，再尺度化）之下的都會治理（metropolitan governance）、策略性規劃與市民參與、生態規劃與永續發展、城市的建築（architecture of cities，architecture of urbanism）、[4]公共空間的營造與意義競爭、社區營造與草根社會培力的空間、設計做為文化創意產業、設計做為溝通的空間、掌握信息技術與Internet的能力…等等，都關係著全球信息化時代的規劃與設計新角色與作法。

總之，對一個東亞的新興工業體下的專業學院而言，這裡已經不能再是模仿、代工與複製。重新建立目標，專業與研究能把握機先，專業與研究才終能與國際社群平起平坐。

貳、關於建築與城鄉研究所教學重點的延續與調整

一、專業通才教育的目標持續：人民導向的地方營造與治理

為了將目標持續，我們進一步界定專業通才教育的內涵：人民導向的地方營造與治理（People-based place making and governing），做為我所的發展方向。[5] 我們的教學，持續將目標放在整合既有的規劃與設計專業領域裡的建築、都市計劃、地景建築三者，所能共享的課程，做為碩士學程之專業通才教育，不受制於狹隘專業的分化。即使未來成立了專業學院，不同的三個研究所，建築、地景建築、都市與區域規劃三所的一年級學生，仍然應該共同修習規劃與設計理論，以及，一年的共同實習，作為確保延續

[4] 在全球化年代的建築師與建築教育最嚴重的問題，莫過於全面為明星建築師與建築商品的符號化所俘虜，在現代專業者形成的歷史之中，他們其實是當前都市實踐中最缺少社會關懷，最形式主義取向的代表，完全失去面對城市的知識，失去面對市民的能力。

[5] 見：關於所務未來發展方向的討論，會議記錄，台北，酩品行，2007年10月10日，王鴻楷教授的書面資料。詳後討論。

專業的通才教育理想的落實過程。

這也是以實質空間的規劃與設計做為專業技能的核心，在這基礎上，尊重教師之不同研究方向，將學生的論文延伸至不同研究領域，主要包括了建築、社區設計、參與式設計、人與環境研究、性別與空間、古蹟保存、建築與都市史，空間的政治經濟學、空間的文化研究、永續城市、成長管理、區域發展、都市與區域政策、住宅、都市防災、資訊城市與社會、地理資訊系統…等等。

面對資深教師逐年退休，前述的核心目標與核心價值的維繫與發展，除了在未來師生的專業與社會實踐中去實現之外，或許，曾經有博士生一再建議，應該考慮致力於一種學科傳統的建構。這是理論與認識論層次的工作。面對當前社會理論拒絕形式化理論的知識時勢之下，[6]為了知識與專業技能的制度性積累，卻同時具備對語言權力與制度的自覺，或許，一種有反身性的，主體與語言迷宮（labyrinth）的歷史寫作，是比建構一種制度性知識權力表現的完整球體（sphere）的歷史觀，[7]更能符合未來專業與社會實踐的期待。這不正是：『明白四答，能無知乎』？[8]

---

[6] Castells, Manuel (1983), The City and the Grassroots, Berkeley and Los Angeles, California: University of California Press.

二、我們鼓勵跨國、跨校、跨學門的教研合作及交流。

近年如：John Friedmann（傅約翰），渡邊俊一，郭彥弘（Reginald Yin-Wang Kwok），楊鴻勛，延藤安弘，David Harvey…等等，已經、正在、或是即將來所，擔任客座、講座、甚至是特聘講座教授。與荷蘭台夫特技術大學（TU Delft）環境設計學院簽訂『雙博士學位計劃』、與荷蘭台夫特技術大學、北京清華大學，合辦國際城市論壇（IFoU）學術會議。在跨界教學上，近年為了鼓勵越界合作與實習，我們有：

（一）二〇〇五至二〇〇六年與西安西北大學考古所、夏威夷大學共同參與漢長安城遺址的規劃；

（二）二〇〇六年冬至二〇〇七年春，國際黑面琵鷺黑面琵鷺後援聯盟（SAVE, Spoonbill Action Voluntary Echo, International）與美國柏克萊加大環境設計學院地景與環境規劃學系，共同舉辦跨國學生合作競圖計劃；

（三）二〇〇七年春，參與中亞吉爾吉斯的大學校園規劃與設計；

---

[7] 注意球體與迷宮兩者之間意象對照的辯證法，參考：胡恆（2006），『《球與迷宮》及其他』《建築師》，12月，頁：60-72。

[8] 修道難易，見：老子，『玄德章第十』，《道德經》。

（四）二〇〇七年春，與荷蘭代爾夫特技術大學合作，推動四川瀘沽湖摩梭人母系制度的札瓦洛村為代表個案的摩梭村落與母系文化保存。

三、我們肯定以批判的角度，反省專業者與制度的不足，推動都市改革。

今年秋季的學期起，一年級的實習課教學將以泰雅族原住民村落的規劃與設計問題做為實習課的真實對象與真實基地。二〇〇七年秋季班開始，連續三年，由水保局委託，將以離台北市地理距離並不遠的桃園縣、新竹縣石門水庫上游集水區的，泰雅族村落做為基地。這裡是全球化年代台灣社會底層最貧困的人民。[9]一年級實習課，將透過參與式規劃與設計，針對桃園縣復興鄉與新竹縣尖石鄉，十餘個泰雅族原住民村落，提供專業服務。對需要確立專業者價值觀的第一年研究生而言，這是有意義的教學經驗。而我們的新進師資聘用上，毫無疑義地，能夠投入心力，帶動學生的熱情，提供日趨片斷化社會的專業協助，才是我們最需要的接班新教師。要在這些師生互動身上，達成前

[9] 可以參考紀錄片金馬獎導演楊力州拍攝的《水蜜桃阿嬤》，片中描述新竹尖石鄉泰崗的一位阿嬤，她的媳婦、兒子和女婿都自殺身亡，留下這個家七個小孩。在雲霧遼繞的美麗山間，沒有美麗的童話故事，只有阿嬤和七雙小鞋的辛酸記錄。楊力州導演談《水蜜桃阿嬤》拍片過程與宣傳的資料，見：http://edenblog.eden.org.tw/index.php?op=ViewArticle&articleId=121&blogId=1 至於分享《水蜜桃阿嬤》3分鐘版短片，見：http://blog.vista.tw/archives/2007/06/13/629

述的，我們最重要的專業教育的核心目標。

眾所周知，學生們曾不同程度地參與在近年台灣社會的變動過程之中，推動空間的改造，諸如：無住屋運動、野百合學運、土地改革運動、新女廁運動、十四、十五號公園運動、三重後竹圍、大理街鄰里公園爭取、九二一大地震後全員投入災區重建計劃、寶藏岩保存、樂生療養院保存、山仔后美軍宿舍保存等等，不勝枚舉。我們肯定以批判的角度，反省專業者與制度的不足，推動都市改革。

參、未來的人事與制度改變

一、新進教員的聘任與問題

除了爭取中研院與校內相關系所（例如，中研院經濟所彭信坤老師、台大政治系江瑞祥老師、台大藝術史研究所黃蘭翔老師、台大地理系徐進鈺老師、台大土木系李鴻源教授等等）教師的支援，如合聘、開課、指導論文等協助之外，在本身亟需的師資聘任上，獲得校長支持，運用五年內將退休的教師員額，一共有五個員額，立即可以物色新進教員。在這一年的公開聘任過程中，一位地景建築專長的副教授，與一位社區規劃與設計，或者說，長於實質規劃與設計的助理教授，已經通過新聘；也獲得了兩位專長於可持續性技術、可持續城市、替代性能源與低碳城市的兼任教師。另外，兩位專長是區域發展與政策規劃，以及，中國的都市化的副教授與助理教授，將在下半年完成行政程序。

目前最棘手的是建築設計專長的專任教師尚未有著落。即使我們由教育部爭取到極為難得的，建築設計就是文化產業（architectural design as cultural industry）的一名額外的專任名額，也同樣有學院起聘的困難。目前，我們暫時得到資深的兼任專業教師，漢聲雜誌社社長黃永松，在兩岸間繁忙的民間手藝調查與創意設計實務工作中拔刀相助。在他退休之前，專任一年，解除了我們的燃眉之急。但是，在黃教授屆齡退休之後，我們仍然急需年輕的師資接班。

其實，除了建築相關的人才確實不容易尋求之外，目前台灣的學院制度，還是未能充分瞭解與尊重建築設計做為一種專業學科，它在國外的專業訓練是碩士學位，而其專業實務工作的表現是關鍵的評估標準。可惜，理工學院在競爭人才的關鍵時刻，仍然難免認為這是降低學校師資水平的有風險作法。[10]尤其，面對當前新自由主義意識形態所啓動的對學院競爭的龐大壓力，大學的商業化，菁英教師的階層化與保守自利傾向，是全世界的大學在嚴苛競爭之下的共同挑戰，世界一流的哈佛大學尤其如此。[11]而在台灣制度不健全的學院中的專業教師，或者說，設計教師的壓力，因不易被理工學院的學院領袖真正理解，矛盾特別巨大。[12]這是未來建築與城鄉研究所在下一回合發展面臨的重大挑戰。

二、在工學院之內，或是未來可能的永續發展學院之內，成立建築與城鄉專業學院，尋求制度上的突破

因為建築師、地景建築師、城市規劃師，在國外，都是具證照制度支持的專業者，台灣制度不健全，僅建築師有建築師法與建築師考試制度，餘為技師，與土木技師之間，形成不必要的利益衝突。以及，為了因應教育制度內的評鑑與競爭，校長已經應允，期望短期內，在工學院之內，成立在學術上的，而非行政上的，建築與城鄉專業學院（Professional School），分建築（architecture）、都市與區域規劃（urban and

---

[10] 舉例而言，資深的專業工作者大多僅具專業訓練的碩士學位，不太可能獲有學術研究訓練的博士學位，因此很難在理工科價值掛帥的台灣學院中起聘為專任教師。

[11] Nicholas Lemann（2006），『What Harvard Taught Larry Summers?』，Sunday，Feb.26，http://www.time.com/time/magazine/article/0,9171,1167762,00.html

[12] 舉例而言，在台灣的計有法令制度，是不允許專業教師執業，如建築設計教師，從事建築設計實務工作，對教師的實務工作經驗積累，是一種嚴重傷害。而對研究型教師的評估，竟採取SCI、SSCI的評估制度，也是很膚淺的作法，這是在東亞的學院，面對西方社會，沒有自信，也不懂得如何建立學院評估制度的表現。

regional planning）、地景建築（landscape architecture）三組（或是所），以求接合國內與世界學術與專業社群的轉變。以及，為了教師評估、聘任、升等…等標準，取得一個比較能受到尊重的位置。譬如說，我們可以學習國外經驗，設立具有榮譽性的，講座或客座專業實務類型的教師，聘任建築師、都市計劃師、地景建築師方面的資深、有成就的實務專業者，開設高階實習課程。這些都是建築與城鄉研究所，尋求制度上突破，面對二十一世紀的挑戰。

更激進的發展方向則是由台灣大學率先成立永續發展學院。我所主動參與，在永續發展學院之下成立永續建築與城鄉專業學院，以永續建築與城鄉學系，分擔十名大學部學生名額。這是更激進，更能做為台灣學院表率的作法！

三、專業通才教育的目標持續：人民導向的地方營建與治理

為了將目標持續，我們進一步界定專業通才教育的內涵：人民導向的地方營造與治理（People-based place making and governing），做為我所的發展方向。[13] 我們的教學，持續將目標放在整合既有的規劃與設計專業領域裡的建築、都市計劃、地景建築三者，所能共享的課程，做為碩士學程之專業通才教育，不受制於狹隘專業的分化。即使未來成立了專業學院，不同的三個研究所，建築、地景建築、都市與區域規劃三所的一年級學生，仍然應該共同修習規劃與設計理論，以及，一年的共同實習，作為確保延續

專業的通才教育理想的落實過程。

由於重要，教師與學生代表們共同討論面對變局的新出路與新方向，[14]王鴻楷教授重新界定專業的通才教育的意義，做為建築與城鄉研究所的方向：

人民導向的地方營造與治理（people-based place making and governing）。

專業教育的價值目標是：

永續的環境、公義的社會、民主的決策、活潑的經濟。

碩士班培養人才的目的：

對於環境問題之界定與解決具有圓融而不受於限制之狹隘專業分化觀點的『專業的通才』。

我們可以將前述主張整理如下，以求具體落實執行：

若台大有機會成立**永續發展學院**的話，我所願意參與其中，成為永續建築與城鄉研

---

[13] 見：關於所務未來發展方向的討論，會議記錄，台北，酩品行，2007年10月10日，王鴻楷教授的書面資料。詳後討論。

[14] 建築與城鄉研究所教師與學生就未來的發展方向共同討論，2007年10月10日，台北，酩品行。

究所（Graduate Institute of Sustainable Building and Planning），內分三組，然而教學相關規定暫時不變，也維持目前支持土木系大學部的入門導論（如永續建築導論、永續城市規劃導論、建築與城市史、人與環境研究等），同樣支持永續發展學院大學部的環境科學系（Department of Environmental Science）。假以時日，等時機成熟，在永續發展學院內部，再成立**永續建築與城鄉專業學院**。當然，現在可以先分組，等成為專業學院之後，則設立為所。目前已經能掌握的師資如下：

（一）永續與社會建築（sustainable and social architecture）研究所專任教師（含合聘）—夏鑄九、劉可強、陳亮全、林峰田、黃永松、畢恆達、張聖琳、黃麗玲、黃蘭翔（藝術史所），九名。

（二）地景建築與永續環境規劃與設計（landscape architecture and sustainable environmental planning and design）研究所專任教師（含合聘）—張聖琳、夏鑄九、劉可強、陳亮全、林峰田、畢恆達、黃麗玲，七名。

（三）永續城鄉規劃與區域治理（sustainable urban planning and regional governance）研究所專任教師（含合聘與退休）—王鴻楷、夏鑄九、劉可強、林峰田、林建元、陳亮全、張聖琳、黃麗玲、彭信坤（中研院經濟所）、江瑞祥（政治系）、徐進鈺（地理系）、黃蘭翔（藝術史所）、李鴻源（土木系）、華昌宜（退休），十四名。

（四）文化資產研究中心（向文建會繼續爭取，為校、院級中心，可先與土木所、材料所、森林所、藝術史所會商，推動成立初期組織。）

（五）國土規劃研究中心（向經建會繼續爭取，為校、院級中心，可先行向企業募款，作為介入的必要基金。）

（六）目前正在徵聘新教師四名，將進一步補足與加強前述領域中人數較少的師資，尤其是：建築、景觀建築、文化資產等方面的師資。國土規劃方面，我所既有師資較為充足，有可與地理系合作，問題比較單純。

其次，兼任教授級客座專家，區分為執業之建築師、景觀建築師、都市設計師、都市計劃師等，資格：曾獲碩士專業學位，執業成就傑出，國際獲獎，可細分為教授級、副教授級、助理教授級。目前計劃聘任：兼任，教授級建築設計與地景建築客座專家各一名。一年開課一次，秋季與春季學期分別開設高階實務的實習課。至於助理教授級兩名，基金會的優秀資深人選，也可列入考量。未來投入實習一教學，可減輕專任教師負擔。

最後，向校方爭取授與建築學院中之前輩，為人文學門中的**名譽博士**學位，亦可考慮聘為兼任的名譽教授。

以上的制度突破，均有助於本所提升師生比、教師專業素質、專業界聲望。

五、結語

面對廿一世紀與空間專業有關的專業者，建築師、地景建築師、都市設計師、都市規劃師、都市研究者⋯等等，我們的挑戰何在？

回到未來，假如沒有意外，這些技術的菁英將在亞太城際之間流動⋯，這才是網絡社會裡，在全球都會區域中流動的數位建築師，而不是對奇特形式的技術操作而已。

基於上述，我們亟需：

（一）**我們亟需地景建築師**：能將廿一世紀的城市向永續城市與綠建築推動的，懂得深度生態學的，綠色文化裡的專業者。保育都會區域裡大面積的農業與自然的土地（注意農地釋放的問題），以平衡都市集中的壓力。

（二）**我們亟需女性主義的規劃與設計師**：能夠對抗性別歧視，在後父權的社會，將幼兒照顧成為重要的都市服務，推動女性主義城市的專業者。

（三）**我們亟需社區設計師，它們不是指引地域般天堂的法西斯主義者，而是**：能與草根社區的動員相應，能懂得市民深層的需要，瞭解地方深情的專業者，將地方空間接合與適應流動空間在經濟競爭中的的條件。

（四）**我們亟需都市與區域規劃師，它們不是官僚作業者，而是：**能夠懂得城市中隔離、被遺忘的弱勢者需要的規劃師，提供廉價或廉租的（社會）住宅，抵抗空間隔離的趨勢，保持社會多樣性，都會區域中多節點特性，公交優先，能夠觸動地方經濟的火花的都市政策擬定者，確保都會區域的經濟要能接合上居民的生活品質。多從事策略性規劃，而不是對藍圖式綱要計劃投注不必要的期望。

（五）**我們亟需都市設計師，或者說，比較接近歐洲的urbanism意涵，或是Lynch所說的城市設計吧：**

因為建築本身並不能改變整個都會區域的功能，甚至意義。象徵意義必須置入整體城市的脈絡之中，這就是urbanism的角色，也是網絡社會與資訊年代所要求的建築與都市特徵：在溝通危機中恢復象徵的意義，重視有如劇本情節（scenario）一般的象徵效果與意義競爭。避免片斷化與私有化趨勢所造成的危機，以公共空間接合地方與流動，鼓勵社會凝聚與交流的地方。保存城市的文化，有能力聯繫在地生活，透過公共空間的經驗分享，接合全球流動，而不是將公共空間進一步私有化。

（六）**我們亟需敏感的城市的建築師，它們不是貪婪無比的、自私孤立的藝術家，而是：**在有溝通危機的都會區域中恢復建築的象徵意義，標誌地方，推動建築、城市、文化、經濟上的復甦，引發辯論，儲存意義，使空間成為活的。建築師的復興，不是自大、目空一切，卻在商品週期日短的壓力驅迫下，災難製造者。建築的象徵與城市整體間不宜斷裂，要能與公共空間整合，建築必須與前述的都市設計與規劃串接。但是建築有其自主的語言，不能化約為空間的功能，空間意義是文化的創造，其最終意義，仍有賴於與公共空間實踐間的互動。

所以，每個空間相關的專業者都得：珍惜保育、懂得保存、認識城市、接合流動，這樣才能面對全球區域。可以由社會理論取得靈感，由研究中取得知識的支援。

（七）注意，以上的共同精神，就是本文前述的，對專業的通才教育所再三致意之處。

（八）最後，讓我們記得馬克斯・韋伯（Max Weber）的警語，這可以視為對現代專業者的提醒：

『對於身外財富的關切，應該宛如輕輕落在「聖徒肩上的輕斗蓬，隨時都可以甩掉」。然而，命運卻注定這件斗蓬會變成鐵牢籠…今日，宗教禁欲主義的精神…已經逃離了鐵籠。但是，得勝的資本主義由於奠基於機械根基，不再需要這種精神的支持了…沒有人知道未來誰會生活在鐵籠裡，或者在驚人發展的終點，是否會有新預言家崛起，或者是否會有老舊觀念的偉大重生，或者，如果以上皆非，是否會有一種在驟發的妄自尊大潤飾下的機械性痲木呢？在這種文化發展的最後階段，也許真的可以這樣説：「專家沒有靈魂，縱慾者沒有心肝；而空洞無效卻幻想著已經到達前所未有的文明境界」。』[15]

[15] Weber, Max (1958), The Protestant Ethic and the Spirit of Capitalism, translation Talcott Parsons, New York: Charles Scribner (First published 1904-5), pp.180-182.

■朱雲漢

美國明尼蘇達大學政治學博士。
現任國立台灣大學政治學系教授、中央研究院政治學所籌備處特聘研究員。
曾任明尼蘇達大學策略管理研究中心特聘研究員、美國哥倫比亞大學政治系客座副教授。
專業領域為政治學方法論、國際政治經濟學、東亞政治經濟、民主化。
著作有《建立台灣的政治經濟新秩序》等中、英文著作。

從多元現代性思索台灣的定位與出路

「『山上的朋友』給我的感覺時，好像終於有機會可以一吐這些年來累積的鬱悶，」說起這次的陽明山會議，籌辦人之一朱雲漢的感受是：「然而，大家心裡彷彿又還有一分憂慮，擔心受到台灣內部現實的消耗所累，因此即使談到願景，卻仍然有著不放心的感覺。」但無論如何，台灣的知識界確實很需要這樣的一個聚會，「彼此感染，互相鼓勵」，希望不但可以扭轉幾年來大家說的那種識分子退縮的現象，朱雲漢說，也在一個超越藍綠的繽紛彩色盤上，「擘畫更讓人嚮往的美景」。

要想像未來，必須奠基於一個清楚的自我評價，然而，朱雲漢的觀察是，台灣多年來內部呈現糾葛不清的混亂狀態，其主要理由正是「很多人不知道台灣經驗裡有哪些是很棒的、很值得珍惜的豐富資產。」

朱雲漢說，很多台灣人，包括知識界，還活在以美國馬首是瞻的「一元思維」中，沒有體認到如今的世界具有的是「多元現代性。」他指出，台灣這種對美國的依賴不只表現於把美國當作唯一的安全感的來源，甚至於內在價值體系也充滿了向美國取暖的單面向思維，「因此，我們不只是在政治上做美國的附庸，在文化上、社會進程上也把自己塞進美國的框架裡，」朱雲漢說：「台灣幾乎忘了自己是屬於東亞的一分子。」

其結果，不只長期發展有營養失衡的問題，對於近年來包括中國、印度和亞洲五小虎在內的「東亞崛起」，台灣要不是無知地忽視，要不就是焦慮地旁觀。最近有消息傳出，北京大學「中國經濟研究中心」主任林毅夫，可能出任世界銀行資深副總裁，並兼任其首席經濟學家，「這說明國際已經開始理解到，中國大陸發展經驗，或者，擴大一點說，東亞發展經驗對發展中國家是具有參考價值的。」儘管中國大陸仍然很有問題和困難存在，但是總體而言，他們在這麼大的範圍裡快速工業化的過程，畢竟有我們值得重視的治理方法、策略和思路，大陸也有自己的制度創新，「台灣能不能用更寬闊的胸襟去看待中國大陸的發展經驗呢？」

朱雲漢說，長久以來，台灣不是太自傲就是太自卑，由於自認晉升西方民主陣營，因此對一些不同政治體制的東亞國家有著莫名的優越感，覺得自己比某些國家更文明；反而忘了自己與東亞鄰居在許多方面的共通性，也不願以正面的角度對待自己承襲的歷史、文化和地理條件；結果是，面對中國崛起，不但焦慮感很高，還對前途充滿茫然。「台灣社會生病了，心理生病了，整個社會像是一頭迷途羔羊，」朱雲漢說：「我認為，知識分子有責任帶著大家走出這樣的困境。」策略是把台灣放回東亞的架構裡，以正面的態度理解東亞的再興起，東亞主體性的再現。強化與對岸以及東亞鄰居良性互動與對話的能力，學習理解別人的長處，幫助台灣用更自重、謙卑、開放、熱情的態度重新融入東亞共同體。

從多元現代性思索台灣的定位與出路

——朱雲漢

身處今日台灣的知識份子心頭有兩朵烏雲。

第一、面對今日台灣的政治大毀壞，知識份子是相當的無奈。在民選政治、金權政治與民粹政治的權力邏輯裡，知識份子的處境特別艱難。看到政治凌駕憲法、政治撕裂社會，政治箝制經濟，政治扭曲文化、政治毀壞社會價值體系，政治讓司法與文官體制變形，知識份子也無可奈何，因為他們普遍缺乏扭轉政治走向的著力點。在短期內很多人只能做到「上不循於亂世之政客」或「下不循於亂世之暴民」；在中長期他們只能寄望台灣的民主體制尚未失去自我矯正的機能。

第二、面對今日台灣的社會集體焦慮，知識份子也是相當的茫然。面對經濟全球化的衝擊、非西方世界的崛起、中國大陸的再興、以及東亞區域主義蓄勢待發，他們不確定自己是否有能力提出有歷史觀、有世界觀、有說服力、有現實感的論述，引道台灣在劇烈變動的全球、東亞與兩岸政經格局中，重新找到自己的適當定位與可期待的未來，來幫助這個徬徨的社會找回自信、找回方向感，扭轉被迅速邊緣化的頹勢。

今日的情境與解嚴前夕的八十年代很不一樣，跟冷戰剛結束的九十年代初很不一樣，甚至跟不到十年前的世紀之交相較也不太一樣。過去台灣的知識界自覺或不自覺的普遍接受「一元現代性」（singular modernity）而不是「多元現代性」（multiple modernities）的思維框架[1]，在這個框架下衡量「進步」與「落後」的歷史座標是明確的。在價值與制度的選擇上，知識份子的評斷角度比較一致。這個「一元現代性」的思維框架，更因為全球化帶來的局部趨同化（convergence），以及共產主義陣營的解體而益形鞏固。在這個框架的導引下，知識分子對台灣民主改革的前景比較有信心，對於民主改革的預期成果充滿了樂觀的想像。也是在那樣一個歷史脈絡下，知識份子都傾向於標榜自己是自由主義學者。

同樣的，西方的知識份子也一度對二十一世紀寄予高度的期待。這種樂觀是建立在二十世紀最後四分之一世紀所發生的劇烈的、席捲全球的社會、經濟與政治變化。這個

[1] S. E. Eisenstadt, 「Multiple Modernities,」 Daedalus, 129, 1 (Winter 2001): 1–29.

變化的主軸是民主化與市場化。西方一些志得意滿的知識份子甚至預言，人類正走向歷史演進的終點，也是文明的極致，西方已經實現了人類最後的、最高的社會體制，不存在超越這種體制的其他可能性，而尚未出現這種體制的社會，也無可避免的要向它靠攏與接近。

福山在他的《歷史終結與最後的人》一書中曾大膽的斷言「自由主義的民主，構成了人類意識型態演化的終點，也是人類政府的終極型式。」在這個視野框架之下，西方知識份子有這樣一種假設：民主可以帶來和平，民主可以帶來良治；經濟自由化與全球化可以帶來持續發展與共同富裕；人類社會可以享受美國盛世下的太平（Pax Americana），全世界也會心平氣和地接納美國的領導，因為美國是打造世界經濟自由化與民主化秩序的龍頭。

接下來的發展，與當時的樂觀預期幾乎是南轅北轍。許多新興民主國家陷入嚴峻的治理危機、政治亂象重生，甚至民不聊生。從本世紀開始，第三波民主化就陷入停滯，甚至進入民主衰退（democratic recession）。美國在中東推行的「民主帝國主義」的徹底失敗，不但凸顯美國保守派政客的極端自大、狂妄與愚昧，更意謂著美國輿論監督與權力制衡機制的全面失靈。另一方面，新保守主義革命對美國的民主法治與多元主義的腐蝕作用越來越明顯。美國社會因為價值衝突而導致嚴重的對立，黨派利益與意識型態凌駕正常的民主程序與法治原則，洛杉磯時報資深記者布朗史坦（Ronald Brownstein）的新書將小布希主政的七年這段民主黑暗期，比喻為美國的「第二場內戰」[2]。

美國所打造的新自由主義世界經濟秩序的正當性危機也逐一浮現。資本主義在全球的擴張，讓金融資本與極少數跨國企業精英取得影響國家政策、支配社會基本遊戲規則的無比權力；並同時導致國家機構經社職能大幅減縮與維護公共福祉能力的退化。在經濟全球化的衝擊下，社會中的多數群體的經濟不安全感大幅上升，階級流動性下降，立足點越來越不平等，社會兩極分化日益明顯。其結果是，在全球各個角落，市場萬能與自由化萬靈的信念正在消退。在拉丁美洲，「華盛頓共識」遭到普遍的質疑，親美的右派政權紛紛下台，左傾的執政黨在「二十一世紀社會主義」的旗幟下，正在摸索更均衡、更自主的發展策略。經濟全球化在世界各地遭遇勞工、農民、環保團體，以及其他經濟弱勢群體的強烈反彈。更深層的危機是，資本主義所鼓勵的生產與消費模式，讓自然環境遭遇嚴重的浩劫；全球暖化危機的湧現，更意謂著西方資本主義文明無法被普遍

[2] The Second Civil War：How Extreme Partisanship Has Paralyzed Washington and Polarized America（The Penguin Press，2007）.

複製，因為其擴張速度已經超過了地球承載的極限。

在此背景之下，知識份子在思考台灣的困局、台灣的定位與台灣的未來時，我們可能要重新理解今日我們所處的時代，以及世界秩序劇烈變動的基本脈絡；重新檢視所謂「普世價值」與「文明衝突」間的糾葛與矛盾，以及「一元現代性」的有效性。

其實，「多元現代性」本來就是一個更貼近二十世紀歷史事實的概念架構。但過去「西方中心主義」長期支配解釋非西方世界現代化經驗的話語權，所以非西方世界多樣的現代化經驗經常被「一元現代性」分析架構所刻意忽略或排斥。晚近，西方主流論述用「全球化、在地化」的架構來理解全球趨同化過程中出現的例外或逆流。「在地化」只是被理解為對於全球化的一種「抗拒」或「回應」，而不是被正面的接納為多元現代性的自然展現。

我個人思緒的一個起點是距離台灣很遙遠的一個場景。去年波斯灣的小國卡達（Qatar）透過在首都多哈舉行的亞洲運動會，在開幕式上向世人呈現一個阿拉伯世界觀點的人類文明演進歷史。而多哈這個充滿現代活力的城市，更展現了一個以回教信仰為主體的現代阿拉伯社會面貌。這正為「多元現代性」提供了一個生動而鮮明的註腳。

我個人思緒的另一個起點是「新古典經濟學」與「發展性國家」兩個學派針對東亞發展模式的激烈爭辯。個人認為後者在歷史證據上更為充分，顯示後進工業化社會的發展路徑不必也不可能複製先進工業化國家的經驗。日本在上個世紀的崛起，不僅僅體現經濟現代化模式的多樣性，日本在政治、社會與文化面向上都展現其不同於西方社會的特殊面貌。描繪日本的政治體制是一個「代議民主」或「君主立憲」，只能捕捉到的日本政治運作機制一部分而已。戰後東亞四小龍的經濟發展奇蹟，也讓我們必須重新檢視東亞傳統文化的歷史作用，並重新思考儒家文化與現代化是否不相容的問題。[3]

不久之前，加州柏克萊大學國際研究中心主任偉伯（Steven Weber）與另外兩位年輕同事發表「沒有西方的世界」（A World Without the West）[4]，在網上引發了熱烈的討論。他們提醒美國的政治菁英，要準備迎接一個「不以西方為中心」的世界。過去一百多年，國際秩序的建構與變遷都是以西方為中心。但現在許多幅員遼闊、人口眾多或資源豐富的國家快速崛起，特別是中國、印度、俄羅斯、巴西與阿拉伯世界，成為影響世界政治與經濟的重要力量。百年來他們首度同時崛起，必然帶來一個嶄新的歷史格局。

過去美國的政治菁英都假定這些新興強國崛起後，將被迫面對簡單的兩元選擇：他

---

[3] Wei-ming Tu, 『Multiple Modernities: Implications of the Rise of 「Confucian」 East Asia』『多元近代性：論「儒家」東亞興起的涵義』。中山人文學報 15 民91.10 頁3-19。

[4] Naazneen Barma, Ely Ratner and Steven Weber, 『A World Without the West,』 National Interest, No. 90 (Jul-Aug. 2007).

們要就是企圖改變這個現存體制，直接挑戰美國的國際領導地位，從而導致衝突；要就是選擇逐步融入現有的自由秩序，進行內部體制調整，來適應美國主導的秩序理念。因此未來的世界，要就是出現不同秩序理念的衝突，不然就是和平的吸納與同化。這三位作者挑戰這個傳統的觀點，因為這個觀點還是離不開「西方中心論」。他們認為崛起中的國家有可能繞過以西方為中心的國際體制，在彼此之間以及與其他眾多的非西方國家間，根據另外一套秩序理念，開展彼此的交往、合作與協調機制，然後逐步打造擺脫西方影響、自成格局的世界。

其實這個多元格局世界的雛形已經逐步浮現。從東亞自由貿易區的推進、上海合作組織的發展、開發中回教八國組織（D-8）高峰會的成立、七個拉丁美洲國家籌設「南方銀行」（Bank of the South）來與美國主導的「世界銀行」與「美洲開發銀行」分庭抗禮、到上個月連同緬甸在內的十個東盟國家正式簽署共同體憲章、到石油輸出國家組織即將擴編納入俄羅斯與巴西。這些多邊機制的發展都是另起爐灶、自成格局、繞過歐美。

偉伯所稱的「沒有西方的世界」其實就是一個充分展現「多元現代性」的世界。如果我們用計量經濟史學家麥迪遜教授（Angus Maddison）的《世界經濟的千禧年視野》所提供的寬廣角度來看待今日中國、印度、俄羅斯與阿拉伯世界經濟力量的迅速提升，
[5]其實不應該稱之為「崛起」，應該是「復興」；他們只是在百年的殖民、戰爭或動亂

的延滯後，開始迅速恢復在世界格局中的歷史地位，恢復他們在全球經濟中原有的份額。根據麥迪遜的估算，在西元一四〇〇年前後（明成祖派鄭和下西洋的年代），當時中國與印度兩國的國內生產毛額占全世界GDP的七五%。雖然自此以後比重逐步下降，但遲至西元一八二〇年，中國仍是世界最大的經濟體，GDP總量佔世界份額的三二・四%，要比今日美國在世界經濟的二一%（購買力等值估計）的份額高。[6]從長程的歷史角度來看，這樣一個多元世界是比較常態的；而過去兩百年西方國家的一枝獨秀，過去二十年美國的單極霸權，反而屬於例外。弔詭的是美國積極鼓吹的經濟全球化，反而為中國、印度、俄羅斯、巴西與阿拉伯世界的快速崛起提供了有利條件，加速了多元世界格局的形成。

在多元現代性的思維框架下，西方歷史將不再是唯一的參考架構，也不能用簡單的形式化指標來界定文明的「先進」與「落後」。在多元秩序格局的世界裡沒有先驗的「普世價值」，任何制度與價值體系都必須在不同的社會土壤、不同歷史條件下經

[5] Angus Maddison, The World Economy: A Millennial Perspective (Paris: OECD Development Centre, 2001).

[6] Angus Maddison. Chinese Economic Performance in the Long Run (Paris: OECD Development Centre, 1998), p. 40.

過實踐的檢驗，經過時間的粹煉才能取得其特定時空下的正當性。沒有國家僅僅因為披上民主的外衣，就自動取得政治文明的優越地位；民主體制必須落實良好治理、權利保障、權力制衡與公平競爭這些起碼的本質特徵，也必須在保障人的安全、增進人的發展與維護社會公義等，這些基本政府職能上滿足公民的期待、才可能具備正當性，也才有機會跟「發展導向威權體制」（developmental authoritarianism）在意識型態領域相競爭。同時，在這個全球緊密相依的時代，每一個國家、地區或文明的社會發展都不可能是孤立的，而是密切交融的。彼此的觀念、價值、制度與行為都將因為相互滲透、撞擊、牽引、借鏡而出現轉化；但沒有絕對的、固定的中心與邊陲。而且每一個地區的文化與社會發展，也都必然是本土與外來元素的不斷調和與重組。許多文化與社會模式之間一定有局部的共通性，但沒有放諸四海皆準的「樣版模式」。

過去台灣所習慣的是「以西方為中心」的世界，對於多元秩序格局的出現，沒有心理準備、也沒有思想準備。當帝國主義爭奪與東西冷戰對這個地區的割裂與箝制作用逐漸消退，美國對於東亞政經格局演變的支配力量逐漸下降，東亞經濟圈再度成型，東亞的歷史主體性重新浮現，台灣實在沒有理由畏懼、沒有理由缺席，更沒有理由不知所措。因為，台灣本來就處於東亞貿易網路的中心地理位置，長期以來就是亞洲經濟圈的一環，儒家文化圈的一部份。

面對非西方世界的崛起以及東亞區域主義蓄勢待，台灣部分人會感到焦慮、擔心面臨「失位」危機，是因為他們將台灣的地理位置、文化傳承與歷史淵源都棄之如敝屣，甚至是視其為必須掙脱的「枷鎖」、必須拋棄的「負債」；而根本忘記了台灣的地理、文化與歷史是讓自己迎接東亞區域主義興起，面向多元格局世界的最重要「支柱」、最重要的「資產」。

面對中國大陸躍升為帶動亞洲經濟與主導東亞區域主義的龍頭，台灣部分人會感到徬徨無助，擔心前景堪憂，是因為他們面對歷史刻意採取選擇性的健忘與偏頗性的解讀；面對原本與自己在地理、血緣與文化親近性最高的社會，刻意築起一道道心理高牆，乃至於他們剝奪了自己與十三億人深度溝通與良性互動的能力。他們在文化定位上自我矮化，乃至於忘記了台灣仍然被周邊華人世界看待為「民主政治」與「多元社會」在中國文化土壤中培育成長的重要實驗場，忘記了台灣仍被視為儒家文化圈內本土與西方元素不斷調和與重組的重要觀察站。他們忽視了台灣可以在中文世界的藝術、文學、戲曲、電影、流行文化與創意產業領域大顯身手的可能性，放棄了利用自己最熟悉的文化元素讓台灣在東亞與世界舞台上嶄露頭角的可能性。他們在文化認同上的自我窄化，更將限制了我們下一代擁有豐沛文化資本的可能性，限制了我們下一代在東亞歷史主體性再現過程中發揮積極作用的可能性。

■黃榮村

國立臺灣大學心理學系博士。

現任中國醫藥大學校長、遠哲科學教育基金會董事長、私立學校興學基金會董事長、時報文教基金會董事。

曾任教育部部長、行政院政務委員、九二一震災災後重建推動委員會執行長。

專業領域為人類知覺、認知科學。

代表著作有《盲點填補效應》、《教育改革：對民主化、社會公義、與競爭力之引申》等書籍。

公民培育與讀書人的分寸

「我不覺得知識分子消失了，我認為是他們對社會關懷的方式更多元了。」負責籌辦這次研討會的黃榮村說，他在像《中國時報》「民意論壇」這樣的版面上，「還是能夠看到很多學者、或者說知識分子吧，批判時局、提出理念，精采的時論並沒有減少。」

其次，黃榮村觀察到，很多人則是「直接採取了行動」。他說，這幾年，社區營造、環保、生態保育、教育、關懷弱勢、乃至於九二一重建、在SARS後協助建立社區公共衛生體系…等，都有很多人積極的投入，「第一線工作也是一種社會參與」。

不過，黃榮村說他也很認真地思考，為什麼還是有那麼多人在討論著知識分子影響力不夠的問題，他說，理由可能是，政治鋪天蓋地，如果人們認為某人有某個政治立場，那麼當他發言時，另一個政治立場的人可能就不覺得他是在做一種不帶偏好的公共論述，甚至會認為「他不算知識分子」。

另一方面，黃榮村說，對一些人來說，政黨輪替就是某種民主政治的具體實踐了，「因此對這些年來的時局抱著觀察、了解、期許的時間比較多，嗆聲就變少了。」黃榮村說，也許就是這樣吧，讓人「感覺」到知識分子的「力道」變弱了。

他說，從這種感受，他也體會到原來社會對知識分子是有很高的期許和期待的，總希望他們「不只是有學問的人，更是有眼光、有智慧、有愛心的人」，可以在對立、混亂時局中，提出社會新的價值、台灣未來的願景；黃榮村相信，現在知識分子可以表達意見的領域更多、更廣了，「戒嚴時期，知識分子都可以做那麼多事，何況現在，知識的領域更寬、關注的對象更多，可以發揮的地方不是更多了嗎？」

黃榮村希望，在經過政治上的吵吵鬧鬧之後，大家可以學習到一件事情，就是把台灣重新放回兩岸、亞洲、世界的架構裡來看，而不要只是關起門來看台灣，「因為那會把台灣的路走窄、走險了，相信這不會是大家所想要看到的。」而要能這麼做，很重要的前提是，「我們可以對不同意見、不同立場的人，懷抱更多耐心和同理心，了解到社會本來就是由不同的人構成的。」

黃榮村舉了這次陽明山會議為例說，雖然與會的人大都彼此相識，但畢竟還是有觀點不同的人，因此，會議除了建立交換意見的平台和討論的氛圍，「還有一點很重要，是要建立一種『態度』，就是相信別人說的話是出自他自己真誠的相信，並沒有惡意，因此應該予以尊重」。平台、氛圍加態度，三樣缺一不可，也就是在這樣的條件下，會議激盪出美好的火花，黃榮村說：「這讓我相信，知識分子的火苗不但沒有熄滅，而且可以燒得更旺。」

公民培育與讀書人的分寸

——黃榮村

台灣社會教育文化的演進，一直在兩條軸線編織的網格中擺盪。就橫切面看，全球化與在地化是同一球面的兩端，台灣必須在全球論述、亞洲論述、與在地論述上，找到位置。就縱切面看，台灣又必須在歷史軸線上交待定位並發展台灣論述。台灣在過去一百來年中經歷過很多人還記憶猶新或正在進行中的殖民經驗、去威權與民主化、全球化、以及在地化的四重糾葛。再看過去六十年，台灣至少見證過下列三件事：（一）從壓制到解除管制：社會力的解放；（二）在野勢力的興起：政治行為的解放；（三）成就、自信、與自主：思考格局與個人實踐的解放。因此，台灣開始具體而微的在社會中表現多元、去威權、去歷史負擔、務實、自信自主的特質。但在這段期間，「歷史---自主論證大移位」（The Great History-laden vs. Autonomy Shift）也在隱然成形，兩岸分治下的統獨爭議及其變形議題愈來愈多，現在還在尋找最大公約數的過程中擺盪。但是，不管台灣經驗有多寶貴，台灣還是無法關起門來走完全程，因為全球化的壓力近十年來可說是戰鼓頻催，逼迫著台灣一起與國際同步思考，甚至在教育文化部門與人才培育上，都要被放到國際平台上一齊競爭。

在此交織的架構下，衍生出兩大主題。一為在這種脈絡下發展與變遷的台灣社會，如何培育公民的議題；另一為在此脈絡中，讀書人如何自處並掌握分寸的議題。

壹、公民培育

一、台灣社會要永續發展，首需培育具有競爭力的國民。以今日國際互動之頻繁與互相依賴及競爭而言，所謂競爭力當然要定位在國際架構上。依此而言，則要學習的是人類過去重大的知識遺產與當代重要的知識產出；同時要習得所謂「學習如何學」（learning to learn）的態度與技巧，以及發展多元創意的特色。就這幾項而言，國際化當然比在地化更為重要，而且要優先看待。這就是所謂的回歸基本面（back to basics）。我國高等教育走的大體上是這條路，雖然有的走得不太好，但不會有太多爭議；反觀中小學教育，雖有識之士也是如此看法，但卻走得辛苦，因為很多人都想強加自己的價值在年輕人的培育過程之中。譬如政經社會文史的了解，本就應該加強由近及遠、略古詳今的原則，也應強調對重大事項之了解與演進，但涉及史觀及詮釋觀點，則宜由民間在其不同版本中去斟酌考量，行政力量不宜過度涉入，至於追究責任則是成人世界的事，等弄定了再考量放入學習過程。教育主管部門與社會大眾更宜關切結構面問題，諸如城鄉與貧富差距、M型教育、教育資源的籌措與分配、遊戲規則（如辦學目標與實踐），至於內容則宜放手由專業與學校來自主主導，這才是回歸教育基本面的作法。

在培育具有競爭力國民的過程中，有一些問題需提出討論。我們一直興致勃勃的宣稱中學生在TIMSS（國際數學與科學成就調查）、PISA（Programme for International Student Assessment）、與國際Olympia上的成就，但很少嚴肅看待並檢討下列問題：（一）過去對教改的不當論斷，以及對九年一貫課程與建構數學的過度批評。（二）有城鄉與貧富差距的學業成就。（三）小學時的多元創意逐漸窄化成中學的學業成就。（四）與國際四、五十個國家比較，國中生的數學與科學成就都在前五名（甚至前三名），但也表現出沒什麼真正的興趣，認同亦低，啓蒙過程顯然延後。這些問題反應的是教育政策的可延續性、社會公平正義、多元創意發展的隱憂、與卓越之可延續及發展性，我們不能不正視這些問題，並進而尋求解決方案。

二、當代的公民培育還有一環是教養層面，這才是真正應該做好在地化的課題。在行為上學好應對進退，遵守必須的法律與倫理準則，是最基本的要求。在理念上，學習如何具有人文關懷的心胸，照顧弱勢，具有同理心，是知易行難的事，但人才培育本來就是一個漫長的過程。在台灣社會更需協助學習者如何平衡理智與情感。我們這個社會有太多情感性的議題，需要在人才培育過程中給予正確的教導，包括有如何提升對人類與同胞苦難的體認與敏感度、對社會公平正義不可遏止的關切。另外，我們經常處於不確定狀態中，如何做好判斷與選擇？這些不確定狀態經常涉及濃厚的情緒（如焦慮、恐懼、憤怒），如統獨爭議、歷史詮釋、反核與擁核，學習者若在培育過程中，未能學到如何容忍不明確、尊重別人感情、做延遲判斷的能力與態度，則經常會陷入雙峰穩定結構，隔著山頭叫罵。處理不確定狀態下的決策，往往需要在多重判準中取得共識，才有均衡解，但是若學習過程缺乏上述的元素，將難以用喊話的方式來達成協議。

教育部門已研議品德教育方案（或者也可稱之為教養方案），但仍無可替代過去品德教育及四維八德的教育目標與方式。我們有藝術教育白皮書，學童也開始多才多藝，但顯然仍欠缺藝術教養及品味，也未能反映在日常生活之中。我們往往講的一篇好道理，但缺乏實踐，又兼校園內與社會上的role model功能日益式微，因此所謂教養教育祇得其形未得其髓，未能發揮真正的教育成效。同樣的現象也在高教中複製，專業訓練尚具效果但通識精神之培育難謂成功；研究與教學有進步，但評鑑指標繁多，大家在此日益狹窄的指標架構中，逐漸迷失教育本質，對人類知識未知領域之投入日益迴避，對量化的追逐遠過於對影響力的重視。

三、縱上所述，在全球化壓力下，強調多元競爭力的培育是一條不歸路，但社會制約太多，校園仍未真正獲得解放，自主辦學還未理想。在地化與本土化可以強調，但應與國際化取得協調，且應居於輔助地位，不宜凌駕，教育主管單位也不宜過度介入主導。至於教養教育是可以大力在地化本土化的部分，但目前反而流於形式，教育文化的本質尚未獲彰顯，亟待教育主管部門加一把力。

由此看來，競爭力人才培育與教養教育雖在全球化與在地化的交叉影響中，具有非常重要的角色，但顯然不是一件容易做的事，也許我們應該積極促成以此兩者為主軸的國家人才培育白皮書，好好的把未來十年該做的事鋪陳出可有效促進的藍圖，這才是開大門走大路的作法。

貳、讀書人的分寸

接續教養問題的討論，在當代台灣社會的變遷過程中，讀書人如何自處並掌握分寸，可以說是一個相當受到重視的「本土化」議題，也應該在本土化與在地化的基礎上多加討論，但這種看法並不表示就不需考量國際在特定時空背景下，讀書人如何自處與進行批判的經典案例。

當我們討論讀書人應表現的教養時，顯得比討論學生的教養更為沈重，因為會涉及更多學術與政治的分際。談讀書人的教養，首先會碰到所謂的decency與integrity之表現，這兩種特質都會被放在關鍵事件中予以檢驗，往往涉及貫穿一生的評價。另外，讀書人的分寸也經常表現在對社會集體記憶之解釋與批判上，大家想知道的是這個讀書人，是否具有無偏的眼光、是否表裏一致、是否始終如一（當然容許合理或具說服力的修正）、是否在關鍵時刻具有勇氣。或許比較苛求的是，讀書人的自處與分寸掌握，是否真的站在對的一方，而且對國家社會的未來做出正面貢獻。

這種分寸的拿捏其實是相當困難的，因為我們經常處在不確定的狀態下。但正也因為這樣，讀書人的分寸與判斷，才具有啓蒙的作用。如由讀書人組成的民間論政社團，假如它確實是出自專業與良心的組合，則其唯一應該做的就是anti-establishment，除此無它，因為要做好這件事大概就要付出全部的心力，何況還不一定能做好。Anti-establishment並非祇要是既有體制或當權者所做的都要反對，而應是針對如Lord Acton所指稱的『Power corrupts, absolute power corrupts absolutely』之敗德的權力結構。民間論政成員應有銳利的眼光與使命感，不讓黑暗帝國的教父橫行，不讓國民成為黑暗海洋中漂浮的卒子，這就是讀書人的分寸。

但是，我們也很難理解一個讀書人能夠在隔夜之中，就成為以上所談能夠掌握分寸的人物，除非他本身就已經是一位具有競爭力與真正接受過良好教養教育的人。當然，一位不是讀書人的公民也能表現出上述的特質，假如他有另外值得珍視的人才培育過程。這樣看來，讀書人分寸的養成，顯然也與良好的公民培育息息相關。假如我們覺得讀書人的自處與分寸，對當代社會的正面演進有重要影響，則國家人才培育的促進方案，真的值得大家給予更多的重視。

■王杏慶

筆名南方朔，台灣大學森林研究所、文化大學實業計劃研究所。
現為政治評論家。
曾任中國時報副總編輯、主筆等職。
著作有《憤怒之愛》、《另一種英雄》、《文化啓示錄》和《自由主義的反思批判》等，
關注社會文化政治的演變和思潮的介紹。

從2/3到50/50

「知識分子要想能在社會上發揮影響力，要有『知識力』做基礎」，然而，在文化界被人尊稱為「大師」的南方朔嘆了嘆氣直言：「台灣的知識分子，說實在的，也太不努力了，連書都不肯好好讀，當然就講不出什麼有營養的話來。」

南方朔說，台灣現在的很多狀況，其實已陸續在西方國家出現過，問題的本質、解決的辦法，「西方的知識界早已提出很多見解，台灣的知識分子如果願意，用功一點，多讀點書，總可以找到一些思考的路徑，不至於一籌莫展、甚至後知後覺。」

事實上，連「知識分子是不是消失不見了」這個議題，西方也已經討論得很多了，台灣不是第一個面對這個現象的地方；「每個時代的知識分子都不容易做，因為知識分子的核心任務就是批判，但無論哪個社會都會有一股力量要阻止他們去管東管西，最好你噤不作聲。」南方朔說，知識分子不能整天期待掌聲、讚美，而是會有一種「孤獨感」，先天下之憂而憂嘛，又常常指出社會的問題，當然會讓有權力的人受不了、想辦法壓抑，「知識分子要有力量去抵抗很多東西」。

南方朔說，除此之外，台灣的知識分子還有兩大困難，第一是在藍綠對決的社會氛圍下，「不同意見的人常會被貼上標籤，覺得你在惹是生非」，久而久之，很多人也懶得再說什麼，因為「累了」；再加上，如果知識分子沒有領先時代的觀點、主張，「人家幹嘛要重視你、尊敬你？被邊緣化，那也是自找的。」

南方朔心目中的知識分子有三種類型。第一是專管閒事的「沙特型」。早早確立了大師地位的沙特什麼都不在乎，影響力又大，什麼都敢講、大小事都要管，屬於大聲公級的知識分子；第二是在重要時刻就會出現的「羅素型」。南方朔說，羅素平常在自己的世界裡做學問，不管小事，但是當重大事件發生時，他疾言厲色、立場鮮明，那就不客氣了。所謂的重大事件，一次是反對冷戰結構，二是反對越戰，這兩次，羅素強烈表達意見，引起相當震撼。

第三種知識分子，南方朔說是屬於後發的「杭士基型」。杭士基年輕時不太作聲，努力做學問，等取得大學教授終身職後，他沒有了後顧之憂，也建立了學術權威，在許多公共議題上終成一家之言。

南方朔說，每個人都有自己的生涯規畫和想法，想參與社會的知識分子也有不同的類型可以選擇，重要的是要有「風骨」，對自己的身分有深刻的認識和責任感，還有就是要對社會有一分熱情；這次參加陽明山會議，南方朔就感受到一種讀書人論政的精神和傳統，「這是一個很難得的聚會，」南方朔說：「我與有榮焉。」

從2／3到50／50

——一個沉重的數字政治社會學

——王杏慶（南方朔）

第一次看到矚目驚心的2／3這個數字，是在一九六〇年代初哈靈頓（Michael Harrington）所著的《另一個美國》裡。這部著作談的是美國大約有1／3窮人的貧窮問題。

而揭露貧窮固極重要，此書更重要的是它對貧窮問題為何從政治的體制以及人們的感官與知覺系統裡消失所做的觀察與分析。正因為貧窮問題已自人們的知覺裡消失，於是那另外2／3過著舒適生活的人，遂心情愉快的認為所有的人都和他們一樣活在富裕社會裡，但這並不意謂那2／3的人是多麼的自私與麻木不仁，而是人們的思想與認知取決於知覺。而現代的貧窮則早已被區隔進了各式各樣的都市或地域角落裡，人們每天上班下班，假日的採購逛街，都已不再和貧窮有任何接觸，縱使極其偶然的在夜歸時與貧窮錯身而過，但那種感覺也很快就被稀釋沖散。日常生活的經驗決定著意識，對社會問題的善意無知已成了當代人的一種特性，人們都成了快樂的瞎子。縱使有些人知道貧窮的存在，但也傾向於從體制性或單向性的角度認為它多半是個案問題。人們對不想見到的事會傾向於用某種特定的解釋將其排除，將貧窮視為有問題的個案，如不長進、精神有病、命運變故等，即是這樣的不自覺排除策略。

而接著，一九八五年歐洲知識份子在南斯拉夫沿海城市卡夫塔特（Cavtat）召開的一項討論會上，義大利思想家印格勞（Pietro Ingrao）提出了所謂的「2／3社會論」。他指出如果一個社會裡的保守領袖們毫無羞愧的把私人所有制推到極端，也寧願捨棄長期以來視為民生基本的社區價值，而對最弱的1／3不加理會，任由其凋謝衰敗，則在相當時間內，那些享有舒適生活的2／3無疑的仍可過著快樂的日子，而當向他們提醒另外1／3時，他們卻掉轉頭去，他特別指出，在2／3社會裡，同情心的供給非常稀少，它也很少會得到一個社會上層的鼓勵。1／3的邊緣化，其實又和知識份子代言功能的邊緣化有著桴鼓相應的關係。

聖地牙哥加州大學教授休斯（H. Stuart Hughes）在所著《矯揉做作的反判者：一九六八至八七歐洲異議份子的政治文化》裡指出，包括2／3社會在內，從廿世紀六〇年代起，由於社會的逐漸變遷與分化，過去人文知識份子視為基本的「倫理—政治」

這種判斷標準即日益被沖散。資產階級在社會分化過程中，釋放出許多特權供文人、學者、知識份子來分享，可以成為名利雙收的名流。而所謂學術與知識的「專業化」和「紀律化」，則一點一點將整體性的事務拆成了片段，而道德與理想這些過去視為理所當然的辭彙和價值，在「專業化」和「紀律化」的所謂中立觀念裡，當然也就被污名為意識型態。於是過去的所謂知識分子遂成了人們眼中過時的東西。休斯指出，從一九七九年馬庫色過世，一年不到沙特又告別人間，這些依靠廿世紀初舊時文化傳統而成為「大調知識份子」的人物之後，就再也後繼無人。當然還有後繼知識份子出現及表示異議，但休斯教授已稱之為「矯揉做作的反叛者」（Sophisticated rebels），「小調式的顛覆」（Subversion in a minor key）—意思是說這些知識份子其實已不自覺的向主流趨附，不敢過激，過激就容易被媒體指責；不敢表示主張，怕被說成是意識型態，不敢表現義憤，因為在多元社會裡各種情緒反應皆容許。於是遂出現愈來愈多以顛覆為名，但事實上則是很少或什麼也沒有被顛覆的聲音與憤怒。不滿似乎已不再是企圖改變什麼，而是成了一種角色扮演，一種心理感傷憤怒劇。新式的反叛充斥著難解的語詞，用以取代過去的論點或口號，但因為它對社會整體似乎拉遠了距離，因而更像是一種「代替式的迷戀」（Surrogate infatuption）。

其實，更後期探討知識份子角色邊緣化的著作，如雅可比（Russell Jacoby）的

《最後的知識份子們》，以及《從烏托邦到近視眼》，或者如富里迪（Frank Furedi）所著的《知識份子都到哪裡去了》等，他們共同指出的，乃是隔著社會的分化，特別是媒體的消費化，知識份子的角色也早已淪為知識及訊息消費品的一環。知識份子可以在既定的框架內享有某些特許的權益，可以成文化名流甚或明星，但在真正的公眾事務上則日益瘖啞化。而到了最後，甚至會出現一種雅可比教授所謂的「零售聰明，批發瘋狂」的情況。它的意思是指在瑣碎事務上可能會充滿了機智才華，但對足以造成國族重大危害的事務則沉默或附和。邊緣化的附贈品，即是它只能在瑣碎事務上展開聰明才智的比賽。

當今的社會正走在貧富差距日增，兩極化擴大，而知識份子則加速邊緣化與瑣碎化的方向。而這個不能算極端，設若一個政治組織完全拒絕理會民主政治常規的對話、協商、妥協，而一意孤行的民粹式的政治技倆，這時候那種形同政治內戰式的「50／50國家」即告出現。50／50國家的終極走向是一種反智政治。

所謂「50／50國家」，兩位英美資深媒體人麥克斯威特（John Micklethwait）及伍德瑞奇（Adrian Wooldridge）在近著《右翼國家》裡即做了詳盡的討論。他門指出，美國保守主義始終企圖永遠掌控政權並成為國會兩院的永遠多數。但它們發現儘管從一九八○大選獲勝，共和黨連做三任總統，但一九九二年仍然政權輪替，這意謂著它們仍未能打破「50／50國家」的壁壘。於是從一九九二年起，它遂不惜一切手段和金錢，展開大規模的政治內戰，主要有：

急速擴張極右「基督徒聯盟」的地方組織。一九九〇年它僅僅有一二五個分會，會員五萬七千人；但到了一九九七年，分會已增加到兩千個，會員一百九十萬，共和黨的各州黨部幾乎全部掌握。

它在一九九〇年代全力擴張電視及廣播網，例如右派教父威瑞奇（Paul Weyrich）即於九一年成立了一個電視網，到了一九九〇年代中後期已至少掌控三個電視網，至少兩千家廣播電台，完成了教化及動員群眾的準備。

在九〇年代，大金主德穆特（Chris DeMuth）出資十億美元，大舉成立各種智庫及群眾議題雜誌，並在校園廣設學生群眾組織；另外則是在國會大舉擴增遊說組織，藉此建立政商網絡。

經過這樣的大舉擴張，一九八〇年代美國的「電網佈道」風潮，終於被轉化成衣種新型態的「電訊政治民粹主義」的新風潮。二〇〇四年大選後，美國評論家瑞奇（Frank Rich）曾做過簡要的評析。他即指出，當年大選，在大學教員這個高知識階層，支持民主共和兩黨的為七比二；而將報紙讀者的立場分類，則兩黨支持群眾為二比一，但及至投票，則情勢完全逆轉，支持共和黨的略多於民主黨。由此已可看出，經過這樣的部署，一種新型態的電視廣播支配的民粹政治已告出現。它已和學歷與知識無關，特別是龐大的廣播網所發揮的威力最大。

對此，當代美加實驗心理學著名學者，加拿大曼尼托巴大學教授阿特梅爾（Bob Altemeyer），他根據設計的「右翼權威主義心態量表」（RWA）來分析這些被動員出來的選民進行測試。研究結論顯示出，儘管當時人們都已知道，美國炮製假証據，以伊拉克擁有大規模毀滅性武器為入侵的理由，但事實上在入侵後根本找不到任何這種武器，但共和黨選民或許過度暴露在廣播及動員宣傳上，卻都普遍相信布希所說的都對，而且認為總有一天會找到這種大規模毀滅性武器。民粹主義需要社會支配導向（Social Dominance direction）的服從權威的群眾為基礎。美國「50／50國家」所造成的結果已成了最有說明力。當一個政府已不理會大學教員這個階層怎麼想，也不理會讀報階層怎麼想，只靠著自己掌控的電視廣播頻道來說謊欺騙，即可輕易取得政權，民主在「電訊政治」下走到了反智的方向，這又怎不讓人慨歎？也正因此，美國共和黨正統保守主義，即所謂的「高華德派」老派健將，曾任司法部助理部長的狄恩（John W. Dean）也要說這是「沒有良心的保守主義」了。他在《沒有良心的保守主義》近著裡即指出，這種不擇手段、勇於鬥爭、黨同伐異、說謊欺騙的政治，已將美國政治帶到了一個危險的境地。美國第一位總統華盛頓在任滿惜別演說裡，即驚覺到民主政治在某些特殊情況下會變成「幫派政治」，它會把人們從重要問題上扭曲掉注意力，會讓整個政府威信削弱，也會讓整個國家由於毫無理由的相互痛恨而搞得擾攘不安，華盛頓總統在兩百多年前所做的警告，現在再次獲得證驗。

除此之外，當代法國知識份子主要領袖之一的托多洛夫（Tzretan Todorov）在《新的世界無秩序》裡更進一步指出，這種型態的民粹主義，對當今世界的秩序和民主價值已造成了極大的傷害：

對美國內部而言，它使得傳統的美國民主價值被嚴重扭曲，政治的誠實、民主的對話與寬容，手段與目的之適當等都遭到破壞。這對全世界已成了一種壞的示範。

就美國外部而言，從二〇〇四年起，美國正式將它的對外擴張定位為「民主輸出」。「民主輸出」依靠武力而造成的「人道炸彈」與「附帶傷害」，已成了嚴重的新問題。當「民主輸出」違背了更基本的「自由價值」而與武力侵犯合一，這只會讓民主標準更加紊亂。

而除此之外，當代評論家莫瑞（Robert W. Merry）在《帝國之沙》裡更進一步指出，當民主成了一種國際政治的手段，這時候它對民主的定義遂必然變成機會性，而且難免相互矛盾。某些有戰略利益的國家，縱使不民主也會假裝視而不見。有戰略對立性的，則不斷展開民主騷擾。這種把民主變成國際政治手段的做法，只會讓全球民主化橫生無數錯亂的枝節。

社會、政治、知識份子的角色，以及這一切變得更好的可能性，乃是一個變動不居的課題。而無論如何，目前終究是知識份子角色空前低潮的階段。這時候，就讓人想到這樣一則佚事。十八世紀末到十九世紀初，由於英國連年對法戰爭，龐大財政壓力皆轉嫁給了農民工人，加上通貨膨脹、食物匱乏、民不聊生，當時英國詩人柯立芝遂致函大詩人華滋華斯，希望他站出來為民請命，於是華滋華斯遂寫了這首〈倫敦・一八〇二〉，這首詩主要是在呼喚人們要有前代詩人及知識份子領袖彌爾頓的風骨，替時代撥亂反正。這首詩也可為本文作結：

彌爾頓！此時你應仍然健在
英國需要你；它已成了一潭
死水。宗教，軍隊，文壇，
家庭，王公貴族眾英才，
都已失去了他們古老英格蘭的丰采，
和靈魂之美。我們是自私的人；

啊，請你回來，把我們民族重振，
人人有禮，道德，自由，成為權力主宰。
你的靈魂像顆星，但遠離星群，
你的聲音如大海洶湧，
莊嚴，自由，純淨如晴空，
你這樣沿著生活的共同道路走過，
愉快而虔誠；你把心
貢獻給最平凡的工作。
你的靈魂像顆星，但遠離星群，
你的聲音如大海洶湧，
莊嚴，自由，純淨如晴空，
你這樣沿著生活的共同道路走過，
愉快而虔誠；你把心
貢獻給最平凡的工作。

■鄭瑞城

美國俄亥俄州立大學傳播博士。
曾任國立政治大學校長。
專業領域為傳播政策與法規、閱聽人分析、媒介社會學。
著作有《解構廣電媒體》、《組織傳播》、《透視傳播媒介》等。

台灣的教育自由化與公民社會

「這兩天，把大家『關』在山上，針對社會重要的議題進行誠摯的論述與深入的討論，好像各門派在比畫文功」，這是一種良性的切磋和意見交換，鄭瑞城說他感受到、也找回了「知識份子的熱切心情。」鄭瑞城認為陽明山「閉門會議」很有意思，「在這個多元化的時代，每個人的專業都不同，我聽到了很多不同領域的真誠聲音和觀點，感受深、收穫多。」

鄭瑞城說，好長一段時間，台灣社會似乎少了一種「良知的聲音」，人們擔心，是不是知識分子消失了？但鄭瑞城的觀察是，在台灣社會由威權轉變到民主開放的過程中，「知識界有兩種心理，第一是，像『打倒萬年國會』這種目標明確而一致的重大議題沒有了，一時間讓人有拔劍四顧心茫茫的感覺，批判似乎暫時歇著了；其次，」鄭瑞城說，台灣畢竟還是個平和、溫情的社會，政黨輪替、新政府上任，很多人心裡也在想：「給他們一點時間吧。」就這樣，左等右等，幾年過去了，整個國家好像愈來愈亂，「大家心裡終究有了不安，覺得等待也應該有個期限，不能再不出聲了。」台灣第一次政黨輪替，給大家上了第一次課：更深刻體會良知的價值和期待的界限在那裡。

知識分子跟整個社會一樣，在台灣變動的過程中，自有其功課要做，因此「他所說的話或許並不一定全是對的，但一定是他的真心話，是他真實的感受和觀點，」鄭瑞城說，真誠而具有反省力、學習能量的知識分子「是整個社會的資產。」

鄭瑞城認為，知識分子的關懷與參與不只限於表達意見，也透過實際行動幫助社會促進「公民社會」的實現，那是自主、自由力量的呈現，也是多元、多向量的交會。鄭瑞城從比較廣義的角度來定義公民社會，認為這是一種基於理性與開放的原則，以公共利益為行動前提的民間力量的呈現；這些實際作為也讓人對台灣發展的可能，有了更多期待。

「解嚴至今是台灣公民社會的發展期，」鄭瑞城指出，在這二〇年的時間裡，台灣社會一方面經歷著民主自由種種理念如何在實踐層次上更趨成熟的學習，另一方面，也運用在這過程中所釋放出來的自覺與能量，更多主動地介入、改造社會，「台灣公民社會的形成以及所關注的議題，已不限於政治領域，而呈現複合、多元的面貌；」對於公民社會如何促成、協助、監督「民主社會」與「理想社會」的形成與運作，「雖然還有很長的路要走，但畢竟我們是已經走在這條路上了，也看到了一些成績，」他認為，在這條道路上，知識分子有很多可以使力的地方；透著肯定的口氣，鄭瑞城說：「促進社會向前發展，知識分子責無旁貸。」

台灣的教育自由化與公民社會

——鄭瑞城

壹、前言

教育政策及其執行一直是政府施政重要的環節，教育的成敗也一直是社會大眾最關心的議題之一。中國時報在「台灣希望」專題系列報導中，曾於二〇〇七年十一月初對民眾作問卷調查，問受訪者：「您擔心不擔心未來十年可能面臨這些問題？」。在調查所列的十二項社會問題中，對「教育改革失敗」表示擔心的有七四．一％，僅次於「社會治安惡化」的七六．六％，高於「經濟發展停滯」（六六．一％）、「族群對立嚴重」（四四．七％）和「國際地位孤立」（四四．五％）等其他十項問題；而對「教育改革失敗」表示不擔心的僅有一八．九％，較其他十一項均少。由此可見教育的重要性及其問題的嚴重性。

由於教育的重要性，它一直是社會發展與變遷的重要變項和指標，同時也深受社會發展與變遷的滲透及影響。台灣在過去數十年中，社會發展與變遷至少有兩個明顯而主要的典式：由威權體制漸轉為民主體制和由政治宰制的社會漸轉為公民社會型。其中民主體制的成形應為更主宰的典式，因為公民社會的實現與否，是以民主體制的健全為前提要件。台灣總體社會可作如是觀；教育是社會的重要一環，必然與社會大情境產生迴照與對映的關係。

換言之，台灣教育體系的變革及其所延伸的問題，似可從民主體制成形所帶來的教育自由化及其與公民社會互動的關係中得其梗概，進而掌握問題的本質及其可能的解決構思。

貳、歷程與模式

一、教育自由化

台灣教育的自由化大致可以一九八七年解除戒嚴為分水嶺而化分成兩大階段。解嚴前屬威權體制的教育集權階段；解嚴後則為民主體制的教育漸進自由階段。在教育集權階段，教育重要政策大皆由中央釐定，程序由上而下。教育主軸強調三民主義思想教育、民族文化與精神教育、文武合一教育及培養經建人才教育。同時亦推動擴大教育機會、擴充師資、改變學制及課程、獎勵學術研究及增進國際合作等相關政策。但這些政策基本上仍以強化主軸教育及穩定政權為主要考量。在這個階段，教育主要是做為國家宰制的工具和手段。

解嚴後所以稱之為教育漸進自由階段，是因為教育體系並未隨著政治民主化作較等速度的自由化反應，而是呈現漸進模式。這個漸進模式有兩個特性：一是由大學校院教育自由化為起始，再帶動、擴散到國民教育及中學教育等領域；二是就教育自由化相關的指標性政策來看，整體教育體系的自由化一不論大中小學，和其他非教育領域對照，都顯得較為遲緩漸進。事實上，教育自由化目前仍屬於進行式，而且可能是永遠的未來進行式。台灣教育的自由化從大學校院先行起動，其理不言自明，無庸贅述；而相較於其他領域，教育領域自由化腳步呈較遲緩漸進式，可能與教育領域傳統的保守性和政策成形的困難度和行政效率有關。

一九八七年解嚴，相隔約七、八年後的一九九四年，陳舊保守的大學法終才修正公佈。新的大學法規定公立大學校院校長由官派改為遴選；取消部定共同科目和軍訓課必修等之規定，大學教育人事及課程的自由化踏出了重要的一步。一九九七年，公立大學校院由公務預算制改為校務基金制，教育的自由化由此延伸到財務部門。循著大學校院教育自由化的腳步，國中小學的自由化也逐漸開展。一九九六年，教師法正式通過各級學校合法成立教師會、國小教科書開放；一九九九年，國中小學校長由官派改為遴選、中小學教師由行政機關派任改由學校教評會審議後聘任；二〇〇二年，國中教科書開放民編。

以上所舉是針對較具教育自由化指標性意義的政策而言；事實上解嚴到現在約二十年間，台灣的教育體系展現了自由化的活力，相繼推動了諸多重要的教育政策，如完全中學（一九九九年）、國中學力測驗（二〇〇一年）、九年一貫制及高中職社區化（二〇〇二年），以及邁向頂尖大學（二〇〇四年）和大學教學卓越計畫（二〇〇五年）等皆是。

二、公民社會

從十八世紀的A. Ferguson起，到十九世紀的G.Hegel和K.Mark以及二十世紀的A. Gramsci均是論述公民社會（civil society）理念的先行者，但對公民社會的解釋和共識不一。國內談公民社會的人不少，對公民社會的定義亦多歧異。有的採港廣義說，主張政治、市場外之任何形式的結社或個人，在肯認理性、尊嚴、寬容及公正原則下，而其作為具有公共性之意義者，皆屬公民社會之元素；採狹義說者則主張，必須以追求公共利益和實踐社會基本價值為主要目標的結社群體，方能視為公民社會的元素。不論廣義說或狹義說似均有其意義；我們在理論上可接受廣義說，在實務上則大致以狹義說所指涉的為主。

就公民社會在台灣的狀況而言，大致可分為三個不同時期：蟄伏期、萌發期和發展期。蟄伏期（約含概一九五〇和一九六〇年代），在威權體制主宰下的台灣社會似無實質公民社會運作的空間。當時的民間結社以由西方移植過來，而以慈善救濟（如基督教兒童福利基金會、世界展望會等）或以聯誼俱樂性質（如扶輪社、獅子會等）之社團為主；加上以鄉親聯誼為目的的各種同鄉會組合。當時並非沒有公民社會的元素存在，但礙於時空環境的限制，僅能以轉化的結社方式來表現，並且均無法持之以久，一九五〇年代的〈自由中國〉及一九六〇年代後期的〈大學雜誌〉即其顯例。

萌發期（約含概一九七〇和一九八〇年代），由於蟄伏期蓄積的民間力量、經濟發展形塑了中產階層和民主政治理念的擴散，台灣的公民社會在這個時期逐漸萌發出來。這個時期台灣的公民社會展現了四個主要徵象：（一）西方移植過來的社團繼續存在，但本土性的公民社會結社也大舉開展，目前台灣現有的本土性基金會中，大約有三分之二是在萌發期已先後設立的；（二）在蟄伏期以轉化的結社展現公民社會力量的方式，在這時期更見張舉，一九七五年創刊的〈台灣政論〉及一九七九年創辦的〈美麗島〉雜誌等為其顯例；（三）反體制、非正式性結社的社會運動風起雲湧，一九七七年的中壢事件、一九七九年的美麗島事件及一九八三年的公政會等均屬之；及（四）教育領域的實質公民社會運動也在這時期發端，一九八四至一九八七年間，從台大大新社事件、學生自發性組合的「自由之愛」運動和「大學法改革促進會」為其顯例。

第三時期發展期（約從一九八七年解嚴後至今），解嚴後歷經民主政治的調適期、台灣經濟發展的緩滯、民眾對生活素質的認知及政權轉移等因素，台灣公民社會在這時期呈現三個主要徵象：（一）公民社會所訴求的議題和目標多元化，環保、醫療、健保、宗教等非營利組織相繼出現或更形活躍；（二）正式與非正式公民社會的結社並行不悖，展現多元化，新的正式結社出現（如工會、教師會等），但非正式的、暫時性的、運動性的結合仍方興未艾（如一九九一年的「一〇〇行動聯盟」、一九九四年的「四一〇教改聯盟」等）；（三）有別於萌發期的公民社會，發展期的公民社會雖仍難脫以政治性標的為訴求者（其中不少是因政黨競爭和政治運作而起），但已非實質公民社會關注的惟一焦點，這時期的公民社會漸轉關注、投注到與生命、生活及社會共同福祉相關等議題。

參、問題與意涵

因為教育體系的重要性，其受政治力的干預和操控事屬必然；這在非民主的時空裡尤其顯然。台灣在戒嚴的威權體制時代，教育是遂行國家目的的工具和手段，所以教育的中央集權和不自由是一種必然。從過往的經驗，教育的自由化對個人、對教育、對社會均具有珍貴的正面意義，因此教育的自由化必須悍衛；而民主自由的政治體制更因而必須悍衛，因為民主體制是教育自由化的前提要件。但即使在民主體制、公民社會充沛活躍的社會裡，並不保證教育必然就會自由化，因為任何教育政策和舉措最終仍是要靠政治力去解決，要靠行政權去遂行，無法單靠公民社會的力量來保證、維繫教育自由化。因此政治、行政的素質才是教育自由化所欲追求的標的和品質的最終保證，這也就是為甚麼在戒嚴時期仍會出現具有品質的教育政策和措施，如延攬海外傑出人才、延長國教和擴充學校等；以及為甚麼在幾乎沒有任何公民社會壓力及運作的情況下，教育行政主管機構仍然能主動推動許多良好的教育政策，如改革國中小教師聘任制、國中編班正常化制度和推動教育評鑑制度等。

談論台灣教育的自由化，可以確認的是教育自由化已有明顯的進展，但台灣的教育自由化了嗎？還有那些問題應該注意？第一、數十年來，升學主義主宰整個教育體系，淹沒個人個性和選擇，背離尊嚴和平等原則，教育被單元思維和價值主宰和綁架，何自由可言？第二、學校和學生遽增，教育經費資源不增反降，各級各校經費不足，不易施展，影響教育品質；更有甚者，經費配置產生「大者強者（如大學、公立、都會）相對多，小者弱者（小學、私立、鄉村）相對少」，而有有些狀況是付出多的反而分享較少、較差的資源和待遇（如公私立大學學生之間）；另外，學校會審制度依舊傳統保守，缺乏彈性，令人耗時費事。如此資源不足、機會不平等而資源運用又缺乏彈性，實有違自由之真義。第三、因礙於國際政治情勢，台灣的國際活動空間受限，連帶影響各級學校國際活動及交流的空間，教師、行政人員和學生損失成長和學習的機會和可能性。第四、因為地方及社區性政治人物、建商、廠商、書商以及家長的個別或串聯介入、干預學校的人事任免、財務預算運用，甚至於涉及學生分數、編班等事項，使得各級學校（尤指中小學）的自主性和自由化打了折扣。第五、政黨輪替後，執政黨藉實踐台灣主體性政策及轉形正義之名，仍有行意識形態治教育之實，而過程欠缺民主應有的正當作為，有損教育自由化。第六、在戒嚴時期，教育政策的制定過程大多不符民主正當程序，自不待贅言。最近這幾年，雖已注入公民參與、徵詢和討論的意念和作為，但大多流於表象、形式和急切，不符民主自由的程序原則和風範。

教育自由化有待精進之處頗多，而如前所述，就這方面而言，政治、行政的素質扮演著關鍵性角色，但公民社會的角色和影響力也絕對值得期待。翻開台灣歷史的扉頁，在台灣民主自由化的進程中，公民社會扮演了關鍵性的作用，也由此帶出教育自由化的契機。從教育領域來觀察，如果歷史可以借鏡，則公民社會在教育自由化過程至少可扮演促動者和協助者兩種角色。先談促動者角色，台灣社區大學的成形、發展和教育基本法的制定，都是同在一九九四年由民間結社、聯盟主動倡議，草擬計畫草案和法律草案，並歷經結合其他社團、媒體宣傳、街頭遊行和尋求立法委員合作等艱辛過程，終在一九九八至一九九九年間促成社區大學開辦和教育基本法的公佈施行。類此促動者角色的例子不在少數，例如人本基金會於二〇〇一年主動所作的各校體罰調查報告及二〇〇三年的各縣市升學編班調查報告，對教育政策均產生正向而決定性的影響。可見公民社會如果選對議題、運用方法得當，而且持之以恆，常能對教育的自由化產生很大的影響力。

公民社會更常扮演的是協助者的角色，其形式和方式多元，角色大小不一。接受行政委託，草擬教育發展、改革重要報告書，如一九九六年的〈教育改革總諮議報告書〉、二〇〇三年的〈高等教育宏觀規劃報告書〉等；參與重要教育會議，提出議案並促成決議，如教科書開放、綜合高中及高中職多元入學等方案，均是在一九九四年全國教育會議提出並做成決議的方案；另外，參與教育相關事務的討論、諮詢，如參加公聽會、諮詢會等，或協助教育政策的推動或執行，如參加學校訪視、評鑑等。其例不勝枚舉，在在均能發揮公民社會正向的角色與功能。

在民主社會中由於公民社會的發展及多元化的取向，必然會產生一些問題；教育領域亦不例外。教育領域有一個較獨特的問題是：各級學校（尤其是公立學校）在政府與公民社會之間究應如何定位？在台灣歷史沿展中，學校自認也被認知為政府的延伸，是和公民社會相對居於疏離、獨立的地位。這種看法有其法理觀點，如這個觀點成立，則學校是行政的一部分，在教育自由化的過程中，它一方面是公民社會運作的對象；另一方面，學校既屬行政，又是教育自由化的主體，則學校在道德上必須更具有主動面對責任的概念，而公民社會也更須積極地對學校進行課責作為。但從另個角度來看，學校又是社會裡較單純且具理想性的機制，是社會進展重要的啓動器和發動機。台灣民主的進展，尤其是公民社會的推展，學校及其成員無疑的扮演了舉足輕重的角色，是故學校（尤其是主管階層）必須學習從傳統的角色走出來，以公民社會一員的身份，為教育自由化及社會的民主化，盡更大的力量。

這個獨特問題之外，教育領域的公民社會和其他領域一樣，可能存在一般性的共同問題。這些問題包括：民間結社團體為達成特定目的常須與政府、政治密合（如教科書開放、訂定教育基本法等例），甚至暫結為一體，如此還可稱為公民社會？結社團體作為之目的非為公益，而僅為少數人－甚至於個人私益（如透過家長會壓力編入好班），則如何認定其為公民社會？結社團體之間常產生利益衝突（如教師會與家長會對罷教權的立場相左），如何作解釋？這些問題和公民社會如何界定及民主多元社會的本質有關（當然其中也參雜了一些基本人性），那麼既是定義和本質的問題，恐怕很難完全消解排除，我們大概需以長期而非短期作為做為我們觀察的基點，並持續訴求公民社會的理想和倫理，更重要的是，期待民主社會和公民社會的相互監督和制衡的特質能更加彰顯和發揮。除此之外，其他任何過度積極的矯正動作均可能無濟於事，有時還會損傷民主自由的意涵和本質。

肆、代結語

教育是社會非常重要的一環，也是社會大眾最關心的議題之一。教育自由化一方面是社會發展與變遷的重要指標，另一方面則深受社會發展與變遷的滲透及影響。台灣在解嚴前的威權體制時代屬教育集權階段，在這個階段，教育體系主要是做為國家宰制的工具和手段，鮮少自由空間。解嚴後，由於教育體系的傳統與保守性，其自由化的程度及速度，較之於社會其他部門，仍顯得較為遲緩。

台灣教育自由化過程中，在一九八〇年代以前，公民社會所扮演的角色微乎其微；約從一九八〇年代中開始，公民社會的力量才漸次展現，如台大大新社事件、自由之愛運動及大學法改革促進會組成等，但基本上仍是大環境發展與變遷的附屬產物。直至一九八七年解嚴後，尤其是一九九〇年代起，較具獨立、自主性格的公民社會，才更實質地扮演教育自由化的催化角色。

公民社會在台灣民主自由化過程中具有關鍵性作用，也由此帶出教育自由化的契機；而在教育自由化過程中，公民社會通常藉由促動者或協助者角色以促進教育的自由化。在促動者角色中，公民社會主動選擇議題、運用各式各樣途徑和方法，以達成教育自由化的特定標的，如教育基本法的制定和社區大學的建制等均是。另一方面，公民社會經由行政委託研擬教育改革報告書、或在重要會議提出教育發展議案、或參加公聽會/諮詢會、或參與學校訪視/評鑑等多元方式，以達成教育自由化的協助者角色。

台灣的教育自由化在社會民主及公民社會力量的催化下，已有明顯的進展，但由於升學主流價值的籠罩、教育經費資源不足、國際活動交流空間受限、地方性政治干預、意識形態介入及決策程序未臻制度化等因素，致使台灣教育自由化受阻受創。欲求台灣教育自由化有更大進展，則發展、建構更堅實的民主體制為主要途徑；亦即以更民主來治民主過程產生的弊病。同時，公民社會必須盡量降低有損公民社會本質及相互間利益衝突磨損的諸種作為；而更重要的是，教育體系的各級學校及其成員，必須學習從傳統角色走出來，積極扮演公民社會的角色，而非站在公民社會的對立面，如此社會的民主體制及教育自由化才有可能取得更堅實的進展。

參考書目

- 李柄南主編　社會學－多元、正義、民主與科技風險．台北市：台灣大學國家發展研究所，2007。
- 林天佑等　教育政治學．台北市：心理，2004。
- 蕭新煌　台灣社會文化典範的轉移．台北縣新店市：立緒文化，2002。
- 顧肅　自由主義基本理念．台北縣新店市：左岸文化，2006。

■ 李金銓

美國密西根大學博士。
現任香港城市大學傳播研究中心所長。
專業領域為研究全球傳播、媒體政治經濟學、社會理論與媒體研究的連結。
著作有《超越西方霸權：傳媒與「文化中國」的現代性》、《新聞的政治，政治的新聞》等中、英文著作。

攔得溪聲日夜喧

「知識分子既是公民，也是專家」，李金銓說。他們在專業上必須做出業績，對公共事務必須保持恒久的關懷和高度的參與。他坦承，在目前的學術環境下，這不是一件容易的事，但還是有不少人努力做。

李金銓在陽明山的會議感覺到「台灣的知識分子不愉快，很焦慮。」他認為，他們的挫折感與大環境的變化有關。李金銓指出，以前共同對付國民黨的威權統治，目標清楚；解嚴後，社會分歧，共識破裂，而知識分子又未必能主導言論的方向。如今大家都可以說話，除非知識分子有什麼卓見，社會也不會特別想聽。有些細緻的問題，諸如國家體制、憲政改造、經濟發展、文化延續，都需要專業見解，不單單陳述理念就夠了，而隔行如隔山，一般知識分子不見得能應付。加上媒體環境丕變，政客主導話題，媒體說客（『名嘴』）天天跟著政客的口水演繹，社會輿論一直圍繞著幾個狹窄的政治議題，例如統獨、藍綠等身份認同，別的一概不管，知識分子更插不上話，使不上力。

中國書生有論政的傳統，李金銓說，他們一方面很難擺脫「學而優則仕」的士大夫傳統，一方面又以西方知識分子「論政而不參政」的精神自許。這兩種典型其實很不一樣。李金銓說，傳統士大夫是朝廷的延伸，現代知識分子以新式學府安身立命，靠媒介建言，

「不吃『朝廷飯』，生活有保障，應當建立獨立性，可以向政治勢力發聲。」隨著社會的多元化，讀書的人愈來愈多，現代知識分子已經喪失了古代士大夫那種「先驗式的道德優越地位」。他們的作為和發言，「都要經過『民意』的檢驗，要做得好，講得有理，人們才會聽。」

由於我們身上都流著儒家的血液，李金銓認為，「從政」和權力對台灣的知識份子總是有吸引力的，並不像西方的知識分子那麼保持距離，所謂「在朝為儒家，在野為道家，老年為佛家。」他說，「論政是一種選擇，參政也是一種。」有的知識分子天生反骨，始終對當權持批判的態度，有的專家願意進入政府部門貢獻技能和知識，社會上需要這兩種人。知識分子陳意過高可能變得迂闊，專家太專可能視野和關懷太窄，兩個角色如何協調才是最重要。

攔得溪聲日夜喧

——《文人論政》讀後

——李金銓

現代中國報刊歷史很短，一百多年前始由西方傳教士引進，新聞教育則直到一九二十、三十年代才從美國移植到中國。百餘以降，中國報刊的主要角色是救亡圖存，其三部曲是啓蒙、革命與追求國家現代化。這這些角色結合了中國士大夫傳統及現代知識分子精神，形成一種鮮明的『文人論政』風格，這也象徵了士大夫向現代知識分子轉型。梁啓超經過日本明治維新的中介，引進西學，提倡新民，影響了數代中國知識分子的視野和志趣。清末保皇黨和革命黨在言論戰場的對峙，以及後來國共媒介爭奪戰，爭取民眾支持及建立法統地位，可說是貫穿了中國現代史的場景。本書以民國時期報刊為主，旨在結合民國史家與新聞學者，促進兩個學科的交流與對話。

中國近代報刊的研究，以民國時期為主，現今還在篳路藍縷、開啓山林的階段。據統計，北京國家圖書館收藏民國時期報紙凡三千種，刊物凡一萬種，浩瀚大觀，但目前只有《新青年》、《努力周報》和《獨立評論》等少數刊物剛剛印行，由此激勵學術研究洵非偶然。本書策劃伊始，即邀約學者們就範圍和主題內自由擇題撰文，不料多數作者不約而同環繞胡適的言論事業展開討論，有的題材即使不以胡適為中心，也無法不旁涉他的角色（例如密蘇里新聞教育模式引入中國）。這透露了什麼訊息呢？胡適研究在臺灣始終沒有斷絕，大陸在打破禁忌之後近年來更躍登顯學，這一方面是因為獲得原始材料較便捷，一方面則是在深層意識上重新確認胡適的地位。

我們如何給胡適定位？胡適承先啓後，是中國自由主義者的代表。他比上一輩的梁啓超更有知識群體的自覺，對下一輩尤有示範、鼓勵和提攜作用。但胡適對報業的直接影響遠不如梁啓超，胡適自己似乎也未曾以報人自居。梁啓超身兼數職（官，學者，流亡者，報人），但其辦報及論政風格卻影響了數代報人。從梁的身上，我們看到知識份子以報紙為突破口轉換身份，試圖重新進入政治輿論中心。早年的民國報人多半留學日本，以日本的大報為藍本，普遍接受明治維新所轉介的歐美思潮洗禮。除了梁啓超，還有《大公報》的胡政之、張季鸞和吳鼎昌，及邵飄萍、林白水等等，他們對自由的理解主要以日本為轉口站。到了胡適那一代，則是轉型中國知識分子以歐美『自由主義』

為綱、以刊物為形式針砭國事的歷程。余英時教授對胡適平生學術志業以及在新文化運動的地位有精闢入理的分析，對其言論事業著墨不多，[1]可見論政只是胡適成就的一部分，而且未必是他最大的成就。

即令如此，民國時期自由知識分子的論政，胡適無疑是最主要的重心。胡適在教學、研究和短期從政之餘，以時評建立言論事業(應該只能說是『副業』)，闡述民主、自由與人權，對現實政治時有尖銳的批評，屢遭各方圍剿。《努力周報》(一九二二－一九二三，共七十五期)因談政治而碰壁，《新月月刊》(一九二八－一九三二，共四卷七期)為人權問題與國民黨當局關係劍拔弩張，《獨立評論》(一九三二－一九三七，共兩百四十四期)因揭露華北自治而被查禁。[2]中共建國以後，毛澤東於一九五〇－一九五二年發動全國政治

---

1 余英時：〈中國近代史上的胡適〉，收入《中國思想傳統的現代詮釋》，臺北聯經，1987年；亦收入余英時：《重尋胡適歷程：胡適生平與思想再認識》，桂林廣西師範大學出版社，2004年。

2 楊金榮：《角色與命運：胡適晚年的自由主義困境》，北京三聯，2003年，頁101。

3 1954年全國大規模批胡討論會21次，僅三聯書局結集出版者計八輯，100多萬字。1959年，胡適出席夏威夷東西方哲學討論會，他說1954-1955兩年大陸發表300多萬字文章，清算『胡適幽靈』，每一篇幾乎都罵到他的老師杜威。見楊金榮：《角色與命運》，頁318、323。

運動批判胡適，一九五四－一九五五年更大規模清算胡適思想。[3]國民黨遷臺以後，蔣經國曾因為《自由中國》的言論及雷震組黨而犯怒，於一九五六年發出六十一頁的《向毒素思想總攻擊！》冊子，矛頭直指自由主義、胡適和其他人。[4]國共政權長期敵視自由主義，胡適總是首當其衝。因此，研究『胡適派學人群』（章清語）[5]的言論，以及其時代的貢獻與限制，實在深具文人論政的典範意義。本書潘光哲教授分析《努力周報》（第四章），章清、張太原、陳謙平諸教授分析《獨立評論》（第五、六、七章），林淇養教授分析《自由中國》（第十四章），幾乎涵蓋了胡適論政的心路歷程。由探討胡適，我們更深刻了解中國近代報刊史、自由主義思潮在中國、知識分子與權力中心等一連串問題。

正當民國史學界如火如荼『重新發現』胡適在各個領域的成就，新聞史界卻無動於衷，毋寧讓人吃驚不已。權威教科書方漢奇主編的《中國新聞事業通史》，凡三巨卷，第二卷第八章涉及五四時期的新聞事業，僅簡略提及陳獨秀與胡適在《新青年》分道揚鑣，此外全書未再提及胡適，更無一字及於《獨立評論》。覆查該書第三卷尾的名詞索引，長達一百六十五頁（一〇五六－一二二一頁），也無提及《努力周報》或《獨立

[4] 雷震：《雷震回憶錄》，香港七十年代社，1978年。
[5] 章清：《『胡適派學人群』與現代中國自由主義》，上海古籍出版社，2004年。

評論》。[6]大凡歷史的重要人事俱可褒貶，但漠視或迴避則未免留下遺憾。在這個意義上，本書可視為歷史學界為新聞史界提供部分補缺，但所彌補的不過是一個非常小的缺口。整個從點到面的研究以及縱橫的比較都剛剛起步。

在此，我必須簡略說明本書的緣起。香港城市大學傳播研究中心提供學術平臺，於二〇〇七年四月召開一個兩天的研討會，名為《自由的理念與實踐：民國時期知識分子與報刊》（見本文附錄），邀請中國大陸、香港、臺灣部分專研民國史和新聞的著名學者共聚一堂，廣泛切磋，熱烈討論。論文經過多方嚴格評論，仔細修訂，如今改書名為《文人論政：民國時期知識分子與報刊》，以捕捉民國報刊『文人論政』的特色，並考察其成就與限制。我的學術專業不是新聞史，本來不應該班門弄斧。只因組織這場會議，編輯這本書，得便先睹各篇論文為快，似有義務交代全書的旨趣和背景。茲以個人粗淺的理解，配合會議觸及的討論，忐忑寫下這篇讀後感，分三部分：文人論政，自由與民主，範式轉移。權且放在卷前，謹以就教方家。[7]

---

[6] 方漢奇主編：《中國新聞事業通史》，北京中國人民大學出版社，共三卷，第二卷1996年，第三卷1999年。

[7] 本文承張詠教授惠賜修訂意見，特此致謝。

民國知識分子以報刊論政報國。這是儒家士大夫轉型到現代知識分子的階段，這個階段正是余英時教授所說的『中國知識分子邊緣化』的一部分。五四運動以後，社會劇變，中西文化激烈衝突，一方面要揚棄固有文化的包袱，一方面學習西方的思想與制度。知識分子手無寸鐵，急於救國，在何去何從之間，如何拿捏分寸？余英時指出：『中國知識分子接觸西方文化的時間極為短促，而且是以急迫的功利心理去「向西方尋找真理」的，所以根本沒有進入西方文化的中心。這一百年來，中國知識分子一方面自動撤退到中國文化的邊緣，另一方面又始終徘徊在西方文化的邊緣，好像大海上迷失了的一葉孤舟，兩邊都靠不上岸。』[8]他說，民國初期中國社會仍然尊重知識分子，而知識分子也保存濃厚的士大夫意識。從十九世紀末到『五四』時期是士大夫逐漸過渡到知識分子的階段。到了二十年代末，士大夫文化基本已消失了，知識分子迅速邊緣化，而

[8] 余英時：〈中國知識分子的邊緣化〉，收入《中國文化與現代變遷》，臺北三民書局，1992年，頁33-50，引自頁49。

到了四十年代，士大夫的觀念已徹底死亡。[9]

在民國時期文人論政的場景中，『胡適派學人群』的言論事業，從《努力周報》、《新月》到《獨立評論》，象徵一九二〇－三〇年代間自由知識分子的國事參與，都是最為突出的。儘管當時社會上還是以從前對士大夫的心理期待於新一代領袖，知識分子其實已經邊緣化了。余氏的分析提供兩個重要的訊息。其一，一九三二年孟森在《獨立評論》寫了一篇論文，希望中國能產生一批新的『士大夫』，足以構成社會的重心。其二，比起梁漱溟和其他人，胡適從士大夫轉型到現代知識角色固然是比較完整的，但心態上還是沒有完全轉過來。

余英時說：胡適在美國受過比較完整的現代教育，他在提倡白話文時也明白反對過『我們士大夫』和『他們老百姓』的二分法。但是他後來在討論中國的重建問題時，稍不經意便流露出士大夫的潛意識，所以他把日本的強盛歸功於伊藤博文、大久保利通、西鄉隆盛等幾十個人的努力。言外之意當然是寄望於中國少數知識領袖做同樣的努力。[10]胡適在《獨立評論》也曾主張由『知識階級、職業階級的優秀人才』組成『干政團

---

[9] 同上，頁33-50。

[10] 同上，頁37。

體』監督政府。從這兩個例子，我們可以推知知識分子嚮往士大夫時代的落日餘暉。因此，我們首先必須了解民國文人論政的基本限制：一，知識分子的地位已今非昔比，而且還在繼續滑落，但現代大學的建立給他們出路，他們不必僅賴報紙或做報人才能進入大眾輿論；二，他們囫圇從西方引進各種主義（包括自由主義和馬克思主義）都不免流於皮毛膚淺，最後都難於生根。

轉型的知識分子不忘『作之師』，既是學者，又是時評家，類似今天所說的『公共知識分子』。文人論政有哪些特徵？其一，現代中國知識分子抱著『以天下為己任』的精神，企圖以言論報國，以文章報國，符合傳統『立德、立功、立言』的三不朽。這個傳統可謂不絕如縷：若以胡適為坐標，前輩的康梁，同輩的論敵陳獨秀、李大釗，同輩眾多論友，以及後輩的儲安平（即《觀察》）都繼承了這個言論傳統。從民國初年，內有軍閥割據，經歷國民黨專政，乃至國共內戰，外有日本侵略，內憂外患。自由知識分子開始接受西潮思想，走出書齋，面對國家落後和民族存亡，思以言論報國，甚至言論救國。但他們在整個政治舞臺充其量是配角，雖發揮道德力量，其實際政治作用則不能高估。

11《努力周報》和《獨立評論》都是社員每人捐固定收入百分之五。《大公報》也只有五萬元資本，不接受津貼或資助，準備賠光本錢即關報，不料營業情況甚佳。

文人論政以同仁刊物為主，因為本錢小，何況論政只是學者文人的副業，他們無法全力辦報。[11]早年康梁秉承士大夫的精神，自不待言；即使後來胡適等人從士大夫轉型到現代知識分子，精神召喚仍然深受士大夫傳統所鼓舞。康梁吸收日本明治維新轉引的西方思潮，到了胡適那一代人則直接向英美取經。《大公報》的張季鸞初始學日本後來轉向英美，則象徵了書生論政兼向職業報人轉型的過程（詳後）。無論如何西化，這些人洗刷不掉身上儒家士大夫的薰陶，連反儒家反傳統者（如魯迅）的道德承擔也有濃厚的儒家痕跡。香火薪傳，伸展到臺灣的《自由中國》。幾代關鍵人物錯綜複雜的關係網、思想脈絡的傳承，及其間之異同，尚待學界進一步釐清。

其二，他們感染儒家『君子群而不黨』的思想，無黨無派，個人主義的色彩濃厚，以國士自許，組織鬆散，論政而不參政，以英國的費邊社為榜樣。迨至九一八事件（一九三一年）爆發，國勢危殆，迫在眉睫，國民黨當局向北方學人示好，延攬若干《獨立評論》成員（如翁文灝、蔣廷黻、吳景超、周詒春、何廉）入閣，從政後即須退出論政團體。中國文人向來崇拜文字，傅斯年曾致信胡適說：『與其入政府，不如組黨，與其組黨，不如辦報。』這幾句話表達知識分子對政治崖岸自高的態度，也不啻高估了媒介和輿

---

12 引自謝泳：《儲安平與〈觀察〉》，北京中國社會出版社，2005年，頁113。

論的社會影響。儲安平在《觀察》創刊詞強調，它是一個『發表政論』而非『政治鬥爭』的刊物，『大體上代表一股自由思想分子，並替善良的廣大人民說話外，我們背後更無任何組織』。[12]正因為他們沒有組織力量做後盾，自由知識人常感左右不是人。以《大公報》地位之崇隆，胡政之猶慨言：『我們始終是一個有理說不清的秀才』。[13]

許紀霖稱這批純論政的文人為『觀念自由主義者』，一盤散沙，坐而言，不能起而行。另外一批『行動自由主義者』，包括張君勱、羅隆基、王造時等人（都是拉斯基的門徒），於一九三四年成立國家社會黨。一九四一年更有中國民主同盟之設。[14]問題是他們救國有心，行動無力，在國共鬥爭的夾縫中找政治空間，最後更遭慘敗的命運。接著，一九四九年以後國府遷臺，雷震創辦《自由中國》，奉胡適為精神領袖和保護傘；該刊備受特務打擊，雷震深感言論本身乏力，乃著手籌組反對黨，終致引起當局撲殺

---

13 引自張育仁：《自由的歷險：中國自由主義新聞思想史》，昆明雲南人民出版社，2002年，頁485。

14 許紀霖：《自選集》，桂林廣西師範大學出版社，1999年，頁98-109。

15 雷震：《雷震回憶錄之新黨運動黑皮書》，臺北遠流，林淇瀁校註，2003年；張忠棟：《胡適五論》，臺北允晨，1987年；張忠棟：《胡適，雷震，殷海光》，臺北自立報系出版，1990年。

16 參閱李金銓：〈星星之火，可以燎原：臺灣報業與民主變革的崎嶇故事〉，收入《超越西方霸權：傳媒與文化中國的現代性》，香港牛津大學出版社，2004年，頁135-16。

，以致一敗塗地。雷震從言論走向行動，在組黨的過程中胡適雖予道義奧援，並未參與實際行動。[15]《自由中國》不得善終，倒成為日後臺灣黨外運動的精神寶塔，也是黨外雜誌援引的文化泉源（詳見第十四章）。[16]

其三，自由知識分子和國民黨當局的關係曖昧，殊堪玩味。一九三〇年代民族主義高漲，國民黨右傾化，日趨專制，文化復古，搞黨化教育，以期扭轉五四運動以來『不破不立』的革命風氣。而知識界開始左傾，以馬克思主義的觀點分析中國問題，掀起五四運動以後的社會主義高潮。張太原教授（第六章）從銷路、地理分佈、外稿數量以及社會評說等指標，說明《獨立評論》自由知識分子從邊緣到中心。該刊成員多為留美北派歸國學人，原與南京政府若即若離，但九一八事件後，四分之三成員進入中央一級政府，甚至以個人身份入閣，位居要津，算是進入了權力的『准中心』，影響遠過於中央大學《學衡》派的南方學者。然自由知識分子在政府發生什麼作用，施展過什麼抱負，雙方的蜜月如何轉變，有人何以與政府分道揚鑣，這些問題都值得深思。[17]《獨立評

---

17 關於入閣，尚待釐清的問題：（一）人脈關係；（二）入閣的學者有多少是接受當局的籠絡，有多少是基於文人『學而優則仕』和『幹政治』的傳統心理？（三）入閣後必須擁護政策，不能大唱自由民主，學者有沒有這個自覺，如何適調其心理，如何改變其言論？

論》下筆平和，卻遭地方勢力（孫哲元）的查禁，又遭共產黨的攻擊。該刊的影響僅及都會城市的知識和輿論階級而已，與廣大群眾（尤其是不識字的農民勞工）幾無關聯。侃侃而談，而不能影響農民。[18]《新青年》和《觀察》莫不如是。《觀察》每一卷有報告書，寫編者的甘苦和發行量，承認有的讀者是中學生，但儲安平明言《觀察》給高級知識分子看，中學生不在其內。

桑兵教授（第十章）分析抗戰時期國民黨資助學人辦學術刊物，對外以抗日救國為目標，對內宣揚主義，推行黨務，對抗左翼的攻勢，但所有的努力終歸失敗，何故？這裡不得不探討國民黨的本質以及統治作風。首先，王奇生把國民黨定位為一個『弱勢獨裁政黨』，有獨裁之心，無獨裁之力，縱置黨於國之上，卻從未建立堅強的政權合法性；[19]國民黨企圖以三民主義治國，但這個弱勢意識形態無法匹敵自由主義或馬克思主

---

[18] 輿論的影響可以見諸（一）傳遞信息；（二）改變政策；（三）針砭時政；（四）傳播理念；（五）建立社會共識等各方面，這些都需要更多材料始能探討。傳播效果的研究在微觀上通常看短期的認知、態度和行為如何受到改變，宏觀上則注意媒介如何建構社會現實和其意義，以及媒介作為平臺如何與其他社會力量（如權勢者、社會團體、民眾）互動。

[19] 王奇生：《黨員、黨權與黨爭：1924-1949年中國國民黨的組織形態》，上海書店出版社，2003年，頁2。

義；國民黨企圖動員文人和筆桿子建立合法性，但知識分子並未普遍認同。後來國民黨日趨腐化，與知識分子和中間力量更形疏離。其次，國民黨的組織師法蘇共，但黨國體制脆弱散渙，徒襲蘇共的組織形式，缺乏其組織與意理的內聚功能。蔣介石利用派系搞平衡，即如資助學人刊物的部門駁雜，包括侍從室、黨部、國防設計委員會、教育部等，不斷上演互相牽制、傾軋、拆臺的劇目，最後連蔣介石也失去控制。桑文縷述顧頡剛於一九三八年獲組織部長朱家驊的資助辦通俗大眾刊物，竟屢遭教育部長C.C.派陳立夫的杯葛，弄得不歡而散。[20]國民黨內鬥之慘烈，與自由學人關係之緊張，可見一斑。第三，如同王奇生細緻的分析，儘管國民黨自稱全民政黨，強調國民革命，其實組織鬆散，重中央，輕地方，重上層，輕下層。[21]國民黨的宣傳和意識形態未獲得知識分子的支持，更與下層嚴重脫節。知識分子接受國民黨資助辦刊，不免與理想發生衝突。在動員民眾的過程中，知識分子也逐漸左傾赤化。顧頡剛的宣傳必須順應左派青年的熱情，並且在短期內也奏效，卻導致陳立夫批評刊物社內太多共產黨人。其後，國民黨退守臺

[20] 參閱余英時：《未盡的才情：從〈顧頡剛日記〉看顧頡剛的內心世界》，臺北聯經出版社，2007年，頁52-65。

[21] 王奇生：《黨員、黨權與黨爭》。

灣，統治彈丸之地，言論控制比當年在大陸有過之無不及。

自由與民主

前面說過，民國時期圍繞胡適論政的學者文人，以及《大公報》的筆陣，乃至《觀察》的主編儲安平，都是一脈相承的中國自由主義知識分子。自由主義成其為『自由主義』，必須符合某些基本要素。有自由的文化傾向或態度，未必是自由主義者。自由主義在西方有眾多流派，在中國的歷史場景又作何解？晚清時期從日本介紹『自由、平等、博愛』（法國大革命的口號）的觀念到中國。梁啓超最早只談『自由之義』，不是『自由主義』。五四運動談『德先生』，當時中國普遍貧窮，對於自由與平等的矛盾尚無深刻的體認，這方面的辯論必須到後來才逐漸突現。還有，自由主義在中國』如何轉化成為『中國的自由主義』？

歸納起來，約有四種方法考察『自由主義者』。一，高力克教授（第二章）從哲學高度，以『自由主義』為『後設』概念，檢查陳獨秀和胡適對自由理解的異同。『中國自由主義者』是轉型知識分子建構的文化認同，他們通過現代制度（包括學院和傳播媒介）形成獨立身分。『後設』概念難免高度化約，可能漏掉一些人物和報刊；但高文只具體討論陳胡兩人，不是泛論自由主義。二，章清教授（第五章）從歷史文本的脈絡考察『自由主義』在中國如何命名。他發現『自由主義』之名始自一九二〇年代，而且竟是來自敵方，例如汪精衛和共產黨歸類胡適和《新月》為『自由主義者』。張佛泉肯定自由主義，並溯往將《新青年》納入其內。三，由當事人自我認定，例如《觀察》的儲安平和有些作者公開以『自由主義者』自居。但此法也有缺陷，一來名實未必相副，二來有人未自稱自由主義者（如吳宓），卻與自由主義者無甚分別。四，置諸保守主義、自由主義、激進（馬克思）主義的光譜相對比較而得出結論。話說回來，自由主義陣營中因理論自覺程度不同，以致產生民主與獨裁、問題與主義、科學與哲學之爭。

中國自由知識分子多半帶有文化母體的儒家精英傾向，即連西化學者也不能免，以啓迪教化民眾自許自任。他們具有國族傾向，深信國家興亡，匹夫有責，以致把自由民主當成救國圖存、強兵富國的工具，而非最高的基本終極價值。北伐成功以後，國民黨實行一黨專政，並依孫中山的『軍政、訓政、憲政』三步驟，準備實行訓政。一九二九年胡適連續在《新月》撰文，質疑『我們什麼時候才可以有憲法』，批評孫中山的『知難行易說』，攻擊國民黨『鐘擺又回到極右』，和國民黨（包括立法院長胡漢民、上海特別市黨部和教育部）的矛盾激化，幾於劍拔弩張。胡適回答國民黨的惡言相向說：『上帝我們尚且可以批評，何況國民黨與孫中山！』[22]後經宋子文和陳布雷斡旋，胡適和蔣介石的關係逐漸改善。《新月》時期，國民黨搜捕羅隆基，要求光華大學解除其教職，胡適出面調解，給羅一個下臺階。除了胡適和羅隆基，一般知識分子並未特別反對訓政。在國族化和工具化的前提下，民主自由似乎是可以擺著商量的。知識分子不滿國民黨訓政獨裁，那是局勢發展以後的事了。

更最有力地反映了這種精英和國族的傾向的，是陳謙平教授（第七章）論及抗戰期間《獨立評論》進行民主與獨裁的辯論。國難當前，美英派學術領袖（如丁文江、錢端升、蔣廷黻）懷疑若『自由民主』不能救國，不如以『大獨裁』取代『小獨裁』，以『大專制』取代『小專制』，以統一國家取代軍閥專制，等待抗戰勝利以後才實行憲政。[23]眾聲喧囂，唯胡適獨排眾議，維護民主價值，力斥其非，但他勢單力薄。此外，《大公報》也有類似辯論，以羅隆基代表民主論，蔣廷黻代表獨裁論。平心而論，辯論雙方都沒有放棄民主憲政，唯胡適視之為目的，對手把它當成救國的工具，遂出以兩分法，用『獨裁』替代『民主憲政』的策略。這個辯論背後的政治生態則是蔣介石改善

---

22 楊天生：《蔣介石與南京國民政府》，北京中國人民大學出版社，2007年，頁225-250，引自頁239。

23 《獨立評論》的『獨裁說』與梁啓超的『開明專制』有何異同，值得進一步探討。

與知識分子的關係。此外，張君勱的國社黨提出『修正的民主政治』，希望調解個人自由與國家主權。鄭大華教授（第八章）分析，羅隆基先前在《新月》鼓吹人權，為國民黨所惡，辭去光華大學教職，北上參加張君勱的國社黨，並取代錢端升（錢在《獨立評論》的辯論中支持『獨裁說』）主持《益世報》筆政。該報原來是中立保守的天主教報紙，於九一八事件以後變得激進。羅隆基提倡憲政，批評國民黨專制，捍衛公民選舉權和言論自由，報紙聲名大噪。

以言『低調民主』和『高調民主』，高力克教授（第二章）分析民初陳獨秀與胡適的自由民主觀念。合而論之，應該說陳獨秀揭櫫『高調民主』，胡適提倡『低調民主』。若再以柏林（I.Berlin）對於『消極自由』和『積極自由』的分法，[24]胡適是典型的『消極自由者』，陳獨秀在五四前期則是『積極自由者』。胡適承認人的有限性，沒有把政治道德化，認為『好政府』是為人民謀福利的『工具』，提倡代議民主、共和國家和憲政政府。胡適接受了實用主義的技術取向，迥異於中國傳統政治哲學的道德傾向。[25]相反的，陳獨秀接受盧梭的『道德公益自由觀』，又以黃宗羲的『公天下』批評君王的

---

[24] 柏林（Isaiah Berlin）：《自由四論》，臺北聯經出版社，陳曉林譯，1986年，頁40-70。拉明．賈漢貝格魯：《柏林談話錄》，南京譯林出版社，楊禎欽譯，2002年，頁37-40。

『私天下』，故而排斥政黨政治，以追求大眾參與和直接民主為目標，最後即是集體主義的烏托邦。儒家道德理想主義容易接受這種『高調民主』。這兩套民主理論具體而微刻畫了近代中國自由派和激進派的鬥爭。事實上，一九一七年胡適參加《新青年》時，與陳獨秀並肩作戰，同為五四運動及新文化運動領袖，都接受西方自由主義，提出『德先生』和『賽先生』的口號。他們分裂起於一九二〇年《新青年》改組，成為中共上海的刊物。一九二九年陳獨秀被清除出黨，晚年回到自由主義的陣營，與胡殊途同歸。

在此，必須提到楊琥教（第三章）授對《新青年》的〈通信欄〉所作的分析。通信欄是從傳教士報紙學來的，但在《新青年》始變成常設。楊文不從文本解釋，而從傳播史的角度入手，考察知識群體（編者、讀者）與思想的互動，對話促進輿論的深化，並形成啓蒙運動的橋樑。放在更大的架構來看，陳獨秀成為北大教授，身份改變，提高了《新青年》的地位和影響力。

自由派第一要義是『自由』，激進派第一要義是『平等』，自由和平等有內在的

25 美國的pragmatism譯為』實踐主義』比約定俗成的』實用主義』貼近原意，但在大陸，說起實踐主義，一般會聯想到馬克思、列寧、毛澤東的思想理論。馬克思實踐唯物主義哲學，通常簡稱實踐論或實踐主義。

辯證緊張。推到極端，完全的自由可以導致弱肉強食，也就是用自由的條件達到不自由的結果；極端的平等又可能妨礙自由的表現。自由與平等沒有適當調節，兩者可能皆落空。當然，很少人是這麼極端的，胡適固然以自由為第一要義，但也接受平等的價值，號稱『新的自由主義』或『自由的社會主義』。《觀察》既說平等，也說自由，俱符合二戰結束後的世界思潮。到了臺灣的《自由中國》也講自由平等。說到平等，有兩種看法：自由派強調『機會』平等，激進派強調『結果』的平等。機會平等是『立足點』平等，期以法律保障人們權益不受歧視或侵犯，而能夠充分發揮個人聰明才智。孫中山取法歐美，強調立足點平等。激進派認為機會平等不夠，強調社會資源的分配必須達到『結果』平等而後已。孫中山批評這種『齊頭式的平等』壓抑聰明才智 ，反而是『假平等』，故說馬克思是病象學家，而非病理學家。以今日的眼光來看，『結果』平等的極致莫過於中國文革期間的『貧窮的平等』。關於『自由』和『民主』的兼顧，我寫過幾句話：

我們必須面對三大挑戰：其一，自由派強調自由，激進派強調平等。沒有自由的平等是威權主義的，壓制性的；但是沒有平等的自由是排他的，而最終是非民主的。為了兼顧兩者，沃勒斯坦（I.Wallerstein）把自由（liberty）和平等(equality)合併成為『平等自由』（equaliberty）一個字。其二，如何兼顧理想跟實踐？如果默默接受自由派的實用主義，危險可能就附和現狀，導致想像力的枯竭；但空有理想，無法實現，充其量是一場筆墨的空頭戰，我稱之為『抽掉政治的文化批判』〈cultural critique without politics〉。其三，世界中心發展出來的論述，如何配合區域的、民族和跟地方的論述？有哪些西方論述是可以借鑒（不是照搬）來分析一層一層的具體問題？[26]

近代中國的啓蒙是不斷破壞傳統文化和不斷向西方『借光』的過程。自由民主思想在西方有其語境，輸入中國橘逾淮為枳，國人對西學的了解多半流於片面，形成一個思想混亂的局面。當時官方思想是保守的黨化三民主義。流行於中國知識分子間的西方思潮，一是自由的民主主義，特別是胡適自美國引進的實用主義，宣揚科學方法，提倡民主、自由、科學，主張溫和漸進改革，用胡適的話就是『多談些問題，少談些主義』。順帶一提，張詠教授和筆者（第十三章）指出，密蘇里新聞教育蘊藏美國實用主義的精神，為五四以來的時賢所接受，認為切合中國所追求的『德先生』和『賽先生』，因此一拍即合。密蘇里為中國提供一個可行的新聞教育範式，傳佈之速勢如破竹，為跨文化交流罕有的特例。二是馬克思主義，特別是蘇維埃革命的版本，後來更成為中共革命奪權的理論利器。這一部分大家知之甚詳，不贅。

26 李金銓：〈論社會理論對中國新聞業的解放潛力〉《超越西方霸權》，頁58-59。

第三種西方思潮是社會民主主義，尤以費邊社靈魂人物拉斯基（Harold Laski）的學說最重要，風靡中國知識群，張君勱、羅隆基、儲安平、王造時等人且列其門墻，拉氏觀點後來更塑造了《觀察》（一九四六-四八）的風格與基調。拉斯基的政治魅力一時駸駸然超乎胡適自美國帶回的杜威哲學。高瑞泉教授（第十一章）分析《觀察》自由主義視域的平等觀念。該刊標榜『民主、自由、進步、理性』，採取中左立場，追求英美和蘇俄之間的『第三條道路』，爭取政治民主（自由）和經濟民主（平等）。『不患寡而患不均』的思想其來有自，知識分子希望在英美民主政治制度的基礎上，糅合社會主義的經濟平等。他們既背離國民黨，又不願擁抱共產黨，但望政治自由和經濟平等『畢其功於一役』。《觀察》的壽命只有兩年多，開始時理念色彩重，登很多專論，後來時局變化太迅速，登載觀察通訊，觸及現實問題。高教授認為，《觀察》已經意識到實現『平等』的複雜性，討論也比《新青年》細緻而深入。但《觀察》很快就發現在國共內戰之間沒有第三者插足的餘地。

再說孫中山的三民主義，其民權主義師法林肯的『民有、民治、民享』，民生主義主張發達國家資本、節制私人資本、平均地權、漲價歸公，更見費邊社溫和社會主義的影子。（但在外交方面，孫中山處處遭西方各國制肘，挫折之餘逐漸轉而憧憬列寧的蘇維埃革命成功，導致聯俄容共。國民黨組織上學習蘇共，思想上排斥共產主義。）問題是中國工商不振，市場落後，普遍貧窮，既沒有走美式資本主義的土壤，也沒有走『第三條道路』的環境　。各種理論彷若空中樓閣。中國知識分子習慣『拿來主義』的邏輯，無視於資本主義和社會主義體制的內在矛盾，卻從中篩選一些要素，然後放在一個更高的理論抽象層次上糅合。如何在這兩個體制中去蕪存菁，勢必要進行複雜的辯證鬥爭，而不是用『超驗』的形式可以輕易解決的。結果他們經常在抽象觀念中打轉，不處理現實問題。[27]及至共產主義席捲中國大陸以後，杜威和拉斯基都如落花流水，成為歷史插曲。

回頭討論『高調民主』和『低調民主』。西方民主以希臘城邦政治為濫觴，到了美國以後，其原型濃縮於新英格蘭小城鎮的全民面議（town-hall meeting），假定社區內人人有教養，有素質，消息靈通，熱心公益，積極參與公共事務，以致通過理性溝通，求同存異，達成共識。這種高調民主的想像，心嚮往之而不能至，但一直埋藏在美國政治生活的神化當中，沒有完全消亡或退色。杜威及實用主義貫穿『高調民主』的精神，反對代議制，甚至有民粹的傾向。杜威所和李普曼針鋒相對。李普曼代表『低調民

---

[27] 例如西方在宗教改革以後，強調在上帝面前的世俗平等；但中國強調的是形上學的聖凡平等，以性善超越世界的平等，不處理現實問題。

主』：他於一九二二年出版《公共意見》一書，力陳美國是第一個大陸型的民主試驗，經歷都市化、工業化和移民化的社會變遷，很難把新英格蘭小城鎮的民主模式放大到全國。他說，新聞掛一漏萬，有很大的選擇性，記者靠刻板印象採訪報導，讀者難明公共事務複雜的來龍去脈，因而倡議應由博通的專家精英為公眾闡明其意。[28]後來，拉查斯菲爾德《人們的選擇》是傳播學最早的經驗研究，提出『兩級傳播』的說法，即媒介信息經過『意見領袖』過濾吸收詮釋，再傳佈到一般的受眾。[29]李普曼受到杜威的抨擊，杜威認為民主的真諦在於建立社群的普遍參與和理性溝通，而李普曼所提倡的知識精英（用現在的話語來說）是有『階級性』的，未必符合公共利益。[30]

---

[28] Walter Lippmann（1922）, Public Opinion. New York: Harcourt Brace.

[29] Paul Lazarsfeld,Bernard Berelson, and Hazel Gaudet（1944）,The People」s Choice.New York: Columbia University Press.

[30] John Dewey（1927）, The Public and its Problems. New York: Henry Holt.關於杜威與李普曼的辯論，參見 James W. Carey（1989）, Communication as Culture. Boston: Unwin Hyman, pp. 69-88; Eve Stryker Munson and Catherine A. Warren, eds.（1997）, James Carey: A Critical Reader. Minneapolis: University of Minnesota Press, pp. 228-260.

『高調民主』可望不可即，只好退而求其次。『低調民主』要求最低標準，強調建立程序共識（procedural consensus），務求各方遵照既定而公平的遊戲規則，並透過開放溝通的語境，以使不同的意見和利益獲得合理的調節。民主的真諦是既服從多數，又尊重少數。尊重少數，因為經過理性溝通以後，少數可能變成多數。西方各國實踐的結果，尊重多數易，保護少數難。美國憲法深具理想、睿智和遠見，但草擬憲法的開國元勳是貴族，憲法服務白人、中產和貴族階級；端賴長期不斷的公民抗爭和人權運動，才爭取到國會通過法案，保障黑人、女人、少數民族的基本公民權益。美國社會自我矯正的功能多大？如何評價美國的民主實踐？答案部分取決於評價者的基本態度：這半杯水是半杯滿的，還是半杯空的？假定站在求全的角度，美國的民主實踐問題叢生；倘若比較別的國家，美國的民主實踐當為舉世稱羨。從山頂往下看，什麼都是矮的；從山腳

31 馬克思主義者多從激進人文主義理想的高處看，由於西方發達國家的政權並未直接而明顯壓迫人民，論者遂集中批評資本的高度壟斷，其實是在邊緣位置從事文化戰鬥，我稱之為『經濟的政治經濟學』；而自由多元主義者多從現實的低處看，反抗威權國家機器赤裸裸的壓迫，爭取正常的自由民主與人權，我稱之為『政治的政治經濟學』。見李金銓：〈政治經濟學的悖論：中港臺傳媒與民主變革的交光互影〉《超越西方霸權》，頁25-44。

往上看，什麼都是高的；評價者的心境、期望和標準都影響到景觀。[31]知識是社會建構，建構的主體性何在？

這兩種民主想像交鋒，永遠以不同面貌在不同時代持續，自有其時空的普遍性。在中國，文革時期鑼鼓喧天、搖旗吶喊所謂『大民主』，強調全民全面參政，打倒黨和國家機器，結果無法無天，開歷史倒車。這個浩劫是刻骨銘心的教訓。論者批評西方代議制的不足，理論上人民用選票轟官員和議員下臺，但在任者資源多，阻礙新血上臺。有『後現代』西方學者指出，一般人對代議制的形式民主（也就是牽涉國家、民族、政府的『大政治』）感到厭煩不耐，轉而關心日常生活切身的『小政治』，例如族群、性別、同性戀等議題。[32]這個轉變在歐美的場景容或尚可理解，但搬到第三世界則因噎廢食。例如代議選舉，在歐美是公民的基本權利，不行使權利是個人的選擇，權利也不至於被剝奪或尚失。反之，若無這項權利的人奢言權利不重要，毋乃如晉惠帝問饑民『何不食肉糜』一樣超現實，只有令人啼笑皆非。

---

[32] Peter Dahlgren (2000),『Media, Citizenship, and Civic Culture,』 in James Curran and Michael Gurevitch, eds., Mass Media and Society. London: Arnold.

範式轉移

文人論政主要靠的是刊物形式，例如《新青年》、《獨立評論》、《觀察》乃至於《自由中國》皆然。民國時期的主流報紙大概有三種範式（paradigm）：民營商業報紙，專業報紙，和黨報系統。各範式底下可以細分，各範式之間應該有互動，但我們的分析暫不及此，將來需要努力的工作很多。必須說明：我不是意指中國報業的發展走直線，從『商業報』轉型到『專業報』到『黨報』。不是這樣的。這三個範式重疊並存，時間較長，《申報》、《新聞報》追求專業主義的某些元素，而《大公報》也照顧商業因素和政治訴求，不是非黑即白。我這裡用『範式』，完全是取『理想型』（ideal type）之意，抽繹出其中最顯著的特徵和差異，作為比較分析的工具。有些報人的確在這三種報紙間流動，但概括這些報紙為商人辦報（最賺錢）、文人辦報（最受尊敬）和政黨辦報（最有權勢），相信雖不中亦不遠。最重要的一點是一九四九年以後大陸的『商業報』和『專業報』經過改組以後還存在，以後逐漸變質，到了『反右』期間蕩然無存，一切統歸黨報，如此彼消此長，才是我想講的『範式轉移』的意思。這個『範式轉移』象徵中國文人論政的式微，自由主義在中國的末路，這個題目更待進一步的探討。文人論政和自由主義是否會成為中國未來的精神和文化資源，目前不敢妄作任何揣測。

商業報：《申報》

首先是民營商業報紙，以上海《申報》和《新聞報》為代表，其歷史地位和社會影響華文世界迄今尚乏有力著作，[33]但在外國卻是顯學。[34]民國時期充斥著黨派或軍閥資助的政治報紙，黨同伐異，令人生厭。還有許多商業『小報』，有聞必錄，風花雪月，喜歡出格，不負責任，林語堂在《中國報業與民意史》譏諷之為『蚊報』。（中國報紙素質差，密蘇里新聞學院強調新聞道德，投中國之所需　，這是該模式能夠快速『征服』中國的一個主因。）林語堂批評大報對重大問題啞口無言，沉寂得怕人，『連蚊子

33 參考王儒年：《欲望的想像：1920-1930年代《申報》廣告的文化史研究》，上海人民出版社，2007年；宋軍：《申報的興衰》，上海社會科學院出版社，1996年；唐弢主編，陳子善，王錫榮編選：《〈申報〈自由談〉雜文選，1932-1935》，上海文藝出版社，1987年。

34 其中以德國的海德堡大學漢學系（University of Heidelberg, Institute of Chinese studies）為最傑出。Wagner Rudolf帶了幾個學生研究《申報》。他的學生Barbara Mittler（2004）, Newspaper for China：Power, Identity and Change in Shanghai」s News Media（1872-1912）, Cambridge：Harvard University Press.由博士論文改寫，頗受重視。外國學者愛做《申報》，一因資料齊全；二因上海大報，符合西方的想像和興趣；三因該報一直有外資，概念上容易發展。

的嗡嗡聲也受歡迎，讓人鬆口氣。」他諷刺上海最老的《申報》「編得很濫」，銷路最好的《新聞報》「根本沒編」。[35]

陳建華教授（第九章）對《申報》周瘦鵑的〈自由談〉做個案研究。陳文從文化研究的角度，對「鴛鴦蝴蝶派」的「報屁股」賦予正面的解釋，認為遊戲文章短小精悍，對時局喜怒笑罵，對大人物冷嘲熱諷；這些文章在感知層面啓蒙大眾，作合法的邊緣戰鬥，以至於開拓言論的空間。一般以「鴛鴦蝴蝶派」有貶義，評價不高，然陳文以為遊戲文章發揮顛覆的功能，不無後現代的浪漫色彩，洵一家之言。事過境遷這麼多年，我們仍然不知這類文字的作者和讀者是誰，其間有無互動，而且有無旁證讓我們了解陳氏的解釋是否即是讀者的感受，只有從這樣聯繫文本分析到社會脈絡，才可以發現不同的詮釋社群。

陳文引發許多有趣的問題：《申報》的「報屁股」和民初以來或當時上海灘小報的各種「報屁股」有何異同？為何在正經大報《申報》引進這個類似小報風格，不亦奇乎？基本動力是商業考慮，還是報人的正義感？〈自由談〉因為是「報屁股」，可以隨

[35] Lin Yutang（1936）A History of the Press and Public Opinion in China. Chicago: University of Chicago Press, p. 141.

便說說，但一般讀者是否把它當真？『報屁股』和報館主流的言論聯繫何在？這種小文章很有殺傷力，是為中國社會帶來語言暴力，還是添一股幽默？還有，除非『鴛鴦蝴蝶派』凝聚成為一個社群，有共鳴，發揮影響力，形成互動，否則豈非成為文人發牢騷洩憤的工具而已？這些問題不好回答，但對於了解民國報刊卻是關鍵的，陳教授開了很好的頭。

專業報：《大公報》[36]

第二個範式以《大公報》為主，是書生論的高峰，並政逐漸向專業報人轉型。《大公報》銷路三萬五千，僅及《申報》和《新聞報》的三分之一，但林語堂讚揚它是『最進步、編得最好的報紙』，『肯定是訴諸教育過高的民眾』。[37]《大公報》獲得一九四一年密蘇里新聞學院外國報紙獎，盛讚其國際和全國報導全面，評論『無畏而深刻』，政策『自由而進步』。該報言論聲譽卓著，無與倫比，張季鸞從一九二九年到一九四一

---

[36] 取材自李金銓：《超越西方霸權》，頁66-69。

[37] Lin Yutang, A History of the Press and Public Opinion in China, p. 141.

[38] 張季鸞：《季鸞文存》，臺北文星，1962年重印（原1944年），共兩冊。

年所寫的社論至今仍然被奉為圭臬。[38]

《大公報》有四個特徵，殊堪與西方媒介專業主義互證異同。第一，該報不求權，不求財，不求名，自許為文人論政、言論報國的工具。財務故意保持輕簡，以免為權和財左右。創辦之始就決定，報紙若無法以五萬元立足，寧可關門，也不接受政治或商業捐獻。張季鸞推崇英美自由報業，胡政之希望把《大公報》辦成《泰晤士報》，但他們卻維持傳統儒家知識份子輕財重義的作風，痛恨金錢對西方報紙的腐蝕。張季鸞認為報紙言論獨立來自知識份子的良心，他不相信商業利益保護言論自主。其實，《大公報》的經營相當成功，卻仍以『文人論政的企業』自我定位。他們都是職業報人，不像學者業餘才做時評。

第二，《大公報》提倡的新聞觀，在精神上（如果不是在實踐上）神似西方專業主義。但西方專業主義在歷史上是市場經濟勃興的產物，在追求利潤的過程中形成多元報導的風格，讓各種利益在意見市場互相競爭制衡。[39]而《大公報》的專業標準則立基於儒家知識份子的道德責任，對市場的作用多持疑慮。一九三一年，張季鸞揭櫫『不黨、不賣、不私、不盲』的原則，允為中國新聞界樹立最高的標竿。傳統儒家知識份子重義輕利，自命清高，既不瞭解也輕視市場力量。但到上世紀二十年代後期，多

[39] Michael Schudson（1978）,Discovering the News: A History of American Newspapers. New York: Basic.

數報人和學界認識到市場的意義，重視報紙管理和廣告經營，他們不反對報紙商業化，但反對報紙庸俗化和媚俗傾向。用谷德納的話來敘述，他們是『文化機構』（cultural apparatus）的成員，以追求社會公益為目標，不是所謂『意識工業』（consciousness industry）的代理人，孜孜爭逐個人和市場利益，以致受到權力和錢財的腐化。[40]儒家知識份子是為社會之師，居高臨下，以提供專家學者的權威意見為榮；但西方媒介工作者自認是專業人士，不是知識份子，與受眾地位平等，他們在理念上和形式上儘量不摻雜意見於新聞報導裏，以吸引最大多數受眾的青睞。

第三，《大公報》比同時代的報紙更注重新聞報導。它痛陳中國政治和企業只顧都市，棄全國人口九成的農民於不顧。它派記者巡迴全國各地，為民間疾苦把脈。兩版要聞有一半是本報記者寫的。徐鑄成、范長江、蕭乾都成為名滿大江南北的記者。

第四，《大公報》如同其他自由派知識份子，展現了強烈的國家主義傾向。抗日戰爭以前，該報時常抨擊國民黨和蔣介石獨裁；在抗戰炮聲中，張季鸞以國家存亡為念，轉任蔣的『諍友』。國家利益高於一切，該報呼籲全國（包括共產黨）團結在蔣介石的

---

[40] Alvin W. Gouldner (1976), The Dialectic of Ideology and Technology. New York: Oxford University Press, p. 173.

身邊，為國奮鬥。它自願接受軍事檢查，以防洩露國家機密，犧牲專業自主在所不惜；它批評的只是檢查者態度惡劣，方法落伍。中國的自由派普遍相信覆巢之下無完卵，只有國家獨立，個人才有自由，個人和國家從來不是尖銳對立的。

一九四一年王芸生接張季鸞主持《大公報》筆政。他鼓吹言論自由，民主憲政，給國民黨的《中央日報》罵為新華社的應聲蟲；但他主張共產黨應該督促國民黨，以國民黨為中心，走向民主建國的大路，不應該『另起爐灶』，因此又被共產黨的《新華日報》罵為國民黨的幫兇。徐鑄成離開《大公報》，一九三八年辦民間獨立報紙《文匯報》，也是先走第三條道路再向左轉。自由派報人眼看國民黨大勢已去，終於在毛澤東的『新民主主義』號召下，紛紛向左轉，不料後來連同自由派知識份子在一九五七年統統被打為『右派』，幾無倖免。

---

[41] 例如吳廷俊：《新記〈大公報〉史稿》，武漢出版社，1994年；賈曉慧：《〈大公報〉新論》，天津人民出版社，2002年；張育仁：《自由的歷險》；方漢奇等著：《〈大公報〉百年史》，北京中國人民大學出版社，2004年；任桐：《徘徊於民本與民主之間：〈大公報〉政治改良言論述評，1927-1937》，北京三聯，2004年。美國的中國史學界早期做得多的題目是梁啓超和晚清報業，偶爾有《大公報》的研究。這些年，做的多是上海風花雪夜的雜誌和小報，還有婦女雜誌，乃是受文化研究取向的影響。自由主義報刊大概是因為『太正』，不夠『奇趣』，反而少人研究。

在所有民國報刊中，研究成果最豐碩的首推《大公報》。[41]以往大陸官方以黑白兩分的史觀，認為國民黨是『黑暗專制』的，共產黨是『光明進步』的，自由派人士是軟弱的小資產階級、國民黨的幫兇。基此，以前認為《大公報》對國民黨『小罵大幫忙』，現在比較有實事求是的評價。方漢奇認為，《大公報》對國民黨不光是小罵，也有大罵，有時甚至怒罵和痛罵；罵國民黨比罵共產黨更多，更經常。他說：《大公報》為中共爭取更多中間的支持，『更多的是幫了共產黨，而不是幫了國民黨。』[42]

黨報：《中央日報》、《解放日報》與《新華日報》

第三個範式是黨報系統。一方面國民黨控制《中央日報》、中央通訊社和其他外圍報紙，本書沒有展開探討。黨報系統大肆宣傳黨化的三民主義，打擊異見，但黨內派系林立，各據山頭，新聞控制漏洞多，力量相互抵消。黨報必須和民營報競爭，可能的話儘量淡化黨性，講求經營。新聞審查制度不但引起民營報紙反感，連黨報（包括《中

42 方漢奇：〈前言：再論大公報的歷史地位〉，方漢奇等著：《〈大公報〉百年史》，頁1-23，引言出自頁19。

央日報》）都屢屢撰文批評。[43]陸鏗回憶，一九四六年到一九四八年擔任南京《中央日報》副總編輯期間，除了中宣部控制報紙社論，記者對下達的其他『宣傳指示』可置之不理。《中央日報》很少轉載中央社稿件。陸鏗後來在報上揭發孔祥熙、宋子文的貪污案，簡直在蔣介石頭上動土，終於被迫離開《中央日報》，人身自由則有驚無險。政權易手後他成為『國民黨特務』和『極右派』，坐足了二十一年的牢獄。[44]第三勢力的自由派人士多中間偏左，陸鏗乃中間偏右，然而命運如出一轍。

另一方面，共產黨在延安發展出《解放日報》的革命黨報範式。晚清固然已有政黨報紙（維新派對抗革命派）的雛形，但截然不同於中共在延安建立的『黨喉舌』範式。黃旦教授（第十二章）回到文本還歷史面目。他說，博古依賴自己的城市經驗，又承襲蘇共列寧的傳統，把《解放日報》辦成一個『不完全黨報』，大量轉載國內外資產階級通訊社的消息，注重國際新聞。但延安發動整風，在思想上組織上都統一在毛澤東及其中央的權威之下，領導一元化，《解放日報》遂變成『完全黨報』。從此，《解放日報》強調『黨性第一』，否定新聞有超階級的屬性，實現毛所要求的『輿論一律』，建

43 參閱蔡銘澤：《中國國民黨黨報歷史研究》，北京團結出版社，1998年。

44 陸鏗：《陸鏗回憶與懺悔錄》，臺北時報出版社，1997年。

立保密制度和分層閱讀的原則，徹底撲滅了毛所反對的『獨立性』和『同人辦報』。延安整風興起黨文化，揭示了黨報與公器的衝突。延安範式師法蘇共而有過之，是在幼稚的新聞傳統、殘酷的農村革命背景下形成的，其高度組織化，乃中國前所未有。[45]

中共在紅色根據地的《解放日報》，與在重慶白區的《新華日報》遙相呼應，並互相輝映。無論國民黨多霸道，總是容忍共產黨的《新華日報》公開發行。《新華日報》接受周恩來的指揮，對抗國民黨當局（特別是《中央日報》）的言論，採取『憤怒控訴，徹底否定，置之死地』的態度，處處以爭自由、爭民主為號召，在知識界和青年中發揮可觀的作用。[46]二十年前，曾有『左派』論者批評，《新華日報》雖然是國統區『茫茫黑夜的一盞明燈，它打破國民黨反動宣傳的一統天下』，但因面對國民黨的限制和打擊，很難自由發表黨的政策和主張。他讚揚只有《解放日報》在『人民的天下』，『可以自由地發表黨和人民的意見，可以自由地揭露和鞭笞國民黨統治區種種黑暗而

---

45 關於延安整風重建黨報，參閱高華：《紅太陽是怎樣升起的》，香港中文大學出版社，2000年，頁365-376。

46 《新華日報》言論，見笑蜀編：《歷史的先聲：半世紀前的莊嚴承諾》，汕頭大學出版社，1999年；李慎之：〈革命壓倒民主：〈歷史的先聲〉序〉，《風雨倉黃五十年──李慎之文選》，香港明報出版社，2003年，頁79-105。

不受任何檢查』。[47]兩者的利弊得失，以今日之見，可能得到與當年大相徑庭的結論。總之，《解放日報》代表紅區策略，是農村派；《新華日報》代表白區策略，是都市派。前者反對自由主義，後者高舉自由主義的旗幟。一九四九年以後，農村派佔上風，都市派逐漸遭受整肅；報紙的功能從社會動員轉化為一元化領導的社會控制。如能掌握這兩條路線的作風和鬥爭，對於中共建政以後的新聞政策當知過半矣。其實，經過三十年的開放改革，黨報的格局萬變仍不離其宗。

結語

文人論政是民國報刊的特徵，一方面延續儒家自由主義的傳統，以天下為己任，以言論報國；一方面代表轉型現代自由知識分子的積極社會參與。他們莫不希望建立現代的『道統』，促進和監督權力中心的『政統』，以追求國家的現代化為目標。為了富國

47 甘惜分：《新聞論爭三十年》，北京新華書店，1988年，頁282-292，引自頁285和頁288。甘氏的思想後來發生重大變化，未必願意保持舊有的觀點或評價。見甘惜分：《一個新聞學者的自白》，香港未名出版社，2006年。

強兵，他們鼓吹自由民主不遺餘力。憑空來看，『文人論政』容易聯想到孟子『富貴不能淫，威武不能屈，貧賤不能移』的最高境界，但這個凜然的境界未免太浪漫，陳義過高。個別文人也許不畏橫逆，勇於建言，但整體來說文人知識界自命清高，單打獨鬥，同人論政而不參政，沒有組織力量或具體辦法實現抽象的理想。他們被捲入險惡的政治浪潮，無力自拔，最後眼見國事日蹙，『道統』不敵『政統』，只能徒呼奈何，甚至遭到沒頂的命運，空留餘恨。

當然，自由主義成敗的主要關鍵，還不繫於知識分子參政的意願，而是客觀環境。自由主義思想在民國時期自西方引進，但未真正在中國生根，即已夭折。不管是自由的民主主義，還是社會民主主義，都抵擋不住共產主義掀起的狂潮。胡適持科學方法決定論，堅持『大膽假設，小心求證』，有幾分證據講幾分話，勢必不肯也不敢對『中國社會是什麼社會』這種大問題提出全面性的論斷，因此無法滿足一個劇變社會對於『改變世界』的急迫要求。[48]而中國社會基礎薄弱，國共內戰方興未艾，使得『第三條道路』毫無空間施展。一九四九年以後，民國報刊的各種範式都統一在中共黨報之下，自

[48] 余英時：《中國思想傳統的現代詮釋》，頁567-569；《重尋胡適歷程：胡適生平與思想再認識》，頁212-215。

由主義的話語慘遭清算，以致消聲匿跡。清算胡適思想不用說了，其他自由知識分子都在一連串政治運動中遭受整肅，羅隆基和儲安平的下場更悲慘。直到一九九〇年代重燃開放改革的火把以後，自由主義的話語才初步復活，將來的前途如何，文人論政是否完全過時，都值得密切關心。

從傳播社會學的視野，有許許多多的問題值得探討，這裡只能舉些例子說明：新聞界如何開始職業化，它與政權、市場、學界的互動如何改變？文人論政的『階級性』和影響力何在，內部如何分化與聯盟？民國時期對文人論政有什麼有利和不利的發展條件？文人論政的風格與傳統士大夫的『評諫』或西方專業化的評論有何異同？在社會分工、專業化和多元化的過程中，知識分子的貴族地位下降，文人論政的角色是否式微，或以另外的方式存在，還會不會重新抬頭？論政的文人是否了解民生疾苦？文人論政是否曾開拓新的文種？知識分子與專業新聞人如何互動？傳統儒家士大夫的『義利之辨』和現代企業經營對於論政的影響有何得失？除了歷史興趣，民國報刊對於當今媒介有何啓示？

最後，容我提出一個難解答的問題：中國自由主義為何一敗塗地至此？我初步歸納五個原因：[49]

49 錄自李金銓：《超越西方霸權》，頁72。

一、如同社會史家莫爾著名的論斷：『沒有資產階級，就沒有民主』。[50]中國從未經過資本主義的萌芽發展，社會上的中產分子不成其為『階級』，民主政治缺乏堅實的經濟基礎。

二、老實說，這幾百個嚮往英美制度的自由派文人教授不能構成政治勢力，他們在廣大中國的人海中，不過是一座若隱若顯的孤島。他們手無寸鐵，缺乏組織，單打獨鬥，唯一的聯繫就是『反國民黨』。即連知識份子的『民主共同聯盟』，亦如烏合之眾，後來靠近共產黨謀發展，以對付國民黨，結果反被共產黨吞噬。

三、他們憑藉良心和理念講話，針砭時弊，徒有抽象的想法，沒有具體的主張或運動的策略。儘管風骨嶙峋，然社會地位高高在上，他們所關注的民主憲政和言論自由，對那些為溫飽掙扎的廣大人民，未免陳義過高。我不是說中國不需要民主自由，而是說自由派文人的確和他們所捍衛的『人民』、『百姓』脫節。

四、文人諫諍的傳統，面對政權的迫害，沒有法律和制度保障，簡直有理說不清。

五、中國讀書人不管怎麼反儒家，總是流著儒家的血液，既有讀書報國的情懷，又孤芳自賞，一旦獲得當權者的垂青，當即感激涕零。王芸生接到毛澤東的親筆信後，幾

---

[50] Barrington Moore（1967），Social Origins of Dictatorships and Democracy.Boston：Beacon.

夜睡不著覺，結果決定投共，用他自己的話是獲得『新生』，即為明證。這些自由派文人在五十年代初接受思想改造，不管如何交心洗腦，詆毀自由主義，作賤人格，扭曲歷史，還逃脫不了後來百般淩辱的厄運。若幸未被整死，也要等到文革以後平反才得到喘息，奈何時不我予，垂垂老矣。

文人論政在中國的前途是什麼？自由主義在中國的前途是什麼？我沒有答案，但相信回顧歷史脈絡，有助於我們看清前途。下面付列一群研究題目供參考，由黃旦教授和筆者合擬的，一方面幫助讀者了解本書的旨趣、語境和脈絡，一方面更寄寓促進民國報刊史研究蓬勃發展的厚望焉。這是一份盼望更多的讀者參加這項研究工作的邀請函。

■ 江宜樺

美國耶魯大學政治學博士。
現任國立臺灣大學政治學系教授。
曾任教育部師範院校變更審議委員會委員、中國政治學會理事、台灣大學政治學系施明德講座執行長。
專業領域維西方政治哲學、自由主義傳統、民主政治理論、民族主義與國家認同。
著作有《自由主義、民族主義與國家認同》、《自由民主的理路》、《民族主義與民主政治》等中、英文著作。

民主制度的檢驗

「二十多年前，宜蘭棲蘭山莊有場會議，參與的人包括了胡佛、葉啓政等當時很重要的知識分子，」江宜樺說，那是一場令人心嚮往之的聚會，也給知識界留下了典範，他說自己就是在這樣的傳統下成長，「自然對知識分子能在一個時代、一個社會裡發揮什麼作用，有些想法也有些期待。」在陽明山上，關於知識分子如何繼續持有對理想的執著、發揮言責、切中社會的需要，「有很多深入的討論和意見交換」，江宜樺說他收穫很大。

江宜樺說，知識分子無刀無槍卻有筆，筆力萬鈞，能做的事很多，在台灣，也的確有過一段時間，知識分子擁有發揮改變時代的影響力，不過，如今有些情勢改變了，在「眾聲喧嘩」中，使知識分子、特別是公共知識分子的聲音顯得微弱；江宜樺觀察到其中有幾個理由。

第一是，政黨輪替在二〇〇〇年「提早出現」，知識界有點措手不及的感覺，不少人選擇靜觀其變；江宜樺認為，說到公共知識分子的消失或者削弱，關鍵點「是在二〇〇二年」。彼時，新政府上路兩年了，照理說，學習期或者蜜月期都應該結束了，人民要看到執政能力與成績；如果做得不好，向來對當局有強勁批判力道的知識界，就應該要出聲了。

結果沒有；兩年、三年、四年、七年⋯過去了，大家感覺到，台灣的知識分子真的不見了。江宜樺說，社會對知識分子的期待是「做個永恆的批判者」，不過，這段時間，台灣的知識界有兩個狀況，使這個期待有些落空。一是因為學界部分人士過去長期的立場是同情黨外、也就是後來的民進黨，因此當民進黨取得政權後，有些知識分子就「失去了手中那枝公共的筆」，形同放棄監督權。

其二，解嚴前的知識分子有一種「論政而不參政」的矜持，但因民進黨驟然執政，治理人才一時不足，大量向學界借將，而知識分子投身政壇後，帶來了兩個尷尬，「第一當然是他們自己從裁判變球員，如何能再論政？」其二，江宜樺說，他們周遭的學界同事、同學、好友，基於情誼，很多難聽的話也說不出口了。

此外，「威權統治」倒下後，「本土化與民主化、自由化糾葛在一起，」所謂的「本土主權」不但成為唯一的價值，甚至成了新的威權，凌駕一切；就這樣，不少知識分子也懶得出聲了。

江宜樺認為，要扭轉這樣的情勢就要創造出一個新的局面出來，「如何激發年輕世代對這個社會的熱情、對政治有新的想像力與責任感，」是江宜樺認為未來重要的任務，「知識界經歷威權統治與政黨輪替這兩個不同時代的歷練，是該發展出新格局的時候了，」而江宜樺仍然相信「美好的傳承，總要出現。」

民主制度的檢驗

——江宜樺

一、台灣民主經驗的評價

如果我們隨意詢問身旁人士—無論是自助餐廳裡的顧客、公園裡蹓狗的老人、趕著送貨的業務員、路口維持交通的警察、或剛從百貨公司購物出來的少女—他（她）們對過去二、三十年來台灣民主發展的評價，極有可能聽到的都是負面的答案。他們會說：「台灣社會越來越亂，還不都是選舉造成的！」他們也可能說：「沒有一個政治人物是好人，所以我從來不去投票」。如果他正巧參加過去年的紅衫軍運動，他可能會說：「全世界那有一個民主國家，會容忍像阿扁那樣貪腐的家族繼續統治？」如果他剛看完大話新聞，則可能會學著電視上名嘴的口氣說：「全世界那有一個民主國家的政黨，會像國民黨這樣搜刮人民的財產，到下台了還死抱著黨產不放？」總地來講，大部分民眾似乎都對台灣的民主政治感到不滿，也對台灣民主的未來不抱什麼希望。

人類容易受到晚近記憶的影響，無法冷靜評估長期經驗的得失，這是完全可以理解的。台灣民眾由於近年來藍綠對抗的激烈化，對政治感到厭惡與失望，也是基於同樣的道理。但是，如果我們仔細反省過去二、三十年來台灣民主發展的歷程，則會發現實際情況並不像大家所說的那樣乏善可陳。在三十年前，台灣仍處於戒嚴情況，人們不能公開批評政府，也不能自由組成政黨。立法院與國民大會由終身不必改選的資深民意代表所盤據，而老百姓則只能選舉地方性的民意代表。當時報紙的數量有限，所有新聞都在政府的嚴格控制之下。三家公營的電視台扮演政府的傳聲筒，時常就會播出「匪諜」或「台毒（台獨）」人士被補的消息。當時所有大學都有教官負責監控學生的動態，課堂中甚至安插著情治人員或職業學生，準備將放言高論的老師繩之以法。如果這種情景會讓我們覺得羨慕，那一定是我們徹底遺忘了當時空氣中彌漫的恐懼、憤怒與不滿。

三十年來，台灣由威權獨裁走向自由民主。戒嚴解除了，黨禁、報禁開放了。左派的論述與二二八的歷史正式擺放在書店醒目的地方，批評政府及批評政治領導人的叩應節目無日無之。萬年國代退出歷史舞台，人民每隔一兩年就有選票要投，而琳瑯滿目的政黨則拼命爭取大眾的青睞。報紙、網路、多媒體的各種訊息多得難以數計，示威、抗議、靜坐、遊行則頻繁到乏人問津。校園生活更自由了，社會生態更多元了、甚至連國際交流及兩岸互動也更開放了。如果這種民主發展的成果我們仍然嫌棄，那一定是我們的眼界變得更高、期待變得更豐富。我們抱怨民主，不是因為民主不好，而是因為民主還不夠好。

二、民主發展困境之所在

究竟是出現了那些問題，以致於我們對台灣民主感到如此不滿？

我想，首先是國家認同的分歧，在一九九〇年代以前，絕大部分民眾在國民黨政府的教育下，都接受「中華民國」的國號以及此一國號所代表的領土宣稱及歷史論述。但是隨著李登輝總統「本土化」政策的展開，以及民進黨「建立台灣共和國」運動的推進，越來越多民眾轉而接受「台灣」的名號以及「台灣不屬於中國」的政治論述。「台灣」與「中華民國」彷彿變成兩個非此即彼的選項，其支持群眾也出現明顯的消長。但是儘管如此，就目前各種民調來看，真正堅持「中國統一」或堅持「台獨建國」的民眾都不到15％，而主張「維持現狀」者則超過六成，因此在這個意義上，國家認同的分歧並不是一個真正嚴重的問題。但是，如果就各種涉及國家認同的政策或議題來看（譬如「入聯／返聯」、「開放大陸人民來台」、「歷史教科書改寫」、「中正紀念堂更名爭議」等），則民眾又確實出現兩極對立的態勢。在這個意義上，我們也可以說國家認同的分歧確實是一個問題。

筆者之所以標舉國家認同分歧為首要問題，是因為民主體制本身必須建立在某個大略明確的政治共同體之上。如果政治共同體的自我界定不夠清楚，則連有效成員的範圍都會出現爭議，更不用奢望對共同體的歷史想像、憲政架構、重大政策能夠取得普遍的共識。以台灣的情況而言，最令人擔心的是政治領導人各自堅持其國家認同，已經達到「為求目的、不擇手段」的程度，完全不顧憲政法治的起碼規則。當每一次選舉都可以無限上綱到國族保衛戰，當每一個違法動作都可以在「實現某種神聖使命」的理由下被正當化，則民主政治不可能生根茁壯。我們在近幾年的朝野對抗中，不斷看到的就是這種「視對方為仇敵，必去之而後快」的極端心態，而越來越沒有協商、退讓、妥協的可能。

其次，政黨彼此之間的惡鬥，也是台灣民主發展停滯的主因之一。民主政治必有利益衝突，也必有派系對抗，這都不是值得憂慮的現象。但是，當政治權力得失的影響太大，以致於各個政黨都產生「絕對不能輸」的心理時，各種極端惡劣、不成比例、不顧遊戲規則的手段紛紛出爐，從而演變成「你死我活」的惡鬥。在惡鬥之中，憲政規範沒有人遵守，公共資源可以隨意濫用、情治部門變成政爭手段、而各種毫無教養的言行則公然表現在媒體之前。舉例而言，依憲法規定，總統必須任命國會多數黨所屬意的人物為行政院長，否則政務無法推行。而國會多數黨若對行政院長極度不滿，則可發動倒閣。但是自二〇〇〇年以來，我們的總統完全不顧憲政運作原則，一意孤行地想要掌握行政院長人選。無獨有偶地，立法院多數黨竟也基於選舉成本考量，始終不願行使憲法所賦予的倒閣權，而寧可用杯葛預算、阻止上台報告、叫囂辱罵甚至暴力衝突的方式來癱瘓政府。又譬如說，政治領袖負有領導國家之責，其言行理應謹慎合宜，不可充滿個人情緒。但是近幾年來，有信口開河指責反對黨「陰謀政變」的總統、有公然辱罵他國「小如鼻屎、沒有LP」的外交部長，有逢迎長官曲解「罄竹難書」字義的教育部長，甚至有表情猙獰、動不動就放話「有種就如何如何」的大小官員及民意代表。這類言行舉止不僅無助於政治爭議之解決，還傷害民主政治所需要的法治素養與公民文化，對社會大眾及未來世代產生極為負面的影響。

第三，民主政治是所有政體類型之中，最需要一般大眾培養公民德性並積極參與的政體。如果民眾只顧個人利益，甚至不惜犧牲公共利益以成就個人利益，則民主社會無法奠定長遠發展的基礎。在過去二、三十年間，我們先是見證政治參與熱誠逐漸高昇，蔚成八〇代末期到九〇年代初期的社會力解放盛況，接著又目睹民眾在九〇年代末期至本世紀初期，由於對政治菁英的惡鬥感到厭煩，而逐漸喪失參與公共事務的熱忱。在晚近幾年的社會運動中，除了二〇〇六年的紅衫軍運動能夠號召民眾走上街頭，其他示威遊行大都由藍綠陣營的固定支持者所構成。而且這種萎縮情況不只限於街頭運動，連其他小型的、虛擬的公共空間也無法豁免。在網路世代之中，政治參與已淪為人人嗤之以鼻的名詞，而少數討論政治事務的虛擬世界，則經常出現各種激烈的、粗暴的、人身攻擊式的宣洩式言辭。從政治文化的觀點來看，台灣的民主發展正逐漸走向「若非犬儒、即為偏激」的兩極反應模式，然而這與公民社會所追求的「積極、理性、妥協、寬容」精神形同扞格。

三、良性民主發展的關鍵

目前台灣民主政治的實況，的確無法奢談如何可能趨於「優質」或「完善」，我們所能期待的，最多是「良性」（benign）、而非「惡性」（malign）的發展。如果我們的期待可以定位在這個層次，則以下幾件事情，大概是台灣民主轉向的關鍵。

第一、尋求國家認同的起碼共識。台灣各主要政治勢力已經耗費太多精力在國家認同的爭議上，然而完全符合任何一方理想的解決方案事實上無法成為共識。因此，各政黨必須認真而負責地考慮，如何與其他政治勢力協調出一個彼此都可以接受的「起碼共識」（minimum consensus）。所謂「起碼共識」，並不是一個涵蓋所有重大議題的共識，而是各方所能接受的有限度共識。國家認同的起碼共識，基本上需要對正式國名、實質統治疆域、國民資格認定、憲政秩序權威、以及民主程序原則達成共識，而對比較複雜、爭議較多的問題則暫時不求答案，譬如歷史詮釋觀點、兩岸關係定位、未來統獨抉擇等等。具體而言，我們認為各大政黨都應該接受「中華民國」為正式國名，承認其合法統治範圍為台澎金馬，以該範圍內之住民為基本國民，尊重現行憲法的正當性（包括修憲規定），並且維護基本人權。只有在這個起碼的國家認同基礎上，我們才能期待各種政治及社會爭論得以依循民主程序逐一解決，否則台灣終將內耗殆盡，永無向前發展的可能。

第二、建立簡明有效的中央政府體制。有鑑於目前所採取的雙首長制無法有效運行，而且極不容易為多數民眾所理解，因此朝野有必要凝聚共識，循修憲途徑重新規定我國的中央政府體制。法政學界關於內閣制與總統制的爭議向來沒有定論，我們也不認為台灣非採取哪一種不可；但是我們相當確定現行雙首長制無法運作，必須朝向內閣制或總統制修訂憲法條文。比較妥當的做法是在二〇〇八年總統大選之後，由法政學界發起憲政體制的連續討論會，邀請府、院、國會、黨團代表參與研商，以一至二年時間凝聚憲政體制共識，並隨時公布研商進度，吸收各界反映的意見，以期在二年後提出一個相對妥善的修憲草案，再由各黨合作通過修憲。我們深知此一工程難度甚高，但為了使台灣的基本憲政體制能落實「權責相符」的原則，各界仍須勉力為之。

第三，改善政治文化的素質。民主政治並不是一堆法律條文及一串定期選舉的集合而已，它同時也包含一種「積極參與、實踐公民德性」的政治文化。上文已經分析目前台灣政治菁英如何以惡劣言行做出不良示範，從而影響一般人對民主政治的觀感及支持。為了正本清源，我們必須群策群力從各方面發出節制惡劣政治言行的聲音，無論是以教育、輿論、監督或評比的方式，促使現有政治文化得以逐漸改良。在這個過程中，每個人都必須在某些重要時刻，扮演「中間力量」的角色，擺脫藍綠對抗的反射性思維，勇敢表達自己作為一個民主公民的看法。事實上，政治人物固然掌握行使權力的優勢，但是公民大眾則有「載舟覆舟」的潛能。惟有公民大眾願意關注公共事務，並持續透過意見表達及行使投票權，才能迫使政治人物轉向配合。我們真正實施民主政治，至今也不過十幾年，無論政治人物或一般大眾，在民主文化素養方面都還有很多改善的空間，只要我們不要輕言放棄，政治文化就會慢慢轉變。也許我們這個世代看不到優質民主的實踐，但是我們的子孫可以繼續我們為民主政治所付出的努力，而在長遠的未來，建立令人滿意的民主。

■朱雲鵬

美國馬里蘭大學經濟學博士。

現任中央大學經濟系教授暨台灣經濟研究中心主任、台灣大學經濟系教授、台灣經濟研究院顧問。

曾任景文技術學院校長、中央研究院中山人文社會科學研究所所張、行政院公平交易委員會委員、行政院研究發展考核委員會委員。

專業領域為經濟發展、國際經濟學、一般均衡模型。

著作有《台灣廢棄物的趨勢分析》、《東亞雁行理論之研究》、《經濟結構調整與部門間資源配置：1989年間台灣可計算一般均衡模型之比較靜態分析》等中、英文著作。

裂解社會對臺灣民主的挑戰

「一想到葉爾欽曾經用坦克車把議會包圍起來轟，就讓人害怕，」朱雲鵬說：「葉爾欽也是『民選的』總統，可是現在的俄羅斯是個民主國家嗎？大家都知道答案吧！」他認為，民主是很難得到的東西，「卻可以很容易失去。」朱雲鵬帶著極為憂慮的口吻指出：「你看，台灣現在這個狀況，名嘴配合政客，天天吵那些對國家社會發展沒有實質意義的話題，」甚至有往威權回頭走的跡像，「如果僅有的中流砥柱、知識分子又不發聲的話，台灣的民主是會不見的。」

朱雲鵬以陳水扁總統的戒嚴說和中選會組織法在立法院連討論都沒有討論的事情為例說：「這種情形在民主國家是不可想像的，你能想像英國保守派議員霸住議事台，阻擋別黨議員發言嗎？」朱雲鵬說，提出戒嚴說後，陳總統二十四小時之後才更正，「這是非常嚴重的事，」可是，台灣卻沒有聽到太多指責的聲音，「這對台灣民主的傷害太大了，包括我自己在內，知識分子真的應該要好好檢討。」

朱雲鵬說，民主、法治與包容是社會走向進步很重要的三個指標，但是台灣這幾年，「民主被糟蹋，法治被侵蝕，社會包容愈來愈小，」這是危險的訊號，「從中南美一些國家的例子，我們可以很清楚發現，當這三個指標往下走的時候，就表示這個國家將會從民主走回威權，」所以台灣目前的發展，「是十分令人擔心的。」

朱雲鵬認為「就讓台灣多一點政黨輪替吧，」不讓哪個政黨長時間執政，也免除整個社會擺脫被政黨綁架，「以公務人員為例，政黨輪替多了，他們才會理解，沒有政黨是永遠當家的『主子』；了解到服務的對象應該是人民，公務人員的中立性才會建立。」

話說回來，朱雲鵬認為，未來不論哪個政黨執政，一定要好好處理「台灣裂解的問題，」因為台灣南北發展不均的事實已經成為社會分裂的催化劑，也是進一步造成上述三個進步指標惡化的深層因素。朱雲鵬說，台灣重要的經濟活動都發生在苗栗以北，「從竹南到台北內湖，這一條『科技走廊』大概貢獻了台灣八成以上的外銷額，」但是南部地區卻發展遲滯，生活的困境使得他們很容易被一些簡單、狹窄的政治主張、口號所綑綁，以為那裡面會有出路和尊嚴，事實上，政客只是把台灣帶向更多的對立。

朱雲鵬期許執政者應該要努力縮小貧富差距所深化的南北撕裂，趕緊讓中南部人民的生活好起來，「活絡經濟、提高就業，幫助他們同樣能夠享有全球化經濟的果實。」讓人民生活更好，也讓台灣民主自由化的道路可以更平穩長遠地走下去。

裂解社會對臺灣民主的挑戰

——朱雲鵬

過去臺灣家庭所得分配中，最富五分之一與最貧五分之一兩者間的比率不到五，然而，隨著M型社會的來臨，此一比率有逐漸擴大的趨勢，既有的紀錄顯示，此一比率曾達到六．四，而根據主計處二〇〇五年最新的資料顯示，目前是六．〇二，但這些數據可能低估不均度，其理由為：第一，一般在進行家庭所得分配的統計過程中，無法取得最富有與最貧窮的家庭資料，這是由於最富有的人不願意因接受調查而導致所得曝光，另一方面，最貧窮的人鎮日忙於張羅生計，通常沒有多餘的時間和精力接受調查。儘管主計處對「記帳户」（一部分的樣本）提供津貼，但領取津貼者必須每天紀錄每一筆開銷支出，其過程之繁複使得許多人寧可放棄津貼。

以過去的臺灣社會而言，絕大多數的家庭屬於中產階級，最富與最貧的家庭只是少數，此一數據失真的程度較小。但當一個社會逐漸趨向M型化的兩個極端時，低估的誤差亦隨之逐漸升高。第二，此項統計資料僅調查家庭所得而非財富，但影響力更大的是財富多寡，但許多臺灣的富人在帳目上做到沒有收入，不必繳税，如此也使數字失真。第三，當前國人將財富存在國外的比例很高，據估計約有四兆九千億臺幣的財富存於海外，這些資產的所得亦不會記入所得分配的資料當中。

所得分配資料失真的情形在日後恐怕更為嚴重，因為從民國九十八年起將實施最低税賦制度，屆時所有海外資產所得，只要每年超過一百萬元，均須納入所得税的申報。許多富人將資產置於國外是為了逃避國內的遺產税制度，或是不希望政府掌握其資金運用方式及流向（如臺商赴大陸投資）。一旦最低税賦制度開始實施，凡資產所得達到最低税賦制度的門檻必須申報所得税，富人們的實際資產總額將有曝光之虞，對許多資產豐厚的人而言，這是他們不樂見的情況。因此，臺灣目前許多富人正積極進行一項全民運動，即為將海外資產以信託或其他方式予以隱形化，以利將來身故後可以直接將資產轉移至繼承人而無須負擔任何遺產税。

由於避税的方法日新月異，加上許多富人實際獲取避税的好處，使得更多原先未將資產置於海外的國人，也想趕搭這班列車。也就是説，避税方法的創新不僅讓原先將財富置於海外的國人將其財富隱形化，同時也鼓勵未將資產移至海外的國人更積極地將其財富往國外遷移、隱形化，無怪乎臺灣金融業在今年一月到八月的就業所得呈現負成長六%。此外要特別提出的現象是，國人資金流出海外購買證券及債券的金額，僅僅今年上半年即高達一百八十億美金，其中多數交易是國人直接在海外開戶，而非購買國內金融機構所發行之海外基金。

房地產的銷售情形也顯示出M型社會的來臨。以早期房地產的銷售來看，三十到四十坪為主力坪數，佔所有新推銷售案的最大宗，但目前很少的售案是推出三十到四十坪的房屋，此現象尤以台北市最為明顯，建商所售出的房屋不是六十或七十坪以上，就是十到二十坪的套房。富人不覺得六十到七十坪，總價四千萬以上的房子貴，但多數中產階級無力負擔，只能購買十到二十坪左右，總價一千萬以下的房屋。所以，從房地產市場推案的差異情形，亦可看出M型社會的來臨。

M型社會的衝擊不僅涉及國人的所得與財富，亦涉及臺灣的南部與北部兩大區域。比較而言，北部基本上較為融入全球化的潮流，與中國大陸較有密切的經濟關連，並在全球化的風潮下獲得相當的收益及財富，相對而言，南部則多數受到全球化潮流的損害，如傳統產業的就業機會大幅消減，導致國人的收入差距也反應在南北差距，這些差異致使臺灣形成一個撕裂的社會。由此可知，臺灣政壇上藍綠的撕裂有其經濟上的背景。

未來若要解決貧富差距或南北撕裂等問題，唯一方法就是「民主」。一個民主社會中有不同的意見共存很正常，大家辯論，而由人民做出選擇。最重要的是，民主必須奠基在法治之上，沒有法治，就沒有民主。然而，民主與法治在當前臺灣已面臨重大挑戰，甚至有人認為臺灣已逐漸往威權的方向走回頭路，只不過以前所供奉的神主牌與現在的不同。我們試舉一二：第一，報紙報導指出現任總統曾考慮實施戒嚴，他隔了一天才否認，這是匪夷所思的事。第二，臺灣電視公司民營化的過程中，政府的黑手明顯介入，導致本為單純的企業轉換過程完全變調，可見所謂「黨政軍退出媒體」是假象，相反地，政治操控媒體之程度恐怕遠超乎一般人民的想像。第三，執政黨立法委員以拳頭阻止「中選會組織法」進入討論（不是表決）程序，已經四次。令人驚訝和匪夷所思的是，當這些事發生時，沒有知識份子站出來譴責，沒有公民團體出來講話，均變成「沉默的羔羊」。

一般而言，當一個國家由民主政體轉變為威權時有幾個階段。在第一個階段中，社會上開始有人使用不民主的、粗暴的語言來陳訴他們的意見，例如：目前國內的call in節目中，部分與談來賓主張假若有縣市不願服從中選會一階段領票之決議，就派遣軍警逮捕相關人員，此類言論即為威權語言，令人擔憂的是，目前這類威權語言的聲音有日趨壯大的跡象，但沒有任何譴責他們的言論出現，無人出面捍衛民主。在第二個階段中，既然威權傾向大聲，又無人維護民主法治，實際威權性的行動就會出現，但是從微小的事情作為開端，讓人民毫無警覺，之後再一步步擴大，最後變成實際威權；在目前屬於超級總統制的言論和實際運作下，更令人憂心。二次大戰時，德國的經驗就是最好的借鏡，當年希特勒並非在瞬間由民主政體轉為獨裁統治，納粹屠殺猶太人也不是一次就將全數的猶太人屠殺殆盡，而是先逮捕一小批猶太人，其他猶太人存僥倖心理，認為事不關己，接著政府便逐漸擴大逮捕人數。非常不希望臺灣將來會步上這條路。已故的溫世仁曾說，每個國家有其平台，也就是「秉賦」。他說，臺灣的秉賦是創新、開放，且這些秉賦最重要的基礎就是民主、自由與法治，一旦這些基礎被剝奪，臺灣生產力上升的靈魂將隨之殞落，將導致許多臺灣人才離開臺灣，競爭力也將逐漸沉淪。

經濟歷史學家Cipolla曾說，西歐的經驗顯示，文化、政治或社會階層方面包容力愈低的國家，其人才逐漸轉移到他國，是影響各國不同經濟表現的最重要因素。（『Throughout the centuries the countries in which intolerance and fanaticism prevailed lost to more tolerant countries the most precious of all possible forms of wealth: good human minds. The qualities that make people tolerant also make them receptive to new ideas. The inflow of good minds, and a receptiveness to new ideas were among the main sources of the success stories of England, Holland, Sweden, and Switzerland in the 16th and 17th centuries.』）這些話值得

當權者與每位關心國家未來前途發展的人深思與警惕。

■林萬億

美國加州（柏克萊）大學社會福利學博士。
現任國立台灣大學社工學系教授。
曾任行政院政務委員、臺北縣副縣長、台灣社會工作專業人員協會理事長。
專業領域為家庭政策、社會工作理論與方法、福利國家歷史與發展。
代表著作有《福利國家的形成與社會公平》、《台灣社會福利的發展—回顧與展望》、《團體工作：理論與技巧》等中、英文著作。

臺灣的貧富差距與社會安全

台灣社會的貧富差距是最近的熱門話題，「M型社會」這四個字幾乎成了最新流行語。林萬億的觀察是，台灣貧富差距是有擴大的趨勢，但還不到M型的程度，「看統計數字就知道，沒有這回事，但是現在人人朗朗上口M型社會，這對解決問題並沒有幫助。」

林萬億認為，現在台灣應該花精神去做的，不是一直在指責，而是認真想想：在社會變遷的過程中，哪些人受到傷害，哪些人掉進了「新貧階級」，需要趕快扶一把？「我們要找出陷入困境的『標的人口群』（target population），努力幫助他們。」林萬億並且提醒，台灣的問題絕不是「換哪一個人、哪一個政黨就可以解決的，要從結構面找出問題的本質是什麼，然後再理性地尋找對策。」

他說，貧富差距擴大的問題，並不是最近幾年才發生的，一九八五年，台灣進入「後工業化時代」之後，這種趨勢就已經出現了，但是「政治問題壓過經濟問題，大家都後知後覺、忽略了。」林萬億說，伴隨著這個社會問題的還有兩個現象，就是「人口老化」與「少子女化」，台灣也都已經很明顯出現了，「但有多少政策是在認真的處理這些問題？」林萬億說，同樣的狀況，日本、美國、歐洲等工業先進國家都有，台灣的經驗並不是獨一特有的，「然而，台灣比較嚴重的是，所有的問題都幾乎是同時出現，我們沒有充分的時間去消化、處理。」

林萬億指出，其他國家是花了好幾個世代才從農業、後農業時代到工業化時代，再經歷後工業時代到服務業興起，因此社會可以藴釀出有智慧的因應之道，畢竟他們的社會安全體質、政治民主化的穩定程度以及媒體的環境與運作，都比較成熟，但台灣卻不是如此，「兩個世代就經歷了人家所有的變化」，時間壓縮得太快，很多東西都來不及整理、釐清。

不但如此，台灣還在這段時間經歷了民主政治的重大變革，可以說，「經濟體質的轉型、全球化的壓力、政黨輪替的激情：政治、經濟，種種內外複雜的因素全都攪在一起了」，大家措手不及又兼情緒澎湃，真的很不容易看清問題的本質，有時甚至於也會把個人主觀的感受擴大為「整個社會就是這樣」，例如M型社會就是一例，林萬億說，這是一種生態誤謬，他很希望大家能夠更冷靜理性一點看社會的問題。

而對於「公共知識分子是不是已經消失了」這個議題，林萬億也認為，那是因為時代不同了，知識分子向來擅長衝撞「不合理的建制」，過去威權統治的台灣就是一個這樣的狀態，因此知識分子有個很明確的對抗標。但台灣一步一步走來，很多事情已經改變了，對目前三、四十歲這一代的知識分子來說，「不合理的建制」已經少了很多；曾經擔任行政院政務委員的林萬億說，他選擇進入體制內服務，「是因為知道社會的問題在哪裡，就希望能用自己的專業加上行政的力量，確實把問題解決掉。」林萬億認為，這也是知識分子能發光發熱的一種方式，「不要用位子來看一個人有沒有堅持理想，而是要看，他有沒有一路走來，始終如一。」

臺灣的貧富差距與社會安全

——林萬億

貧窮對家庭與社會造成的負面影響，顯而易見，包括：高的死亡率、罹病率，低的預期壽命，從事危險工作，居住在條件差的社區，暴露在有毒物質邊緣，經濟不安全使男性較不具婚姻吸引力，婚姻不穩定，婚姻滿意度低等。對貧窮兒童來說，營養不良或失調，較多慢性疾病問題，高的流行疾病感染率，高意外事故發生率，低學習準備，高社會情緒與行為問題，高家庭暴力風險，親子關係不良、數位落差等（Zimmerman，2000；Seccombe，2002）。而貧富差距的擴大，貧窮家庭的相對剝奪感也會增強，對社會團結、治安、投資、經濟成長等均不利。因此，對貧窮問題就成為當前台灣社會重大議題之一。

台灣自從一九八〇年代起貧富差距持續擴大。但是，台灣社會算不算已經是個M型社會？部分雜誌與媒體最近有意無意地將台灣社會冠上「M型化」。評論者也跟進用M型社會來描述台灣社會。他們引用日本學者大前研一（Ohmae，2006，江裕真譯，二〇〇六）對中產階級消失的警告，以三個問題來確認人們還自認是中產階級嗎？一、房貸造成你很大的生活壓力嗎（或是你根本不敢想購屋置產）？二、你打算生兒育女嗎（或是你連結婚也不敢）？三、孩子未來的教育費用讓你憂心忡忡嗎（或是你連生孩子也不敢）？三個問題中，只要你有一個的答案是負面的，他就認為您已不算是、或不再是中產階級了，已離開富裕和安定漸遠。大前研一認為代表富裕與安定的中產階級，目前正快速消失中，其中大部分向下沈淪為中、下階級，導致各國人口的生活方式，從倒U型轉變為M型社會。也就是富裕與貧窮的兩端人口擴增，而中間的中產階級人口下陷。他認為一九八五年開始的「新經濟」浪潮，是造成M型社會的最大原因。再加上一九九〇年代，經濟的長期衰退，也就是從工業社會轉型到服務業社會的陣痛。

本文試著從家户收支調查數據與社會變遷調查統計來討論台灣貧富差距變化的情形。並順便回答台灣社會是否M型化了？

一、我國貧富差距的變化情形

貧富差距一般都從所得五分位差與吉尼係數（Gini's coefficient）來理解。臺灣的所得五分位差從一九六四年的五．三三倍，一路下滑到一九七〇年的四．五八倍，再到一九七六年的四・一八倍，之後起起伏伏，到了一九八〇年再些微下降到四・一七倍，這是歷年來臺灣所得分配最平均的一年。此後，所得分配差距逐步擴大，一九八六年升高到四・六倍，約是一九七〇年的水準，亦即，十年的努力，五年就被抵銷掉。一九九〇年破五進入五・一八倍，一九九六年再上升到五・三九倍，已回到一九六〇年代初的水準。二〇〇〇年再上升到五・五五倍，二〇〇一年破六上升到六・三九倍，二〇〇四年些微下降到六・〇三倍，二〇〇五年微升到六・〇四倍，二〇〇六又下降到六・〇一倍（見表二）。

吉尼係數從一九六四年的〇・三二一下降到一九七〇年的〇・二九四。再下降到一九七六年的〇・二八〇。一九八〇年是最低的〇・二七七。一九八六年已回升到

表一：

我國歷年來所得五分位差與吉尼係數變化表

年份	五分位差	吉尼係數
1964	5.33	0.321
1970	4.58	0.294
1976	4.18	0.280
1980	4.17	0.277
1986	4.60	0.296
1990	5.18	0.312
1996	5.38	0.317
2000	5.55	0.326
2001	6.39	0.350
2002	6.16	0.345
2003	6.07	0.343
2004	6.03	0.338
2005	6.04	0.340
2006	6.01	0.339

資料來源：

行政院主計處家庭收支調查

〇・二九六。一九九〇年又升高到〇・三一二。一九九六年已是〇・三一七。二〇〇〇年再上升到〇・三二六。二〇〇六年是〇・三三九（見表一）。

再從表二可看出，以一九八〇年為基數，我國從該年起到二〇〇六年間，所得分配情形的確有兩極化的趨勢。從各組所的增加的倍率來看，最低所得組的可支配所得增加幅度遠比高所得組幅度小，從一九八五年的一三七・九二%，增加到二〇〇六年的二九六・〇六%。但是，最高所得組則從一五二・〇一%快速增加到四二六・〇五%，這就是所得五分位差擴大的現象。但是，值得注意的是最低所得組與次低所得組的家户可支配所得從二〇〇〇年後不增反降，倍率分別從三〇六・六七%、三五二・七六%下滑到二九六・〇六%、三四八・七五%。亦即，最近這六年來，較低所得的四〇%家户的可支配所得不增反減。而其餘中、高所得的六〇%家户可支配所得是增加的。雖然，中所得組（第三組）家户可支配所得曾經在二〇〇一－二〇〇三年有些微下滑，但是此後又趕上。

這些數據呈現台灣最近六年來中下階層家户經濟困頓的原因。其可支配所得非但沒有增加，而近十年來物價指數卻上漲一〇・〇三%，使得這些中下所得家户的生活品質明顯下降。而在貧窮線調整幅度很小之下，台灣最近幾年近貧者（near poor）與新貧者（new poor）明顯增加。

但是，台灣的中產階級並沒有因此明顯消失。第三、四所得組的所得增加倍率仍然

表二：我國所得五分位差各組所得變動情形

年份	所得組別	1980	1985	1990	1995	2000	2006
平均家户可支配所得	全體平均	233,112	341,728	520,147	826,378	891,445	913,092
	最低所得組	102,772	141,750	193,685	298,443	315,172	304,274
	第二所得組	161,965	230,893	343,785	537,241	571,355	564,865
	第三所得組	206,358	297,011	455,427	723,067	778,556	795,427
	第四所得組	265,552	386,991	603914	966,103	1,043,508	1,073,507
	最高所得組	428,910	651,995	1,003,925	1,607,034	1,748,633	1,827,387
倍率（%）	全體平均	100.00	146.59	223.13	345.49	382.41	391.69
	最低所得組	100.00	137.92	188.46	290.39	306.67	296.06
	第二所得組	100.00	142.55	212.25	331.70	352.76	348.75
	第三所得組	100.00	143.92	220.69	350.39	377.28	385.45
	第四所得組	100.00	145.73	227.41	363.80	392.95	404.25
	最高所得組	100.00	152.01	234.06	246.47	407.69	426.05

資料來源：行政院主計處家庭收支調查

可觀。並非只有最高所得組的可支配所得增加。其實，台灣社會所得分配真實的情況是原來的倒U型所得分配曲線的高峰向右（高所得組）偏移，而不是中產階級消失向兩端移動的M型化。

二、人民主觀的貧富差距感受

二〇〇六年社會變遷基本調查發現臺灣人民對家庭經濟現況的評價，覺得不好不壞的最多（四一・三％），還算好的（三八・八％）居次，不太好的（一五・三％），非常不好（三・七％）與非常好（〇・八％）的都是極少數。如果這個數字可以轉換成為通俗的貧窮概念的話，大概可以說臺灣人民覺得自己目前是貧窮比率應該是三・七％，清寒的比率是一五・三％。此外，這個數據再次否定了臺灣已是M型社會的說法。認為自己經濟情況是中間還是大多數。不過，相較於幾年前，情形有些惡化，認為與以前一樣的占三八・二％，比以前差些的占二九・八％，比以前好些占一八・四％，比以前差很多的占一二・二％，比以前好很多的只占一・三％。也就是最近幾年致富的人數少（一九・七％），經濟情況下滑的比較多（四二％）這是警訊（見表三）（林萬億，二〇〇七）。

相較於一九九一年八月的社會意向調查資料顯示，認為我國貧富不均情況嚴重的比率是七一％。到了二〇〇六年社會變遷基本調查發現臺灣人民認為近幾年來貧富差距變化情形，大多數（八二・六％）認為擴大，其中認為明顯擴大的高達五二・四％（見表四）。十五年來升高了一一・六％。雖然調查期間我國的貧富差距不是最大的時候，但是，主觀的貧富差距擴大印象，通常會銘刻一段時間，除非環境真的明顯改善。

三、解釋我國貧富差距擴大的原因

臺灣的貧富差距之所以在一九八〇年以後逐漸上升，是受到後工業化的影響在先，全球化影響在後。從圖一的貧富差距縮小與擴大的V字型曲線，可以看出臺灣的貧

表三：家庭財務狀況

您覺得自己家庭目前的經濟情況怎麼樣？（％）	非常好0.8	還算好38.8	不好不壞41.3	不太好15.3	非常不好3.7
您覺得自己家庭目前的經濟情況，與前幾年相比有什麼變化？（％）	好很多1.3	好一些18.4	跟以前一樣38.2	差一些29.8	差很多12.2

表四： 2006年貧富差距的感受

	明顯擴大	有點擴大	沒有改變	有點縮小	明顯縮小	不瞭解題意	無法回答
您認爲近幾年我國貧富之間的財富差距變化如何？（％）	54.2	28.4	10.4	3.4	0.3	0.6	2.6

富差距從一九六〇年代工業化之後，逐漸縮小到工業化成熟的一九八〇年達到最小，也就是臺灣被讚譽為亞洲新興工業國家中的四隻小老虎之一的時候。此後隨者臺灣進入後工業社會（post-industrial society），貧富差距也逐漸升高。

臺灣在一九八〇年代中葉即已邁入後工業社會，從事服務業的勞動力人口已超過製造業，而進入以服務業為主的經濟型態。根據包莫法則（Baumol’s law）（Baumol,1967）服務部門生產力不及工業部門主因於服務業的勞力密集性高，以及商業部門的薪資提高，不可避免地對經濟成長與就業產生負效果。服務業的擴張，不只擴大了貧富差距，也擴大城鄉差距。都市地區因服務業的發達，如金融、保險、百貨、行銷、餐飲、旅遊、人事服務等普及，而就業機會多，薪資也較高。鄉村地區就成為後工業社會下的犧牲者，不但失業率高所得也降低。加速台灣的城鄉差距。

而且新社會風險也跟著出現，這對臺灣的社會福利的供給與需求造成一定程度的影響。所謂新社會風險是指在個人經驗社會經濟轉型的結果而導致的福利喪失（welfare losses）的情境（Esping-Andersen,1999;Esping-Andersen,Gallie;Hemerijck and Myles,2002;Bonoli,2006）。具體的經驗包括：工作與家庭間的平衡問題、單親家庭的增加、脆弱的人際關係、低或老式的技術無法因應勞動市場的需求，以及不足的社會安全網（特別是針對非典型就業、派遣勞動、部分工時勞動等）。這些現象因於去工

圖一：我國的所得五分位差與吉尼係數

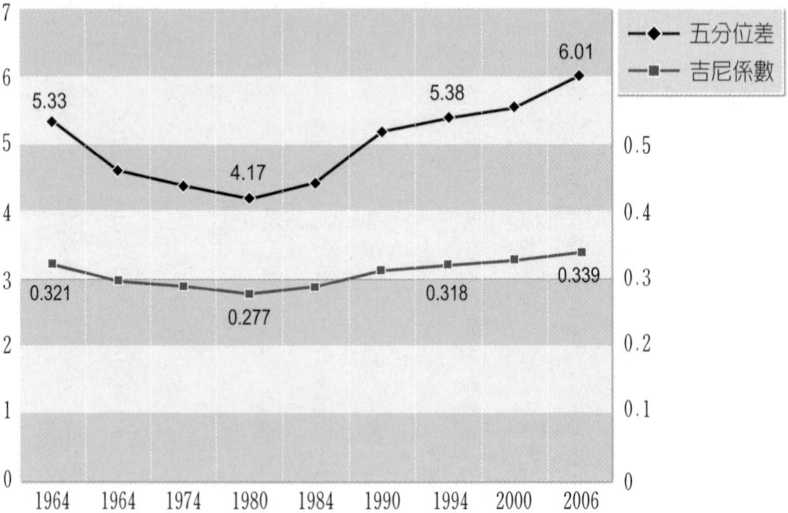

資料來源：行政院主計處家庭收支調查

業化（deindustrialization）、就業三級化（tertiarisation of employment）、女性勞動參與率提高，及就業去標準化（destandarisation of employment）等（Bonoli,2006:5-6）；或者如Pierson（2001）所說的福利國家的後工業壓力（post-industrial pressure），包括：從製造業轉向服務業的生產力下降引發的經濟成長遲緩、福利國家擴張與成熟及政府承諾的成長極限、老化的人口轉變、家庭結構的轉型。

（一）經濟成長緩

得利於上一波全球經濟分工帶來的臺灣工業化快速發展，臺灣的經濟成長率在一九七〇年代平均是一〇%左右，一九八〇年代雖然些微下降到八%左右，成長率仍然可觀。然而，也因為這一波的全球化，臺灣的經濟成長率下滑到一九九〇年代的六・七%。這是經濟成長轉型的特徵之一，過去臺灣的經濟成長大量依賴加工出口業，成長的優勢是低工資、長工時、少勞資糾紛、中高的識字率，寬鬆的環保要求、全球產業分工的有利位置，以及國家有計畫地介入（Gold,1986：Deyo,1987：Li,1988）。隨者全球生產分工的不斷洗牌，高經濟成長率，自然帶來高薪資、高生活成本、高環境保護條件、高公共服務支出，以及就業條件的選擇，臺灣不再是加工出口的天堂，過去亞洲四隻小老虎，不再虎虎生風。中國及東南亞國家的工資低、勞工多、土地成本低、環保要求低、內銷市場大、稅制優惠，以及人民抗爭少，就成為取代臺灣，及其他新興工業發展國家（NIEs）的代工角色。臺灣面臨經濟發展從製造業轉型到服務業的陣痛，經濟成長率下降、失業率升高。一九九七年亞洲金融危機之後，症狀越來越明顯，一九九八到二〇〇〇年，臺灣的經濟平均成長率下滑到五・三%，是臺灣工業化以來的最低。

二〇〇〇年臺灣政黨輪替之後，因於一九九九年九二一臺灣南投大地震的後遺症、政黨輪替的不適應，以及二〇〇一年九一一美國紐約遭到恐怖攻擊的影響，臺灣經濟成長率自工業化以來首次出現負二・一七%（詳見表五）。二〇〇二年經濟成長情況回穩，達到四・六四%的成長率，二〇〇三年又碰到SARS疫情，使得經濟成長率些微

表五：臺灣社會與經濟指標

指標＼年代	1981	1986	1991	1996	2001	2002	2003	2004	2005	2006
經濟成長率(%)	6.24	11.64	7.58	6.30	-2.17	4.64	3.50	6.15	4.07	4.68
稅/GDP(%)	17.9	15.0	17.4	15.8	12.8	11.9	11.9	12.5	13.7	13.5
服務業/總就業人口(%)	38.77	40.88	46.77	52.15	56.49	57.26	57.90	58.23	58.23	58.45
社會福利/政府總支出(%)	3.9	6.6	9.2	15.7	17.5	15.1	15.6	15.4	15.3	--
所得五分位差(倍)	4.17 (1980)	4.69 (1987)	5.24 (1992)	5.41 (1997)	6.39	6.16	6.07	6.03	6.04	6.01
失業率(%)	1.36	2.66	1.51	2.60	4.57	5.17	4.99	4.44	4.13	3.91

資料來源：行政院主計處、財政部。作者自行整理。

下滑到三．五〇％。二〇〇四年的經濟成長率再回升到六．一五％，也就是回到一九九〇年代下半的水準，二〇〇五年再下滑到四．〇七％。二〇〇六年再回升到四．六八％，二〇〇七年預測成長率四．三八％。總之，二〇〇〇年以後，臺灣已不可能再享有工業化時代的高經濟成長率。這是後工業社會的臺灣政府與人民必須接受的事實。

雖然，一個國家的經濟實力與該國的社會福利發展程度不必然成正相關，但是，早期的一些實證研究指出，高經濟成長，承擔得起高的社會安全支出；反之，經濟低度成長，自然付不起高的社會安全支出（Cutright,1965;Rimlinger,1966;Galenson,1968）。在經濟遲滯發展階段，歲入不足，預算緊縮，可供用在社會安全上的經費必然減少，因為社會安全支出在臺灣，如同在大多數資本主義國家一樣被認為是消費性多於投資性。經濟的穩定成長對社會福利支出水準的維持是有利的。反之，則不利。在社會福利預算幅度的限制下，貧富差距很難明顯縮小。

（二）稅收不足，財政赤字擴大

國家稅收減少，政府財政赤字必然升高，不利於公共服務水準的維持。一九九七年以後，臺灣的稅收（不含社會安全捐）已有下降趨勢，一九九八年是一萬三千七百二十七億元，二〇〇〇年降到一萬三千四百八十八億元，二〇〇一年在下滑到一萬二千五百七十八億元，二〇〇三年勉強維持在一萬二千五百二十八億元，二〇〇四年回到一九九〇年代末水準的一萬三千八百七十三億元，最近兩年情況稍有改善，二〇〇五年一萬五千六百七十四億元，二〇〇六年再升高到一萬六千零八億元。稅收占GDP的比率從一九九一年的一七・四%下降到一九九六年的一五・八%，到了二〇〇〇年已掉到一三・八%，二〇〇一年再下滑一個百分點成為一二・八%，二〇〇二年更下降到歷史新低的一一・九%，二〇〇四年才回升到一二・五%，二〇〇五、二〇〇六年才又慢慢回升到接近二〇〇〇年的水準的一三・七%及一三・五%。不論如何都遠比OECD國家平均的二七・五%，日本的一六・五%、韓國的一九・五%低，只略高於新加坡的一二・五%。

稅收不足自然影響政府的固定投資與公共服務。但是，有些公共支出不可能節省，例如公務員薪資，教育、社會保險支出等，因此，政府只好以舉債來度日。政府的累計未償債務餘額占GDP的比率，從一九八〇年代平均的八．八％，上升到一九九〇年代平均的一三．六％，二〇〇〇年已上升到一六．四％，二〇〇一年再攀高到二八．〇％，二〇〇三年再升高到三〇．三％，二〇〇五年再微升到三一．九％，二〇〇六年預估將高達三三．二％。各級政府債務餘額從一九八〇年代的二千三百八十一億元台幣，升高到一九九八年的二兆一千五百七十九億元，二〇〇〇年政黨輪替時政府已負債二兆四千五百零五億元，二〇〇一年上升到二兆七千六百零七億元，二〇〇三年達三兆一千二百八十九億元，二〇〇五年是三兆四千九百五十四億元，二〇〇六年預估將達三兆八千二百二十三億元。可見稅收越來越少，支出再怎麼節省，都無法彌補越陷越深的債務坑洞。政府稅收不足，社會福利支出不可能成長。從表五可見從一九九六年以後，臺灣的社會福利支出（不包括軍公教人員退休撫卹）占政府總支出的比率一直維持在一五．五％左右，變動幅度很小。

（三）失業率升高

我國失業率自一九九六年突破二％以來，一路攀升至二〇〇二年五．一七％的高峰，後逐漸回降，至二〇〇七年三月平均失業率已降為三．九四％，比大部分工業先進國家低。但是，比起二〇〇〇年以前的平均失業率約二・五%，還是偏高。且其中原住民、青年失業率仍偏高，值得社會關注。持續受到全球化的影響，臺灣的失業率不太可能會再降回到二〇〇〇年以前的水準。

青年失業率從二〇〇一年攀升到十%以上迄今，並無下滑趨勢，二〇〇七年三月是一〇・二一%，高出平均失業率甚多。青年失業的主因是中輟學生、未升學未就業等低教育、低技術青少年，不容易找到工作。此外，臺灣有高達一百六十三所大學及學院，二〇〇六年畢業學生三十二萬五千一百零六人，大學過多導致高學歷低素質、學非所用的現象普遍。一旦短時間內找不到適合的工作，青年很容易求職挫敗而成為長期失業者；又因沒有工作經驗，更不容易找到第一份工作，而陷入惡性循環，如貧窮、濫用藥物、犯罪、自殺、家庭失和、社會疏離、精神疾病、人口販運等，可見青年失業率高對社會穩定非常不利。

表六：我國主觀感受貧富差距的變遷

	政府財富重分配責任	所得差距拉大
80年社會意向	81.0%	71.0%
83年社會意向	76.3%	--
95年社會變遷	85.1%	82.6%

圖二：我國政府稅收與社會福利縮小貧富差距的效果

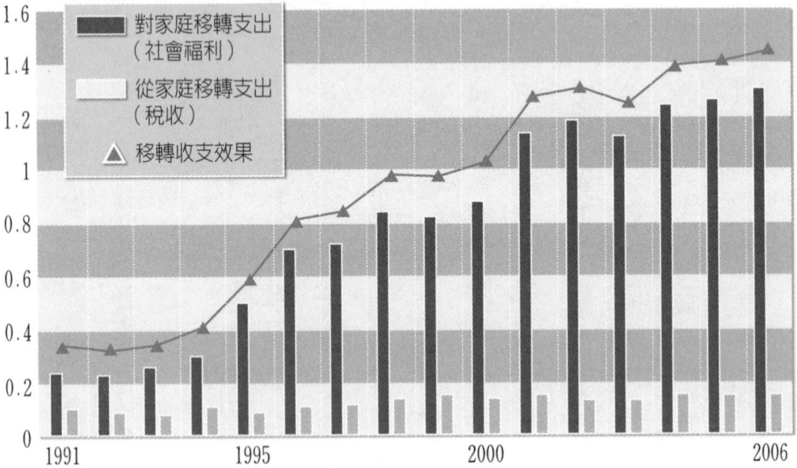

資料來源：行政院主計處家庭收支調查

四、縮小貧富差距的作法

當主觀感受與客觀數據都證實我國貧富差距在擴大中，對政府的責任期待自然升高，且強度高於人民的主觀相對被剝奪感。對於是否以財政手段來縮小貧富差距，一九九一年六月社會意向調查問到「從有錢人課稅來幫助窮人是應該的」，贊成的比率總計是七〇．一%，其中非常贊成的是二〇．一%、贊成的是五十%。二〇〇六年社會變遷調查結果認為我國稅收對那些高所得的人來說是偏低的比率也高達五七．八%（見表六）。雖然題目問法不同，但是，均可以確定採對富人課稅來達到縮小貧富差距是被大部分國人接受的。稅收不足，的確很難增加預算來縮小貧富差距。

稅收不足可能受全球化的影響，政府為了提升產業在全球經濟市場中的競爭力，採取稅制優惠、引進外勞等措施降低生產成本。但是，低稅收也是國內政治經濟的產物，我國一九九〇年代的稅收也就不是很高。從左派福利資本主義（welfare capitalism）的批判觀點來看，國家為了資本累積，利用減稅與提供好的投資環境給商人，另又為了維持民主合法性而提供更多的社會福利給勞工，必然導致國家的財政危機（O' Connor, 1973; Gough, 1979; Offe, 1984）。

從圖二可以看出我國以稅收來縮小貧富差距的效果並不顯著。以二〇〇六年為例只有〇・一五倍，且歷年來變化不大。反之，自從一九九五年以來，社會福利作為縮小貧富差距的效果越來越顯著。一九九五年的老年農民福利津貼、二〇〇〇年的特殊境遇婦女家庭扶助條例、二〇〇一年的原住民族工作權保障法、二〇〇二年的就業保險法、二〇〇三年的敬老福利生活津貼、原住民福利生活津貼，以及二〇〇一年的就業希望工程、二〇〇二年的多元就業開發方案、二〇〇三年的公共服務擴大就業方案、二〇〇六年的大溫暖社會福利套案等社會福利政策與立法，對一九九五年以降，特別是二〇〇〇年以後我國貧富差距的縮小，貢獻良多。

以二〇〇六年為例，最低所得家戶組平均來自各級政府的社會福利移轉收入達五萬七千七百五十元，遠高於最高所得家户組的二萬七千四百九十一元。所得差距因而縮小一・三倍，亦即，在沒有社會福利作為所得重分配之前，我國的所得五分位差將高達七・三一倍。若再沒有政府對家庭的移轉性支出（稅與規費、罰款等）等，則我國的所得五分位差將達七・四六倍。顯然我國以社會福利支出作為縮小貧富差距的政策效果越來越重要。只是，社會福利效果的極限受到前述的經濟成長遲緩的影響，已難再擴張太多。更何況幾個重要的社會福利政策與立法都已到位，例如國民年金法、長期照顧十年計畫，以及其他列入大溫暖社會福利套案的弱勢家庭脫困、就業與教育補助等方案。但是，如何加強基層社會福利服務的宣導、預防、通報、及時介入，及服務整合對弱勢家庭的緊急救援效果，是未來必須加強的。特別是修正社會救助法，修改只有低收入身分才能獲得社會福利助的錯誤政策，改以所得分類、需求評估，有現金給付需求者才提供低收入生活補助，無現金給付需求者，或短期補助即可者，改提供就業、就學、醫療、心理衛生、照顧等服務，避免為了擔心社會救助的預算擴大，而不願擴大低收入範圍，導致近貧户與新貧户完全被排除在社會安全網之外。

可以預見的是，我國的貧富差距短期內不可能會再惡化，除非失業率再升高。反之有可能再些微縮小，因為上述社會福利的政策與方案會在以後若干年擴大縮小貧富差距的效果。但是，幅度有限。若要更積極縮小我國的貧富差距，恐怕必須提升就業率，二〇〇六年我國男性勞動參與率只有六七・三五%，女性只有四八・六八，兩者都偏低。此外，提高稅收作為所得重分配的效果，也是未來必要的作法。雖然一再被提出，但都不見作為，令人擔憂。

■王振寰

美國洛杉磯加州大學社會學系博士。
現任國立政治大學研究發展處研發長、國家發展研究所講座教授。
曾任東海大學社會學研究所教授、台灣社會研究季刊總編輯、行政院國家科學委員會人文處社會學／傳播學組召集人。
專業領域為政治社會學、發展社會學、工業社會學、東亞研究。
著作有《誰統治台灣：轉型中的國家機器與權力結構》、《資本，勞工，與國家機器》等中、英文著作。

社會嚴重貧富差距的挑戰

「我感受到的是一股深沉的不安，」王振寰說，人們擔憂的一方面是經濟向下沉淪的現實，「另一方面，價值體系的崩潰，更讓人感到憂心。」這種無力感逐步蔓延，甚至於也讓不少知識分子灰心噤聲，「痛苦到一個程度，」王振寰說，有人就選擇「算了。」

王振寰指出，台灣的問題是還沒有準備好、甚至於是根本不敢面對「全球化」這個已經鋪天蓋地的趨勢，因為全球化有一個對台灣來說，特別困難的命題，就是中國大陸的崛起。基於兩岸關係的歷史情結，台灣有許多人既無法好好承認中國大陸已經具有世界級影響力的事實，更難以像新加坡或者韓國，一方面以參與中國大陸的發展來創造自己的機會，並且著力於自己的利基產業，以避免與中國大陸正面交鋒。

「新加坡就是以非常前瞻且勇敢的態度來面對國家發展的新挑戰，」王振寰指出，他們早早就覺察到中國大陸勢必要起來，而且會從大量釋出勞動力的產業著手，新加坡選擇知識密度更高的生技產業；他們同時體認到「人才是發展之本」，大力歡迎優質專業的移民，「特別是來自中國大陸的人才。」韓國也一樣，「中文成為顯學，這是大家都知道的。」

台灣卻不是如此。面對產業外移、尤其是西進的趨勢，政執者的策略不是提出「下一輪台灣經濟發展的願景」，讓台灣跳脫成本競爭的痛苦循環，而是不斷用包括減稅在內的優惠政策企圖留住那些早該走的產業，「這根本是經濟自殺。」

王振寰說的自殺有兩個層面的意義，第一是，企業經營自有其邏輯，「現在把他們強留下來也沒有多大的意義，要走的，終有一天還是要走，因為他們沒有競爭力。」其次，政府一再用租稅或者其他獎投措施鼓勵那些產業，不但侵蝕國家財政，也造成租稅不公平，使得「台灣貧富差距的問題愈來愈嚴重。」

王振寰說，台灣在經濟上的困境讓很多人看不到「明天在哪裡」，但是更巨大的徬徨是「連昨天也不見了。」他的觀察是，這幾年，台灣社會的集體情緒、記憶，經歷了嚴重的摧殘，很多人們長久重視、珍惜的價值觀，賴以安身立命的原則，「被政治人物搞得一塌胡塗。」王振寰特別痛心的是「很多父母都不知道該怎麼教育孩子才對了。」在只有「大破」卻沒有「大立」情況下，「台灣人陷入了無盡的茫然。」

在陽明上山，王振寰同樣看到了這樣的焦慮，但是「大家都願意來，就表示仍然有所期待，」於是，他有了一個想法，或許在三二一之後，很多事情底定了，大家可以再次一聚，「有了具體的對話對象，該怎麼做，可以更挑明地講。」

社會嚴重貧富差距的挑戰

——王振寰

一、前言

台灣社會近年來貧富差距愈來愈嚴重，這個現象的出現，是戰後以來台灣所從未見。過去台灣被譽為發展中國家的典範，是因為在高度經濟發展的過程中，能兼顧到所得的平均。然而現今這樣的所得平均情況不再，最近這些年來，台灣不只經濟榮景不再成長緩慢，而且貧富差距和城鄉不均不斷拉大，這樣的現象持續下去，實令人擔憂台灣未來是否將重蹈拉丁美洲國家的覆轍？本文的目的在討論造成這樣現象的原因，以及政府與民間可能的作法，來面對台灣社會現今最為嚴峻的挑戰。

二、嚴重的所得不均

根據行政院主計處所公布的家庭收支調查結果，台灣的家户所得與個人所得差距有逐年擴大的趨勢。前百分之二十的高所得家庭與最低所得家庭的平均年收入差距，從一九八〇年的四．二一倍，一路拉大到二〇〇一年最高的六．三九倍。而根據二〇〇六年的資料，我國戶數五等分位組之所得差距已稍降為六．〇一倍，但仍較過去一九九〇年代時嚴重。中央研究院朱敬一院士依財政部的綜合所得稅資料統計，若把全國分為二十等分，金字塔頂端五%的所得，與最底端五%的所得相比，這項差距在一九九八年為三十二倍，到了二〇〇三年增加到五十一倍，更顯示台灣貧富不均的情況日益嚴重。

比較嚴重的是，高所得者的收入仍逐年增加，但低所得者卻收入下降。以經濟衰退最嚴重的二〇〇一年為例，最後百分之二十的低所得家庭，其平均年收入比二〇〇〇年下降達一〇．七%，但是在前百分之二十的高所得家庭，其平均年收入卻比前一年還上升了二．一%。甚且從二〇〇〇年之後，最低所得群組在近七年中，有三年入不敷出，另四年雖有儲蓄，亦微乎其微，二〇〇六年每戶儲蓄僅一百八十三元，生活困境可見一斑。而最高所得組七年來每戶每年儲蓄都維持在六十萬元以上。由於高低所得組每年產生的儲蓄，差距過於懸殊，窮人更窮，富人更富，已造成未來貧富差距更為惡化的基因。

三、爲何不均的差距拉大？

造成台灣貧富差距拉大的原因，有來自有外部和內部的因素。外部因素主要來自全球化和中國崛起，台灣產業大量外移，造成失業人數激增；而內部因素則是一方面來自台灣未能善用中國崛起之趨勢，而無適當調整產業結構；另方面則來自不公平的稅制，造成富人享有大量免稅，卻由大量的薪資中產階級負擔全部的社會責任。

在外部的挑戰上，全球化的進程已經改變了世界，人力、資金和產業在全球流動，當今具有高度競爭力的國家大多能善用全球化趨勢，吸引全球人力、資金和產業；而無法善用此一趨勢的國家，就面臨困境而難與其他國家競爭。台灣在一九九〇年代之後，由於中國的崛起，大量產業外移，造成國內失業率節節升高。在面對這波的轉型，政府的長期作法，是欲圖強化知識經濟的基礎建設，以提升產業知識和技術能力，來面對新的挑戰。這樣的作法有其必要，因為只有透過科技和技術的進步，才能使得台灣與中國或是現今的東南亞國家競爭。但是從勞力密集產業結構轉型到知識密集的產業結構需要時間，短期之內，由於轉型和產業外移已經造成了大量的失業潮。雖然政府以較多的福利預算來救濟失業人潮，但這種救濟的作為仍屬救急措施，而無法解決長期失業問題。最正面的作法應該是需要積極面對中國的崛起，而善用中國甚至全球的人力和資金。

在內部的因素上，面對著全球化的挑戰，政府似乎只聽到資本的聲音，而忽視絕大部分受薪階級在生活上的苦處。在這波全球化過程中，不可避免的是，那些以人力低廉和高污染的產業，必定會因為台灣的薪資高漲和防治污染成本的增加而必須外移。然政府因為廠商的大量外移和失業人數的激增，而失去了施政焦點，一方面鼓勵台商回台投資，另方面以各種稅制優惠的方式，欲圖來留住企圖外流的資金。資本家也利用這樣的機會，要求各項優惠和免稅措施。然該走的仍是會走，失去的卻是稅制的公平和一般受薪階級在全國稅收比例的增加。

在稅制不公的議題上，國內已有很多研究指出了台灣的稅制是富人的天堂，在綜合所得稅中，勞動所得稅占七十五%，資本所得稅僅占二十五%。另外，土增稅率減徵、高科技產業員工的分紅等，都產生極大的不公平；而最近政府所謂的「一週一利多」，竟也包含調降營利事業所得稅、土增稅、遺產稅與股利所得免稅等優惠高所得者的政策等。這些利多政策實際上在為高多得者創造更多的「利多」，對於縮小貧富差距只有反效果。例如台灣前五分之一富有家庭所繳所得稅「有效稅率」只有十一%而已，遠低於OECD國家平均的二十八%。我們的政府已經成為資本的俘虜。

創造均富最好的作法，是維持高度的經濟成長和讓成果能夠共享。台灣從二〇〇〇年以來，經濟成長率平均只有三．八%，低於亞洲其他三小龍五%；而全體家庭平均每戶可支配所得平均每年成長僅〇．四%，與前七年每年成長四．八%相差極大。由於政治上的因素，台灣並沒有真正利用中國的經濟成長，來嘉惠自己經濟的實力。相對於南韓在一九九八年的金融風暴之後的開放和利用中國，在短短幾年內經濟實力已經超過台灣，而國民所得在今年將突破兩萬美元。南韓的中國熱，可見於其大企業用人，應徵者必須能使用中文，以便外派和與中國做生意；而大學內不只中文相關課程成為熱門選擇，各大學也積極招收中國學生，一方面增加財源，另方面也積極透過留學生與中國建立未來可資利用的關係。台灣有文化上的優勢，但卻要自外於這樣的世界趨勢，致使自己陷於經濟上的困境。

四、政府與民間應有新的作爲

貧富不均的拉大，有錢人更為有錢但貧者卻無立錐之地，不是一個公平和正義的社會。如何確實面對問題，找出解決方案，是當今全台灣政治與社會最重要的課題之一。從以上討論的脈絡，我認為必須正視以下幾個議題。

第一，政府應該積極面對中國的崛起，而善用中國甚至全球的人力和資金。企業有其運作邏輯，試圖用政治手段來解決經濟問題，例如試圖挽回因為成本問題而外移的企業，只有徒增困擾徒勞無功。政府應該思考的是如何運用全球（包括中國）的資金和人力，來活絡經濟。短期而言，例如開放大陸觀光，就可因為帶動經濟而解決很大部分中高年的失業人力；長期而言，利用便宜而附加價值高的中國人力，也可解決現今台灣高科技人才不足的問題。

第二，為了社會的公平正義，政府應該積極建立公平稅制。社會的長期貧富不均，將引發動蕩，因此近代多數國家已採取「累進稅制」及「社會福利」來加以改善。現今的政府由於選舉之故，亂開支票，收買特定選民，雖然有部分可以達到福利救濟的效果，但這完全不是一個理性規劃的社會福利架構。另方面，為了吸引台商回國投資，又亂開另一種有利於富人不必繳稅的支票，以致於國庫大量失血，卻又沒有達到社會公平正義的效果。現今的新自由主義意識型態倡導低稅制、低社會福利等政策，並以競爭力來鼓吹這些政策，但是北歐諸國歷年來在競爭力排名中都名列前茅的例子顯示，工資高、稅率高而福利優的社會，並不會影響該社會的競爭力，相反地，稅率高和福利優反而創造了穩定的社會環境，優化了教育品質，使得這些北歐社會在世界中仍具有高度創新能力和競爭力。因此，重要的不是稅率問題，而是如何創造一個公義而高教育素質的社會。

第三，政府倡導知識經濟有其必要，也是當今台灣必須轉型的道路。但是政府應將有限的財政資源，用來鼓勵和獎勵對台灣未來有策略性意義的產業，而對於很多已經不再具有競爭優勢的產業類型，則不應讓其再享有優厚的稅率優惠，而應讓其遵守經濟規律或外移。例如一些電子業如今已經是以成本為競爭優勢的「傳統」產業，而不再是高科技業，因此不應再享有稅率優惠；而大煉鋼廠或大石化廠之類高污染的產業，也不應列入鼓勵之產業之列。這些廠商如願意投資台灣，則應付出更多的稅，來防制和控制污染，而不應讓整個社會來吸收這些成本。

第四，政府與民間社會應重視具「社會創新」的事業。創新一向被視為是有關科技的議題，但是這個看法太狹隘。社會創新意味某些社會群體，願意突破或利用既有社會資源，將弱勢群體納入社會運作的方式，從事新生事業和創造就業。現今這樣的工作，大多由非政府組織的第三部門團體來從事，包括社區總體營造團體，以發展社區產業特色的方式，創造本地就業和發展觀光，來帶動社區發展。這類的社會創新雖不是主流，但是卻能夠局部解決社區和弱勢者的就業問題，並對於陷入經濟困境的社區提供了出路。政府應鼓勵有錢的富人捐助這些第三部門團體，帶動和培力（empower）這些弱勢者，使其自我改善自己的能力進而參與社會。

最後，我們應該共同呼籲建立一個公正和公義的社會。雖然台灣社會沒有社會契約的傳統，無法像北歐社會一樣，能夠建立一個具有共識的社會，但是任何的共識都是人為創造出來的。在中國古老的智慧中，已有「人飢己飢、人溺己溺」的傳統，儒家學說教導後人要有「民胞物與」的精神，國父孫中山倡導「大同世界」，這些不都是社會契約的典範？當今的台灣社會與政治領導人，應該要具有大格局，放棄以勝選為考量的小格局，來共同參與建構一個具有正義的社會。這個社會應該是一個全體公民參與，建立一個利益共享、風險分攤的社會。在這個社會裡，每個人活得有尊嚴，也願意協助弱勢者跨越障礙，實現公平公正的社會境界。而這樣社會契約的建立，首先需要我們的政治人物能夠放棄成見，共同參與；其次則是社會具有聲望的領袖，願意參與來建立共識。雖然這樣的想法，在當今選戰激烈之時，看起來有些不切實際，但是一個新時代的建立，需要勇氣也需要智慧，但這似乎是台灣社會現今最缺乏的成分。

五、結論

台灣貧富差距已經拉大到非常嚴重的地步，然至今政府仍無真正的對策來面對，徒使問題更加惡化。而全球化的結果，更讓政府成為資本的俘虜，有錢人不需繳稅，反將社會需要的稅收轉嫁中低所得者，這樣的社會是不公正的。以上我們對台灣貧富差距的拉大提出了分析和看法，我們期望政府能重視經濟，將經濟發展視為重要職責，並搭配適當的產業與就業政策，且減免稅不要太浮濫，使累進稅率能發揮所得重分配的效果，相信所得差距不致惡化甚至改善。但長期而言，台灣社會要建立一個公平正義的社會，是需要類似北歐般的社會契約和共識，而這需要台灣社會領導階層的智慧和道德勇氣。

■張苙雲

美國約翰霍布金斯大學社會學博士。
現任中央研究院社會學研究所研究員。
曾任中央研究院民族學研究所研究員、國立台灣大學社會學系教授合聘、中央研究院三民主義研究所研究員、新加坡大學社會學系客座講師、國立台灣大學社會學系合聘教授。
專業領域為組織與社會結構、社會網絡、醫療制度和政策、醫療社會學。
著作有《醫療與社會：醫療社會學的初探》、《組織社會學》等中、英文著作。

醫療照顧領域的公共面向

「在這次的會議中，我聽到一些人的遺憾，他們說當初的理想『所託非人』，因此對未來會有更審慎的期望，」張苙雲認為：「務實是好的，但務實不應該只表現在態度上，更應落實於『實踐』的層次。」張苙雲說，就她這次與會的感受，「似乎檢討和反省還是不夠，主要是我比較希望看見起而行的動力。」

張苙雲說，八〇年代的知識分子帶領社會風騷，在社會變化的關鍵點上扮演重要的角色，許多人對那個時代的知識分子多有嚮往，甚至會想把那樣的意興風發召喚回來，但是張苙雲認為「時代已經不同，環境也不同了。」她認為，目前所需要的，不只是論述、批判的能力，「更是行動」，知識分子到底希望建構出一個怎樣的社會，他要出的力氣不只是「描繪」，而且還要有策略性思維，也就是說，對於「怎麼去做」，他也要有想法。

張苙雲以「庖丁解牛」說明理想中的知識分子的發展過程。庖丁初解牛時，眼中所見是一整隻大牛，因此有一種「不知從何處下手」的惶然；三年後，庖丁已經十分瞭解牛的構造，解牛時順著牛的組織和架構，不會碰到牛的筋絡和骨頭；庖丁能在骨節間靈活運刀，所以不容易壞掉，用了十九年的刀子還像新的一樣。張苙雲說，知識分子懷有使命感、理想主義，這當然非常好，但是她期待是像庖丁解牛一樣，不是只看到一隻大大的牛，而是看到細節、看到精氣神，知道如何一刀一刀將牛解開，而且也懂得游刃之處何在，出刀不至於自傷。

張苙雲說，國學大師錢穆曾指出，對於一個時代，一個社會，我們要有大架構、大思考與大方向，但也不可以忽略在小地方、枝節上怎麼樣一點一點使力，張苙雲說，這個觀點對她影響很大，「所以除了理念，我總是在想，要怎麼樣去做呢？」這些年來，張苙雲所關注的事集中於教育和醫療這兩大塊領域，例如，如何合理分配醫療資源、如何幫助人民擁有更豐富有用的健康醫療資訊與知識，以及處理的能力等等，都是需要有策略、有做法才能進一步體現理念。

張苙雲說，多元社會持有各種主張和意見的人都很多，因此事情總要在一種「平衡」之中進行，包括教育、醫療體制的改變都是如此，甚至於民主操作也一樣，「不一定要選擇大破大立的方式，因為可能遇到的阻力太大，最後反而什麼也動不了」，不如一點一滴地做；張苙雲說她接受熊秉元教授說的「五%哲學」，也就是說，對一個我們覺得不對不好的狀態，我們要有耐心一步一步去改變，哪怕每次只能有五%的調整，都是好的，因為累積下來，情況就會大有不同。

醫療照顧領域的公共面向

——張苙雲

教育程度高、收入多的人，健康狀況比較好；而健康狀況好的人，教育機會以及職場發展空間，都比健康狀況差的人要來得好，當然，也因此，收入也比較多。其間，職場安全、勞動條件以及家庭背景等，是個人社經地位與健康之間關係的重要機轉。這樣的敘述，的確過於簡化了健康成因的社會經濟基礎。然而，它可以成為我以下論點的一個起點。在這篇短文中，我指出醫療照顧產業在健保實施之後，民眾使用醫療資源的經濟障礙，已大幅降低。然而，醫療照顧上的不均等，仍隱沒在醫界長年不變的文化慣習中。台灣醫療照顧產業，近年來加入了『全球化』的大趨勢，藉著國際醫療旅遊、國際臨床實驗網、跨足中國市場等等，快速地從內需為主的市場，逐漸定格於『區域性』的外向市場。這些區域性布局的走向，再一次印證了醫療照顧產業的『非』非營利性的事實。這樣的發展，讓我們回頭思考在健康不平等的意涵。

一、弱勢政府的健保制度

台灣醫療照顧體系近年來最重要的轉變就是在一九九五年開始啓動「全民健康保險」。醫療體系的財務及結構在此之後都產生了根本改變。一九九五年啓動「全民健保」之時，當時的衛生署長張博雅女士曾經以在沙堆上蓋大樓來形容當時的醫療環境。從醫療品質的良莠不齊，到台灣醫院沒有可資公開的醫療品質（如院內感染率等）、財務資訊，到沒有可靠的會計制度。以藥補醫和醫藥無法分業等長年老問題，完全看不到改善的可能性。民眾的就醫經濟障礙固然得到一定程度的緩解，但是民眾就醫時的三長兩短、不知葫蘆裡賣的是什麼藥，拿不到自己的病歷，手術和檢驗品質難以見光，急診室的地雷不少，就醫時各憑關係找床、找醫師，等等，成為去看過病的人的共同記憶。令人不解的是，政府在健保上路後，管理反而未見強化，甚至可以說政府在面對醫院診所時，越來越無法彰顯公權力，「無法可管」說詞的使用也越來越頻繁。公權力弱化這個議題，早在二〇〇〇年政黨輪替前，這個勢態就已經出現，而且延續到現在，政黨輪替並沒有帶來任何改善，反而越來越嚴重，且，無論執政黨或在野黨似乎都不甚關心。政府對醫療服務產業的管理效益為何越來越差，是大家可以思考的問題。無論如何，政府淪為健保體系的消極經營者，政府施政，只有健保議題，而沒有國民健康政策，是不爭的事實。長此以往，政策將受制於激進民意及醫療院所間的角力，每個議題都各有一套作法，醫療體系更受政治力干擾，要如何回應大社會的健康醫療不平等的問題？

二、重利的醫療體系

全民健保開辦以來，延續過去公勞保時代的支付方式，提供了許多營利誘因給原本應該是非營利事業的醫療體系，就算這不是刻意造成的結果，但還是成為健保對醫療供給面最顯著的影響。台灣醫院診所在一九八零年代初期開始的軍備競賽，財團資金的浥注、醫院擴建與新興頻乃，同時也看到個人獨資經營的小醫院逐漸退出市場，效率與績效經營當道，二十多年下來，台灣的醫療院所普遍將健保當成搖錢樹，比較像追求利潤的大企業，而非不以營利為目標的非營利組織。自健保上路以來，醫療業已經用各種方式成功地攫取了豐厚利潤，值得我們注意的是，這些利潤多數來自於一般大眾的荷包。政府公佈的醫療支出的來源結構資料顯示，政府從一九九五年開始的醫療預算遠低於同期全國的醫療費用支出的成長幅度，但由民眾端支出的健保費、部分負擔及自費的醫療費用卻在健保實施後快速增加。這個趨勢還會繼續下去嗎？我認為大概很難挽回。然而，醫療費用支出的快速成長應不會是長期的現象，而且大概不會再持續太久。由於總額預算制度的實施，健保開始控制醫療給付支出的成長；隨著對一般民眾醫療服務之利潤成長空間減少，醫療服務產業將會更積極開發有錢客户，包括國內與國外客户。簡而言之，台灣的整個醫療產業，不是過去在眾人心目中，那種單純提供醫療照顧的醫院診所而已，醫療產業已經轉型成資本市場下的企業了，而未來他們仍經以擴大市場及追求利潤為目標。

醫療產業近期由國內市場轉為放眼國際的作法，凸顯這個產業正朝利潤導向傾斜。而政府也扮演著推手的角色。憑藉財團及政府的大力支持，醫療業的國際化表現在兩個方向：一，透過在海外興建、經營醫院等直接投資，將經營範圍拓展到海外市場；二，藉觀光醫療行程引進國外病患。這些轉變的影響非常明顯：「精緻醫療」盛行及「五星級醫院」的出現，依客户財力量身訂做醫療服務。我想，類似精品百貨公司的高檔醫療服務機構，以及與連鎖折扣超市相當的普羅大眾醫療院所，將很快會同時並存於台灣。願意負擔高價格的病人，將可以享受頂級醫療服務；至於一般老百姓，則不得不成為大眾化醫療產業的客人。換言之，台灣醫療產業未來將以品質、價格與經濟能力為市場區隔。以經濟能力為標準的兩極化醫療體系很快會在台灣出現。這樣的發展，對醫療資源不公平現象有些什麼影響？從那些大力推動國際醫療旅遊國家（新加坡和泰國），他們國民的醫療照顧情況的比較，我們會注意到政府的管理能耐，會是關鍵。

三、亟待提昇健康知能的民眾

醫療服務的需求面面臨了一項人口變遷的挑戰，就是新移民的出現。台灣近代曾出現兩波移民潮：第一波在超過半世紀前，大陸各省居民隨著國民政府撤退來台；第二波雖仍在蘊釀之中，其性質已經明顯地與前一波不同。第二波移民多數是嫁給低社經地位台灣男人的外籍新娘。這群新移民的人數在過去十年中急速成長，直到近幾年成長速度才明顯減緩。外籍新娘的子女目前已佔台灣新生兒的1／8，可以預見的是，他們將佔未來人口結構的可觀比例。由於語言和文化差異，外籍新娘剛來台時通常會遇到嚴重的語言溝通障礙，而且多半在融入台灣社會前就已經生了小孩。因為育兒、新生兒以及他們的配偶多半身處社會經濟底層的事實，將使他們在醫療需求與使用上所遇到的明顯的障礙。

其實，醫療弱勢的經驗不止出現在社會底層的民眾和來自他國的新移民。醫療弱勢的震撼可能是大部份台灣民眾的共同經驗。無論教育程度有多高，收入有多豐厚，面對醫療人員，絕大多數是先矮了一大截。大塊文化郝明義先生的經驗，不是個案。除此之外，台灣民眾一般的健康知識較為薄弱，且在基本的就醫資訊，如藥品內容、檢驗結果、病歷、與手術同意書，不論在可獲性、資訊品質、可信度等方都存有極大的改進空間。報載醫師開的一天五十幾顆藥，民眾也照吃，就是個典型『醫療無知』的例子。台灣民眾服藥的量過多，影響全民之健康（如腎、抗生素抗藥性），以及造成後續不必要的醫療需求和花費，仍只是少數學者們的議題，並沒有引起大眾之關切。

「醫療弱勢族群」和民眾健康知能的嚴重不足這個問題，併隨著台灣社會劇烈的人口結構轉變，問題益形急迫，高齡化及少子化等眾所周知的現象，民眾在「健康知能」不足的情況下，醫界並沒有意願和空間，進行衛生教育，也導致民眾放棄處理自身健康與疾病的能力，形成過度依賴醫療照護服務。舉個簡單的例子：很多輕微的疾病，例如傷風感冒，如果醫師第一次看到這樣的病人，經完整仔細的評估其身體狀況之後，即可指示其將來在遇到同樣狀況發生時，只要多喝水、多休息，必要時就近至藥局自行消費買特定之成藥以緩解症狀，通常不久即可自行康復；醫師也使病人明瞭，當症狀不見消失或好轉甚或惡化時，就應立刻就醫。如此不僅可以大幅減低醫院之門診量，使得醫師能將時間與精力用於較嚴重的病人；對那些不必看醫師的病人而言，不僅免除了舟車勞頓，也節省了候診的時間與掛號費與部分負擔。

在前節討論的區隔醫療市場的走向下，個人的地位和經濟能力，固然不能買到健康保障，但，一定可以買到醫療服務。即或有健保，民眾會因著是否有經濟能力、資訊、和是否有關係，選擇去醫院或診所，接受到的醫療品質大不相同，醫療的成效不同。

四、小結

區隔性的醫療產業市場是否符合社會公義？的確是個值得大家討論。然而，與這個問題同等重要的關鍵議題是：政府決策者是否有能力促使大眾化醫療產業既維持醫療品質又提供合理價格？這真的很難說，最後恐怕還是取決於高層政治領導人的意向：要堅持民粹主義，貫徹實施兼顧品質及價格的醫療政策？還是採取以醫療服務業獲利基礎為導向、獨厚業者利益者的醫療衛生政策？就我來看，二者不盡然相衝突，相反的，如果能確保前者，台灣醫療產業在區域性醫療經濟體，更有可為的空間。因為大眾醫療產業的品質，是醫療專業照顧的底線，是醫療照顧的必要成本，是全民為健康的必需花費。捉緊了醫療照顧的基本品質，就可放手讓醫療產業各憑本事，拓展市場。反之，若採取獨厚特殊利益者的政策，大眾醫療照顧不僅面臨的是品質更形因陋就簡，而且價格也免不了飆漲的悲慘命運，因為醫療經營者不僅可以決定價格，而且可以決定品質，讓民眾沒有發言的空間。就此，我有三點建議，提出來供討論之用：

第一是政府要小而美，緊盯與人民健康相關的業務，重視醫療基本功，而對醫療環境要自由開放，政府最重要的功能為營造一個優質的專業和經營環境，做為醫療院所就醫療品質競爭，打下堅實的基礎，在這個基礎上發展國際臨床實驗、國際醫療旅遊，甚且外銷台灣健保制度和醫院經營的know-how，台灣的民眾不盡然能分享醫療努力的果實，但至少不會因此受到排擠而受害，成為知識經濟的一環，始有意義；

第二，要加速，透過各種途徑，拉高民眾的健康知能，有系統地為民眾提供「導航形式」的健康知能相關資料，如藥袋、病歷、處方箋、及手術同意書等基本診療資訊，並祛除醫療體系內障礙，讓民眾能順利取得這些資訊，讓民眾成為醫療品質的一環，有能力協助醫療偵錯，也有能力減少不必要的醫療處置；

第三，醫療相關產業政策，應附帶醫療平等的指標評估報告。

我個人認為，因著醫療照顧本質的公共性，對於醫療照顧以及提供醫療照顧的組織，它的核心價值和規範，必須有夠的空間討論、辯論，以形成共識。目前醫療照顧產業的公共討論空間，在一個封閉霸權的醫療照顧專業和資本主義掛帥的醫院診所，搭配缺乏民眾願景的執政者，雙重擠壓下，被嚴重扭曲和壓縮。全民健保的議題，不是台灣社會醫療公與義的主要議題，反而是台灣醫療基本功的長期處在破功狀態，值得我們大力關注。

■黃煌雄

台灣大學政治學研究所碩士。
台灣研究基金會創辦人。
曾任第三屆監察委員、台灣研究基金會董事長、國民大會第二屆國民大會代表。
一九七〇年代即參與黨外，並從事台灣近代史的紀錄工作。
代表著作有《兩個太陽的台灣—非武裝抗日史論》、《蔣渭水傳—台灣的孫中山》、《還財於民：國民黨黨產何去何從？》、《在哈佛的沉思：從世界看台灣》等多本著作。

台灣認同與民主鞏固

「二〇〇六年，執政者爆發一連串貪腐事件，讓我開始深思，為什麼會發生這樣的事？」黃煌雄說，他接著四處走訪民進黨基層黨工，想要知道這些長期以來就相信民進黨、可以說為民進黨賣命一生的人，怎麼看待執政後的民進黨，「我聽到的聲音是『很鬱卒』、『心很痛』，」他感慨，檯面上的人真是「愧對從黨外運動一路走來、始終相挺的這些人。」

黃煌雄說，現在的民進黨需要重新再找回「黨外精神」，否則如何再一次贏回人民的信任與支持？而所謂的黨外精神，他認為有三大核心：一，反對威權，追求民主；二，反對特權，追求公道；三，堅持本土，永續經營。他說，永續指的是基於對台灣這塊土地恆久的愛所產生的經營態度，「不是指政權。」，黃煌雄並且認為，這樣的「黨外精神」並不專屬於民進黨，「誰執政，誰就要遵守。」而這種精神「應該構成台灣精神的重要內涵。」

檢討執政之後的民進黨，他指出，拾回黨魂是一個迫切的任務。黃煌雄轉述一位基層黨工的話說：「在黨外運動時，很多人有一種『我不入地獄，誰入地獄』的慷慨、浩然之氣；現在看看一些在高層的人，心裡所想的大概是『我不進天堂，誰進天堂』。」

這種轉變讓很多支持者憂心、傷心，但黃煌雄相信二〇〇七年年底立委選舉的大挫敗，是民進黨反省的開始，而他認為，其實不只民進黨有所警惕。他說，當他看到「勝利的國民黨不敢驕傲，失敗的民進黨得到教訓」時，感受到台灣人民藉著選票展示出「自己才是國家主人的意志」，這股力量非常巨大，政黨不能不屈服，「你何時看過兩大政黨同時向人民這麼謙卑？」黃煌雄帶著十分篤定的神情說，這就是台灣民主的曙光，「台灣在民主化的過程中，或許有些讓人不滿意的地方，但總體而言，方向是往前進的。」

黃煌雄以自己的經歷說明他對歷史總會往前走的樂觀期待。一九八〇年，黃煌雄競選增額立法委員時，競選的看板寫著「國民黨往何處去」，結果看板竟被砸爛；一九八〇年代，他在英國看到一本書《帝國的結束》，心裡很受震撼，自問：「一個帝國都可以結束，又何況是一個政黨、一個人？」於是，一九八六年，黃煌雄出版了《國民黨支配時代的結束》一書，結果書被禁了，「可是，才不到十五年的時間，政黨輪替就真的發生了，」自由、民主、本土，是不可阻擋的趨勢。

但是面對著目前一些「階段性的逆流」，黃煌雄還是期許能有更多知識分子投入關心，一起努力扭轉，「戒嚴時期都有那麼多人勇敢發聲，現在還有什麼好怕的？！」

台灣認同與民主鞏固

——黃煌雄

一、十年前的預言

一九九八年二月十日，我應邀在美國新英格蘭中華民國學人留學生的「學術論壇」，以「跨進二十一世紀的台灣政治展望」為題發表演講，當時我勾畫出跨入二十一世紀台灣政治的新面貌，大概具有六項特質，其中第四項為：「以台灣人為主體的時代的來臨。未來要在台灣政壇上生存發展，主要有兩種人：一種是很自然且帶有感情的說『我是台灣人』的人；另一種是很自然且帶有感情的說『我是台灣人，也是中國人』的人。在此，『台灣人』的定義涵蓋四個族群，包括原住民、客家人、福佬人（河洛人）與新住民（外省人）。如果只肯說『我是中國人』，卻不肯說『我是台灣人』，這些人大概都漸漸會為政治情勢所淘汰。」

從一九九六年第一次總統選舉到二〇〇七年，十二年以來，就國內政治發展而論，特別是就享有公信力的像政治大學選舉研究中心、台灣地區社會變遷基本調查，以及中央研究院有關研究人員所調查公佈的資料，均顯示自認為台灣人的比例，已由一九九六年百分之二十多升至二〇〇六年百分之五十、甚至六十以上；而自認為中國人者，則由百分之三十左右下降至百分之十以下；自認為兩者都是的人，大約維持在百分之四十到五十左右，但亦有降至百分之三十五的紀錄。這些調查數字反應出，我在十年前所作的預言，似乎正全面實現中。

二、總統選制的雙重影響

一九九〇年春，民進黨成立憲政研究小組，小組成員經過深入的討論，特別是有關內閣制與總統制的深刻交鋒以後，提出民主大憲章，主張總統應由全體公民直接選舉產生，而確立總統為憲政中心的制度。這項主張引導了國是會議的決議，影響了社會共識，衝擊了國民黨，終於在一九九六年完成我國史上第一次總統直接民選。當時我們對這項憲政主張的主要考慮包括：天安門事件之後的中國因素；凝聚國民意識、強化國民向心；有利於民進黨提早競爭中央政權。就十多年來的政治發展，以及自認為台灣人比例愈來愈高，而自認為台灣人的台灣認同更高達七成、八成以上的民調來檢驗，我們當年的戰略評估可說是完全正確。

但身為憲政研究小組召集人的我，應該坦承我們當年雖傾盡全力推動總統直選，但對民選產生的總統，其職權的行使和制約卻缺乏深刻的檢討，也缺乏應有的配套準備。我們直覺認為，像我們這樣在威權統治下追求民主的伙伴，不管是誰，一旦有機會取得政權，一定會珍惜台灣人民所賜予的機會，竭盡全力，履行三代台灣人所夢寐以求的目標，造福人民，提升國力，將台灣帶向國際舞台。我們心中想到的是，一九五八年東山再起，二度拯救法國，並將法國帶向富強、繁榮與光榮的戴高樂的投影；我們缺少美國制憲祖先那種對權力戒慎恐懼的態度與探討；也正因為這樣，像美國「聯邦論」所呈現的那種唯恐去掉一個英皇、又換來另外一個皇帝的憂慮與辯論，在我們的「民主大憲章」與「台灣憲法草案」的實錄幾乎完全從缺。

由於民選總統的正當性與合法性，絕不是戒嚴時代的總統，及日治殖民時代的總督所可比擬，因此民選總統行使憲政職權，乃受到了高度的期待；何況，一九九六年李登輝是在訴諸「台灣人的悲情」下高票當選總統；二〇〇〇年陳水扁則是在國民黨分裂下，喊出「台灣人出頭天」才當上總統職位。在這種激情的背景下，他們就職時，幾乎得到善良的台灣人民，包括同行的民主伙伴完全的信任，當時幾乎沒有人擔心或懷疑民選總統會逾越職權、逾越分際、進而濫用職權、濫用特權、使自己成為政治爭議的中心與泉源。

三、民主鞏固的眞實課題

（一）台灣人VS.中國人

一九九六年的總統大選是在外部中國飛彈演習砲火下進行，內部雖有競爭，卻不激烈，也不緊張；二〇〇〇年總統大選是在國民黨分裂以及興票案陰影下進行；二〇〇四年總統大選則是在三一九槍擊案的震撼中完成，泛藍與泛綠的互信因而徹底瓦解；二〇〇八年的總統大選，由於民進黨立委與總統初選採取排藍規定，竟出現台灣人VS.中國人的新因素。

就歷史發展而論，日本有效統治殖民地下的台灣，是台灣人一詞及其概念產生的根源。起初，台灣人係相對於日本人；「二二八」事件之後，台灣人係相對於外省人；及中華人民共和國取代中華民國，在國際上代表中國以後，台灣人係相對於PRC的中國人。日本學者若林正丈把日治時代的「日本人」、「二二八」之後的「外省人」、PRC下的「中國人」，均稱為「台灣民族主義」的「他者」。

依據這種闡釋，台灣人民包括原住民、福佬人（河洛人）、客家人及新住民（外省人），如果少數政治人物有意將台灣人和中國人對立，且又將支持泛藍的人民排除在台灣人之外，則這種二分法不僅曲解台灣人的定義，窄化台灣人的包涵性，更與民調所顯示自認為台灣人達六成以上，而自認為台灣人中具有台灣認同更高達七成、八成以上的趨勢與走向大相逕庭。所以這種立論，只能說是政治操作，或是選舉語言；而台灣認同與「藍綠對立」、「統獨對立」理應脫鉤。

（二）文化認同

戒嚴體制為民主鞏固遺留兩大嚴厲課題，這兩大課題且越來越凸顯：一為文化認同、一為歷史記憶。

由於國民黨是帶著中華民國的憲政架構，以及大中國意識來到台灣進行統治，自然視台灣為復興的基地、反共的跳板、中原的邊陲、歷史的支流。台灣在長期被矮化、地方化、局部化、工具化的過程上，台灣意識被壓下來，幾乎窒息。隨著台灣民主化的推動，特別是總統直選實施以後，台灣意識一步一步上揚，民進黨中央執政以來，在資源配置及政策順序上，台灣意識後來居上，大中國意識開始感受到壓抑，在教科書的修改過程上，隨著台灣意識與大中國意識比重的調整，以及定位的爭論，更爆發出所謂「去中國化」的激烈爭論。

（三）歷史記憶

「二二八」事件是台灣近代史上最大的創傷，列為最高禁忌，民主化以後，禁忌的缺口打開了，由於不同族群對「二二八」有不同的歷史記憶，加上總統大選又是緊隨著「二二八」日期之後的三月中旬舉行，時間的接近性，使「二二八」事件自一九九六年以來，一直成為歷次總統大選引爆的焦點議題之一。

蔣氏父子在台灣將近四十年的威權統治，在不同族群之間也有不同的歷史記憶，像最近中正紀念堂拆匾所引發的對立與抗爭，都深深反應出對待歷史事物，因不同族群的不同記憶，正逐漸浮現成為台灣民主鞏固必須克服的重大課題。

四、挑戰與回應

當前民主鞏固所面臨的挑戰是真實的，也是令人不安的，回應之道要從多方面，包括制度層面、慣例層面以及精神層面。

首先，總統選舉應該改採絕對多數，第一輪如無候選人得票數超過半數，應即就第一輪前兩名進行第二輪選舉。這也是臺灣憲法草案的主張，這項絕對多數制的用意，主要在強化民選總統的代表性、強化政治與社會穩定、及防止候選人恣意操弄族群或特殊敏感議題。台灣經過三次總統大選的實際體驗，這項修改是很有針對性，也很有必要。

其次，總統任命行政院長，儘管憲法沒有明文規定，但基於憲政歷史與民主原則所蘊涵的精神，應建立憲政慣例，交由國會多數黨組閣。

英國憲法學者戴雪（Dicey），區分英憲為兩大類，其一是「憲法」（Law of the

Constitution），其二是「憲典」（Conventions of the Constitution）。「前者包括法院所承認及施行的規則，這是憲章所有法律本體；後者包含風俗、習例、格言或教義，這是憲章所有道德，而不屬於法律的領域」。在我國，總統選舉僅僅舉辦過三次，總統人選僅僅經歷過兩位，他們對總統職權行使的態度、運作的方式、以及留下的言行，都會對總統選制產生影響；坦白地說，陳水扁總統七年多來行使總統職權所留下的「陳水扁模式」，對總統選制代表一個負面的因素。因此我們希望馬英九、謝長廷兩位總統候選人能公開宣稱：他們如果當選，在行使總統職權時，將會以有利於鞏固總統選制的方式來運作。像我們這樣年輕化的民主國家，像總統這樣重要政治領袖的行誼，對民主鞏固的影響實在太大了。在一個「政治家缺位」的年代，台灣太需要政治領袖，以睿智的見解與可貴的行誼，造成風氣，蔚為共識，形成有如英國憲典那種似無形卻又有力的慣例。

黨外精神是台灣精神的重要內涵，更是支持黨外與民進黨從無到有，從小到大，並逐步取得中央政權的最主要支柱，其核心內容有三：一為反對威權、追求民主；二為反對特權、追求公義；三為台灣主體、永續經營；所以「民主、公義、本土（永續）」不僅是黨外所遺留的最寶貴精神遺產，更是民進黨創黨以來所堅持守護的核心價值。在當前的階段，「民主」的追求已告建立，而「本土」認同也蔚為共識，現階段應不斷全力以赴的，便是追求「公義」。在台灣民主運動史上，為了「追求公義」，黨外曾反對特權，反對貪腐，反對國庫通黨庫；同時由於黨外長期處在被壓迫的地位，屬於杜思妥也夫斯基所說「被侮辱與被損害」的一群，黨外一向關懷弱勢、要求保障人權，司法獨立，強調四大族群，尊重多元文化，更主張社會正義、經濟正義，「追討黨產、還財於民」。今天，民主鞏固最敏感的神經地帶，便是基於族群人口結構的不均衡，所引發的文化認同與歷史記憶的衝突，特別是在像總統大選這樣的季節，如果有人，不管是哪一個黨派，或哪些人，針對台灣民族性格心理的了解與掌握，以歷史因素所留下的基礎，有節奏、有計畫的操弄，不僅會在總統大選過程上爆發不可預料的驚心動魄的畫面，更會對總統直選制度產生深遠的負面影響，這也構成對黨外精神的根本違背。因此基於維護民主體制、總統選制，台灣急需重振黨外精神，培養互相包容與尊重多元的文化，讓任何操弄者在包容與多元的文化涵蓋下失去空間，沒有立足之地。這是台灣在民主鞏固旅程上當務之急。

台灣人基本上是憨厚、老實、善良、樸素、不硬拗、不伶牙利嘴、不粗話罵人，也不以別人的「姓」及「名字」取笑對方，更不罵及別人的祖先與逝者，這些傳統價值仍存在台灣人的內心深處。這些傳統價值如果經由媒體的報導與輿論的喚起，能夠普及擴大，成為社會的共同美德，將會匯成為無形的巨大社會約束力量，讓所有公眾人物，都不能不望而生畏，恭敬地表達尊重。

解嚴之後的媒體，現在比任何時刻更需要承擔起來第四權的角色，在民主鞏固的旅程上，媒體的倫理責任是不可或缺的。但是目前許多導致人心不安的來源，卻多來自媒體，媒體似乎給人一種感覺：「破」的力量有餘，「立」的力量不足。

司法品質與司法獨立，都會影響司法的公信力；司法公信力愈強，經由法治對民主鞏固所起的作用就愈大。解嚴之後的司法，雖然解放了對司法品質不必要的束縛，釋放了更大的司法獨立空間，但司法公信力仍然在爭議中、挫折中，進與退之間蹣跚前進。在民主鞏固的旅程上，司法顯然還沒有建立讓所有當權者與人民大眾都望之儼然的一種充滿著浩然正氣的公信力。

五、結語

放眼未來二十年，具有代表性的人物和機構，從擔任過卡特總統特別安全顧問的布里辛斯基，到擔任過美國聯準會主席的葛林斯班，到美國國家情報委員會，到歐洲與日本的政界與學界人士，幾乎不約而同地指出，未來的全球化，美國的色彩將減弱，亞洲的色彩將增加，中國的投影將更大，中國將成為美國在經濟上最主要的競爭者。這是台灣所必須面對的真實的國際環境。

在這種新的背景下，台灣更必須不分黨派，不分族群，共同努力營造成為一個「民主、公義、本土（永續）」的社會，成為一個具有生存價值與意義的地方，這是台灣的生存之道，也是台灣唯一可行的單行道。政黨輪替以來，由於理想夢碎，不少人感到失望與茫然；政治人物公共形象的急速下墜，也讓不少人愈增對政治的疏離與冷漠；而選舉季節的口水與對立、操弄與撕裂，更令人焦慮與不安；解嚴二十年之後的台灣，竟然走到這個地步，不能不讓所有民主工作者捫心自責。

不過，從宏觀的角度看，解嚴後二十年，台灣基本上已是個走向自由、民主、開放、多元、包容的社會，這是歷史主軸，也是不可逆轉的主流，在這過程上，也許會出現一些逆流，或一些選舉併發症，但整個潮流卻是浩浩蕩蕩，不可阻擋。只要台灣人民能延續台灣精神，守護台灣傳統價值，強化台灣認同，維護民主體制，展現國家主人的意志與力量，台灣在民主鞏固的旅程上，必當能夠在悲觀的質疑中，走出樂觀的未來。

特別值得慶幸的，二〇〇八年立委與總統選舉之後，四年之內，台灣不會再有中央層級的選舉，這是十多年來難得的機會，可以讓人民休養生息，也可以讓未來國家領導人有歷史機運來從事民主鞏固的堅實工程。

■陳芳明

台灣大學歷史研究所碩士。
現任國立政治大學台灣文學研究所所長。
曾任政治大學、暨南大學中文系教授、民主民主進步黨文宣部主任。
專業領域為台灣歷史、台灣文學。
代表著作有《左翼台灣：殖民地文學運動史論》、《殖民地台灣：左翼政治運動史論》等。

轉型正義與台灣歷史

「歷史記憶是文化的基礎，我們應該尊重不同族群的歷史記憶，」然而」在「轉型正義」成為社會顯學後，陳芳明感嘆：「這個社會卻有一部分人的歷史記憶被粗暴地對待，」民進黨將轉型正義操作成清算式的批判，「讓台灣陷入無止盡的對立與不安中。」

陳芳明說，政治上的動盪，「對文化形成很大的傷害。」他主持的「台灣文學研究所」願意跟「中國文學研究所」保持良好互動，「就引來一些人期期以為不可的批評，」陳芳明說，一些自認本土的人說，不可以跟中國文學走得那麼近，台灣文學要守住自己的資源；陳芳明說這種「保護」其實是一種「自我設限」，更是一種「傷害」，他感嘆：「經過五〇年在台灣的教育和在地經驗的累積，即使是唐詩宋詞，我們也有了自己的詮釋，中國文學可以是台灣文學的養分，」就像很多外省人的經驗也是台灣經驗的一部分，「為什麼我們一定要排斥、排除？」

陳芳明認為，文化應該是一種加法，廣納百川方成其大，「但是台灣卻一直在做減法，各個領域都是如此。」這裡也減，那裡也減，「結果搞得二十一世紀的前八年，台灣全然給浪費掉了，因為台灣什麼都沒有做好。」

陳芳明說，看看別的國家全都在衝刺，只有台灣因為一個沒有歷史觀、戀棧權位、缺乏同理心的政治領導者，把台灣鎖在虛妄、偏狹的本土論述裡，「寸難難行」。一路從過黨外時期走來的陳芳明看著民進黨為著「一個人」墮落至此，不只感到心痛，更滿懷憂慮：「台灣已經輸在起跑點上了，」為了這種無聊無情的?鬥內耗，「台灣付出了沈重的代價，」陳芳明問，還要這樣下去多久？

這股鬱悶和擔憂，不只陳芳明懸繫心中。他說，很多知識分子和社會運動者，一開始都是跟「黨外運動」匯流而行的，例如環保運動、農民運動、婦女運動，等等，當時大家的目標一致，就是要對付國黨這隻「大怪獸」；隨著民進黨執政，很多人「卻發現本來以為純粹是為理想打拚的人，其實骨子裡只是為某種意識型態服務，甚至抵抗不了權力的吸引，跟過去的威權有什麼不同？」可以說，民進黨雖然完成了本土執政的歷史性任務，卻也同時在這個過程中，窄化了本土，台灣的活力和創意「被偏執虛妄的本土論述給框架住，」很多知識分子和從事社會運動的人因而陷入了巨大的失落。

許多的情緒正不斷膨脹著，需要一個出口，「在這次的陽明山會議中，我看到壓抑正在釋放，」陳芳明認為，這是一件好事，「表示大家都還沒有放棄，理想還在，」他期望愈來愈多知識分子願意站出來，「一起為更開放的台灣再努力。」

轉型正義與台灣歷史

——陳芳明

轉型正義的基礎

轉型正義的口號變成一種政治風尚時，很有可能為台灣的族群文化帶來傷害，也可能對台灣的歷史發展造成扭曲。經歷過殖民體制與戒嚴體制的台灣社會，在整個二十世紀的過程中誠然遭受到高壓權力的支配。這種絕對的權力支配，稱之為帝國也好，或稱之為獨裁也好，確實對這個島上住民的心靈構築了長期的囚禁。在跨世紀的政權更迭中，台灣社會第一次見證了民主的曙光，也迎接了相當程度的精神解放。

從二〇〇〇年到二〇〇四年陳水扁總統的第一個任期，幾乎所有住民都對綠色執政投以極高的期待與信心。對照過去威權時期的領導者，陳水扁被視為一種歷史解放的象徵。只因為他是從民間崛起，而且是經過人民普選而贏得最高權力。但是，民主政府的誕生，並不必然意味民主政治的到來。陳水扁的第一個任期幾乎可說乏善可陳。到了二〇〇四年之後展開的第二個任期，陳水扁政府把整個施政方針導入前所未有的統獨對抗。為了使這種對抗策略得到合理化，陳水扁在追求本土化與主體性的口號之外，開始大量使用轉型正義的主張。

在二〇〇五年之前，從來沒有聽說過陳水扁政府有任何隻字片語提到轉型正義，在二〇〇六年爆發國務機要費案件之後，轉型正義卻突然成為綠色執政的習慣用語。究其原因，在於七一五學者提出嚴正批評，要求陳水扁必須為貪腐的事實下台。七一五學者的發言中，特別指出陳水扁為自己所做的辯護站不住腳。陳水扁說，國務機要費的制度是國民黨時代遺留下來的，為什麼國民黨時代可以做，民進黨時代就不能做？針對這種似是而非的遁詞，七一五學者強調，民進黨如果代表的是民主政府，就有義務主動改革這種違反民主倫理的制度，而不是便宜行事，這嚴重喪失了轉型正義的原則。

七一五學者以轉型正義的精神譴責陳水扁與第一家庭的貪腐，未料陳水扁順水推舟，把轉型正義的標籤做為護身符。自二〇〇六年以後，陳水扁政府開始擴大使用轉型正義一詞，集中針對「國民黨黨產」與「蔣介石是二二八事件元兇」兩大議題，聲討國民黨統治是不正義的。原來處於劣勢的陳水扁，在濫用、誤用轉型正義原則之下，一夜之間敗部復活，對國民黨歷史進行毫不懈怠的攻擊。陳水扁使用的策略，便是以主動出擊來自我防衛。這種策略證明是成功的，至少國民黨被迫必須在陳水扁所設下的兩大議題展開攻防戰。近兩年來，綠色貪腐事件已完全轉移到國民黨的歷史事件之上。事實顯示，國民黨上下幾乎耗盡全部聰明才智，為歷史上的黨產問題與蔣介石的問題揮汗辯護，反而失去了對綠色貪腐抨擊的力道。

國民黨黨產與蔣介石地位，在正常的民主社會原就屬於公開的議題。在追求公平正義的過程中，這兩大議題終究必須拿出來檢討，而不是掩蓋起來不聞不問。不過，奢談轉型正義的陳水扁政府，卻在施政錯誤連連，以及貪腐事件不斷曝光的情況下，才開始對國民黨清算舊帳，這種手段是屬於政治上的報復，與轉型正義毫不相涉。

民選的總統並不等於正義使者，即使他以選票取代既有的威權體制。轉型正義的基礎，在於具有民主理想與抱負的總統，必須優先著手於政治改革。所謂政治改革，並非是把過去的政府視為一無是處，而應該是對舊有的政治事實進行批判性的接受。凡屬於腐敗的，必須革除；凡屬於健康的，則應予以發揚延續。因此，從事政治改革並不是完全否定過去的政府，而是循序漸進以和平方式穩定轉換。尤其是以民主方式取得政權的陳水扁政府，在很大程度上是在延續國民黨未完成的改革。

台灣的歷史轉型，全然不是經過革命手段完成的。從蔣介石到蔣經國，從蔣經國到李登輝，以至從李登輝到陳水扁，每一位領導者都是在前人未完成的政治改革基礎上進行下一波的施政。沒有李登輝的改革，就沒有陳水扁的順利接班。這種歷史事實不應該輕易否定。

陳水扁所相信的轉型正義，完全蔑視台灣歷史的緩慢改革傳統。每當提到轉型正義時，陳水扁就以革命者自居，完全忘記自己是改革者的身分。全盤否定台灣歷史的演變，就沒有資格討論正義，甚至違背正義的原則。

就國務機要費事件而言，陳水扁享受了國民黨遺留下來的錯誤制度。如果沒有遭到揭發，陳水扁是不可能主動改革這個制度。在前人錯誤的基礎上繼續製造錯誤，如何還有立場奢談正義？如果以「國民黨能，民進黨為何不能」做為自我辯護，如何還有立場高舉轉型正義的旗幟？

轉型正義是爲了使族群和解

「革命者」陳水扁在賤踏正義之後，卻又以正義使者自居，更是嚴重違背正義的原則。這兩年來，陳水扁政府以本土政權的假名，對於任何一位批評者動輒冠以「統派」帽子，這種粗暴的言論不僅不符轉型正義原則，甚至違背了基本人權的精神。

提出國民黨黨產與蔣介石地位的議題，如果是為了追求轉型正義，應該是在二〇〇〇年上任之初就公開討論。歷史上遺留下來的重大問題，絕對不能夠使用粗暴、專斷、蠻橫的方式來處理。由於這些議題涉及歷史記憶與族群情感的問題，就民主原則來看，必須是透過公聽會或公開辯論，使社會每一分子慢慢取得共識，然後以和平方式予以解決。

陳水扁政府在處理歷史問題，竟是以個人意志強行主導。每次討論歷史問題時，都選擇在重大選舉之前提出。因此，以換取選票方式主張轉型正義，這種做法絕對不是正義。所謂正義，不應該存有任何功利思考，不應該暗藏政治謀略，更不應該滲透任何分化撕裂的手段。正義，是為了使錯誤得到糾正，是為了使社會得到祥和，也是為了使政治臻於穩定。但是，從這兩年來的作為來看，轉型正義提出之後，歷史錯誤沒有得到糾正，社會也未趨於祥和，政治更是陷於動盪不安。這種轉型正義，既不正義，也不道德。

歷史問題是經過長期的累積，所以處理的過程就不能不謹慎思考。台灣歷史的轉型由於太過冗長，在漫長的歷史演變中也創造了不同族群的不同記憶。這些不同的記憶構成台灣族群文化的特質。在民主時代，對於族群間記憶的差異，必須培養出一種相互尊重的氣質。任何的蔑視與貶抑，都有可能製造族群之間的緊張。每一個族群都受到歷史的侷限，因此就產生不同的記憶。以蔣介石的記憶為例，有些記憶認為他是二二八事件元兇，有些記憶則認為他是建設台灣的領導者。對於歷史上的政治人物，既不能輕率肯定，當然也不能全盤否定。例如鄧小平就是以三七分的比例，來看待毛澤東的功過。這種處理歷史的方式，是較為合乎人性的。

陳水扁政府在主張轉型正義時，個人意志往往凌駕族群記憶之上，而他的個人意志又多出於自私的動機。如果他沒有貪腐事件纏身，則轉型正義的提法絕對不可能如此躁進而焦慮。如果他八年來的政績獲得國人的首肯，則轉型正義的討論必然是和平而圓融。然而不然，陳水扁既無政績於先，又無私德於後，遂濫用轉型正義的口號，對蔣介石進行空前未有的瘋狂批鬥。他的每一個攻擊動作，都是為了轉移國人對他個人的觀感。他的每一個抨擊發言，都是為了折算選票。轉型正義的精神一旦被扭曲，台灣的族群文化就無可避免淪為陪葬的祭品。

前總統李登輝說，選錯人，我們都受到懲罰。這種令人痛徹心肺的語言，道出了國人受到懲罰的滋味。台灣歷史的轉型其實沒有完成，只不過威權的強人換來一位不尊重民主的強人。轉型正義可能還要等待一段漫長的時間，才能回歸到它原來的精神面貌。

■張茂桂

美國普渡大學社會學博士。
現任中央研究院社會學研究所研究員、台灣大學社會學研究所兼任教授、清華社會人類學研究所合聘教授。
曾任台灣社會學會候任理事長、台灣社會學編輯、中央研究院社會學研究所副所長、台灣社會學研究學刊主編。
專業領域為政治與社會、社會運動、族群關係與民族主義。
代表著作有《族群關係與國家認同》、《社會運動與政治轉化》等中、英文著作。

多元文化主義在台灣與其困境

多元文化主義在台灣與其困境

——張茂桂

前言

如果有一是非題：「我們的國家定位是「多元文化」國家嗎？」答案應該選「是」。「多元文化」不但確實寫在「中華民國憲法增修條文」的第十條、第九項與第十項之中[1]，同時，在中央政府、地方政府兩層，有相應的主管部門，如「原住民事務委員會」與「客家事務委員會」；而立法院於二〇〇五年通過「原住民族基本法」，內

1 修訂成第十條第九項與第十項，其內容為：（九）國家肯定多元文化，並積極維護發展原住民族語言及文化。（十）國家應依民族意願，保障原住民族之地位及政治參與，並對其教育文化、交通水利、衛生醫療、經濟土地及社會福利事業予以保障扶助並促其發展，其辦法另以法律定之。對於金門、馬祖地區人民亦同。

容訂有政府對於原住民族應有之多元責任義務，使之更為完備，[2]而在在文化訊息傳播上，「原住民族電視台」與「客家電視台」兩個單位正式於二〇〇七年加入「公廣集團」成為一員。

不過「多元文化」這個名詞，對現在很多人來說有不同的意涵。有些人依賴它來建構台灣主體意識，也就是台灣國的族群關係，也有依賴它來提倡鄉土文化與社區特殊文化意識，朝向「懷舊的本土化」路徑；有人則依賴它討論台灣的國際化以及全球化過程，朝向「世界村」、「國際公民」與世界其他文化連結的願景（莊勝義二〇〇一）。當然，批評的人也不少，如認為「多元文化」是欠缺「階級衝突、族群壓迫的物質基礎分析」，只創造一種膚淺的價值相對的嘉年華會，反而是一種「去政治化」的效果等等。

本文的主要目的，在檢視台灣的「多元文化」的主要問題。我將說明多元文化主義的拉雜起源，和台灣民主運動、獨立建國運動的關係，憲法依據，並審視其在今日所面臨的挑戰與問題，是無法處理真正的「文化多樣性」、「多重認同」與「跨國移動」的新局面。但在開始之前，我們需要為「多元文化」，英文多用『multiculturalism』（直譯為「多元文化主義」），提供一個實用而扼要的概念背景說明。

---

[2] 此外，行政院院會並於2007年通過新版的「原住民族自治區法」草案。

在一個比較抽象的和「多元文化主義」有關的相關的倫理學、認識論的討論，經常被提起的是屬於「社群主義」Communitarianism的觀點，例如Charles Taylor,Michael Walzer,Will Kymlica,Alasdair MacIntyre,Michael Sandel等人。一般而言，「社群主義」假定個人的存在與意義世界，有社會或者集體生活的根源，個人之所以為「人」，因為是包裹在其所熟悉的語言、文化、社會關係與傳統遺產之中，雖然個人並非沒有獨立性，但絕非如同原子般的存在，自然不能否定其所屬的社會文化關係，特別是對於「自我認同」的「真實性」（authenticity）。是以，所有有關社會平等、正義的討論，因為涉及到國家和少數民族，多數和邊緣人群（受排斥者）之間，都需要考慮到「群體」的特殊文化權，因為涉及到自我價值、尊嚴與意義，故不能劃約為經濟剝削或者單純的政治排除問題。

對於「社群主義」的批判很多，有從古典自由主義，有從傳統左派到左傾的解構主義，有從女性主義，後現代主義等等角度反對，但這不是本文目前所可處理的範圍。本文關心的是較低層次的現實的政治問題，也就是作為一種政策，多元文化主義又是何種意義？有何問題？

一、加、美、澳洲之先例

現在一般人討論「多元文化主義」做為一種國家內不同文化與人口組成的政治指導原則，且大多會提到三個主要發源的國家：加拿大、澳洲與美國。例如，加拿大至今仍以自己是世界第一個能將「多元文化主義」列入其「權利與自由憲章」（一九七一）而感覺自豪的國家。在該憲章中，加拿大明訂聯邦政府對於不同語言文化背景的文化與特殊需求，需要「公平對待」與「平等接納」。

這三個國家，有幾個共同點，（一）相對於歐洲，都是屬於「新世界」的英語國家（或除了加拿大以外），因此都有如何公平對待「原住民族」議題，以及新移民的整合（融入）的問題；（二）在中央與地方關係上，都屬於聯邦制，需要提供「地方」分權與自治可能。（三）在國際關係都自認為是「西方」，在社會階層上則以歐裔白人優勢為傳統優勢。另外很重要的一個特色，就是：有關多元文化的論述以及政策，幾乎都在一九六〇到一九八〇年間陸續固定，而一九七〇年代則是最重要的關鍵。

考慮各國國內內政的特色，則其推動的歷史很不一樣。例如，美國是透過反種族主義，反同化主義，從黑人民權運動與女權運動而擴大，及於其他有色人種與其他特殊團體（如殘障、同性戀）等的人權與權益促進。其狹義的範疇在於學校教育，比如雙語教育的推動，以及一九七二年推動的Ethnic Heritage Education Act.而廣義的多元文化政策則墊基於更早的「民權法案」（一九六四），特別是詹森總統其中有關肯認行動（Affirmative Action）的宣示，亦即如何用鼓勵以及優惠（保障）的方式，對待在歷史中受歧視，以致於無法公平競爭的少數族群、劣勢社會群體，使其在學習（包括入學）以及就業機會上獲得特殊待遇，矯正歷史不平等待遇。

而加拿大的多元文化主義，最主要問題要處理來自魁北克（法語裔）的政治分離主義，而在相關的爭辯之中，同時考慮了現代經濟的必要，也就是鼓勵新移民移住加拿大後的社會文化與整合問題，以及固有的北美原住民族的經濟與文化發展需要。

而澳洲政府的多元文化主義，主體是「新移民」，則最主要是需要面對自己在印度洋，和南亞、東南亞的人口與地緣政治經濟的密切關係，如果不從原來的「白澳、親歐政策」轉向為更開放的親亞洲政策，恐將陷入孤立，而背後的另外一個原因則是其對於亞洲新移民的勞動力與資金的迫切需求。自一九七〇年以後，工黨執政發動一連串的移民政策與教育政策的改革，而基本人權、福利權問題等的政策修訂成為主軸。當然，澳洲固有的原住民問題、歧視問題，則構成另外一個重要面向。這樣逐漸建構出一種「多元文化、平等尊重」的移民、原住民族、以及教育文化相關的配套措施。

簡單說，多元文化主義作為一種族群或者特殊群體主義，作為政策指引方針，對立面在於反種族主義歧視，反單一方向的「同化於優勢」，其積極面則在於鼓勵保障，並且整合新移入人口的文化權力與參與議題，並協助歷史中，曾長期受不平等待遇的少數群體，能有實質上的「公平競爭」機會。但在公共政策上，這種以「群體屬性」，而不是個人特質或能力，為政策考量的諸多優惠政策，或者尊重/接納大量新移民的政策，因為違背了自由主義、經濟競爭的「自然」法則，被認為導致資源無效使用，並創造出新的「反轉歧視」（reversed discrimination）現象，在各地都曾經造成重大的政治與社會衝突問題。不但在新大陸的國家，一直都出現大規模的反移民、限制移民、驅除非法移民、以及要求廢止各種少數民族優惠政策的聲浪，即使在西歐，包括荷蘭、德國、英國、法國，都因此發生過重大的族裔衝突事件，成為國際新聞的頭條，民意可說相當分歧。而這些衝突，在二〇〇一年九一一攻擊事件之後，更加深了與伊斯蘭裔的不信賴與敵對感覺，時而波及其他族裔。

二、聯合國文化多樣性共同宣言
（Universal Declaration of Cultural Diversity）

二〇〇一年十一月（約在「九一一攻擊」之後的兩個月），「聯合國經科文組織」

（UNESCO）在巴黎，幾乎無異議的通過了歷來的第四項重要的人權宣言，稱為「文化多樣性共同宣言」，在上述以「國境內少數民族、新移民」等為主體的多元文化主義的基礎之上，又再加以形成一種以「跨國」、「全球化」的價值連結。此項共同宣言和既有的「多元文化主義」主張相符，認為「文化」（群體）是人類不可分離的基本尊嚴，是人類價值、人類自由的重要基礎，保障文化差異就是保障人權，特別是針對原住民族以及少數族裔而言（第四條）。但和之前不同，是此項宣言將原來屬於國境內的問題，提升到「人類」、「全球」的生存層面，將世界「文化多樣性」比喻為地球生態圈的「生物多樣性」，並在經濟上則為全球商品化和文化的關係（涉及創新、附加價值）建立永續發展、利益得以分享的一種倫理宣示立場。

這樣一來，一套關於國家境內、以及跨國連結的多元文化倫理觀點，作為一種世界倫理觀，看來正逐漸形成。

三、台灣的「多元文化」成形簡述

台灣的「多元文化」形成，直接因素是一九九七年國民代表大會集合在陽明山修憲。當時台灣原住民運動者抓住機會，將近千人走上陽明山（中時，一九九七年六月十七日），他們在名為『六一六原住民族上草山大遊行』的示威中，提出修改憲法中有關原住民的條文，激動地提出「正名為原住民『族』」；保障民族自決權、保障土地權、參政權、發展權；廢除山地原住民與平地原住民區分等重大改革議題（林淑雅 二〇〇〇：六十三）。

此一條文對於日後原住民政策與相關立法，提供重要的憲政基礎，但坦白說，當時修憲的主要議題並不在此，而是和「廢省」（後來改為「精省」），並朝向「總統制」傾斜的爭議有關。當時的衝突點在於國民黨內的權力鬥爭，並涉及到李登輝對於民進黨（許信良等）的安撫。如果說台灣成為「多元文化」國家是在政治人物大部分都沒注意，甚至「不注意」的情形下發生，並不離譜。

但是如果把所有多元文化體制形成的原因，都歸諸於原住民抗爭的一時的「修憲成功」，我們似乎沒有看到台灣社會在過去所發生更長遠、累積的轉變。從遠一點來說，可以追到一九七〇年代初期「台灣社會力分析」、一九八〇年代台灣「多元化」論辯；往近程一點發展，可以推到「鄉土教育運動與教育改革」，但這些都不如一九八〇年代晚期的政治族群化過程與政治衝突。後者不但包含在八〇年代的台灣民族論、包含在許世楷、史明（一九九〇）、外獨會（一九九二）、修憲運動（一九九三－九五）以及民進黨族群政策白皮書（一九九三）之內，同時，也被國民黨的本土化（生命共同體、社區總體營造與「新台灣人主義」論述）（一九九四－一九九七），甚至被新黨的族群文化白皮書（一九九五）所同意。[3]

但是正因為促成「多元文化」論述等相關話語形成的政治環境複雜性，以及使用者的「政治目的」衝突對立，「多元文化」時代的來臨，並不代表過去爭議不休的問題的中止，下面我們將進入本文另外一個主題，就是關於當前「多元文化」的困境與挑戰問題。

四、難題與挑戰

難題一：無法解決「國家定位」的強衝突問題

「多元文化」要求「尊重與承認異文化、包容與開闊的心胸」，但這如何可能用到國內國家定位的對立情緒問題，或者兩岸關係？特別是晚近大陸移住台灣的人口呢？台灣的情形乍看之下和加拿大很相似，有國境內的獨立運動／分離主義，可透過「多元文化」政策來進行整合；但事實上並非如此。加拿大是幅員遼闊的聯邦國家，「即使」法語區

---

[3] 新黨的族群政策白皮書主要要處理福佬、客家與原住民的「地方」文化保存問題，並不處理中國人／外省人的政治議題。

的魁北克可以藉由多元文化主義擴大自治成為政治獨立體，「加拿大聯邦」仍然可以「減去魁北克」的方式繼續存在。但在台灣，台灣獨立的四個重要環節，「制憲、公投、改國號、宣佈獨立」缺一不可的情形下，等於要先否定已經存在的一個國家，替之以另外一個獨立的國家，在這個問題上國家定位是「零和」關係，如放在加拿大的脈絡，可類比為如同「魁北克要改變加拿大的基本國體，且成為目前加拿大聯邦的統治集團」；是以，兩者間並無法類比，且爭議的激烈程度必定更大。只要是任何一方的「促統或反獨」或「反統或促獨」論述，雖然都是一種人民自決的「選擇」，但幾乎必然帶來另外一方的「受害」、「恐懼」、「嫌惡」、「被羞辱」等不一的負面感受，可能是「難以共量」。

過去的「多元文化」絕大多數是在假定所有的族群或文化歧異，原來均處於同一個既存國家的屋頂（制度）下才開始進行討論的，包括歐美的新移民整合問題，包括許世楷、黃昭堂各自的「台灣共和國憲法草案」在內——都是根據「願意在一起形成一個國家」的出發點而撰擬。但是現在大家對既有的「屋頂」價值評價如此大，略一磨擦雙方的強烈的認同價值就可能被召喚出來，[4]這個時候，如果中國大陸不時又施展「文攻武

---

[4] 強評價（strong evaluation）是Charles Taylor對於不能化約為功利主義、真實的、朝向「善」的自我的看法，參考蕭高彥的著作。

嚇」的威脅，或者用「經濟包圍政治」的策略，具有不同的強烈意見的台灣各「族群」背景人士，又要如何才能進行有意義、「合理性」、不被扭曲的「溝通」呢？是以眼前對於台灣多元文化的最大挑戰，是在國家定位有重大歧見的情形下，又不能免於強鄰與國際地緣政治的衝突情形下，島內不同國家定位政治主張的人群間，如何可能達到相互包容、信賴、尊重差異的問題？

而在此國家定位衝突下一層級涉及的移民問題，則是如何在既有統治統轄範圍之內，處理大陸新移民的問題？這又涉及諸多層面：（一）完整公民權的（以代表國家主權所授與的「身分證」為代表，現在需要八年）取得與限制；（二）平等工作權與社會福利權的取得與限制（以工作許可與健保、勞保為代表）；（三）生存的基本人權尊嚴（不受言語歧視、偏見污名對待、並不被大眾文化與社會所孤立）。這三者間因為環環相扣，彼此相連。以台灣的多元文化主義、價值與主張來說，目前對於此一問題，基本上是「排斥」思考的，也就是不將大陸新移民納入「可包容、尊重的本土文化構成人口之一」來思考。

難題二：既有的「多元文化論」，有足夠的「社會平等正義」的主張意涵嗎？

台灣左派、反國族主義論述，對於「多元文化」一直抱持疑慮與批判。除了它在起源上和台獨論述有較高的親近性，以及很容易轉化為針對「外省人」背景而發之外（見下節），同時也批判其因為「文化相對性」與「尊重差異」政治主張，並無法揭露社會階級、性別、種族等各種形式的「真實」壓迫，其政策反而容易淪為一種「去政治化」的文化表演問題。過去相關的批判論述，經常以台灣原住民族的受殖民與外來統治者的壓迫的歷史「真實」為之，批判目前以「多元文化」為主體的族群論述「假象」，認為多元文化論述並無法推翻台灣漢民族的種族主義與殖民。

「推翻」當然不是主張多元文化的可能性。但事實上，台灣的原住民運動是台灣「多元文化」的一隻推手（如本文前段），且原住民族的政治權利的擴張，自治範圍的擴張，社會福利、參與經濟活動的機會擴張，「間接」受惠於建構台灣獨立國所需要的「民族/種族真實性」、「台灣民族」非為「中華民族」的「真實性」。目前「原住民族基本法」建制完成，和建立「原住民族自治」有關的重建「傳統領域」工程，在一些地方算是確定完成，而原住民族正名、民族教育、經濟事業投資一直有所推進（行政院原住民事務委員會一年的預算達到六十億新台幣），雖然不能說這樣就足以「翻轉台灣原住民受壓迫的歷史處境」，但如果說「既有的多元文化政策因為協助維持了舊體制，進而限制了原住民追求獨立自主的可能」，則可能也不完全符合現實情形。

目前台灣多元文化的「正義不足」問題，除原住民議題外，更重要的恐怕是外籍配偶與大陸籍配偶問題（後者在前段已經有陳述）。例如，根據主計處的統計，目前台灣約有四十萬名的外籍與大陸配偶，「其中十萬名已領有台灣身分證，加上三十萬待辦理歸化的姊妹」。最近「國籍法施行細則」第七條的修訂，對於申請歸化者要求財力限制，必須能提出約達新台幣四十多萬元的財力證明，不然就要出示每個月雙倍基本工資的扣繳憑單，或者五百萬元以上的不動產證明，增設歸化者的門檻限制，其所流露的階級歧視問題，以及可能增加貧窮者的負擔與就業風險，是對台灣的多元文化理想宣示以及人權立國的宣示，直接的否定。

涉及社會正義、經濟剝削，或者政治差別待遇，並不是單純的族群語言與文化的隔閡衝突。在這個多元論和社會正義的關連性上，女性主義者Iris Marion Young的Justice and the Politics of Difference曾提出「壓迫的五個面向」作為違反正義的社會事實：（一）經濟成果被剝削（如勞工）；（二）社會生活被邊緣化（如貧窮與少數）；（三）個人應享有的權威、地位、尊嚴的被剝奪（威權壓迫與歧視）；（四）被主流「刻板印象化」（如婦女、外籍人士）；（五）受到暴力侵犯威脅等（如侵略與仇恨犯罪）（Young 1990:311-312）。當然這只是一些供參考的面向，它們之間並不排斥，也沒有輕重。反而最常見的壓迫，是好幾個面向與社會關係的重疊。

難題三：如何面對「轉型正義」中，有關「外省人」問題？（外省族群污名與醜化的問題）

在台灣所謂「轉型正義」的問題，主要是指二〇〇〇年政權轉移之後，如何處理面對「前朝」加害者，不論是個人或者團體，追究真相與追究相關的政治責任與加害責任，這本是重大的社會倫理價值重建工程。從二二八事件到白色恐怖，到文化與校園控制，到被認為「偏袒外省人」的特殊的軍公教福利與退輔制度，加害台灣人、威權受惠者，都被當成是有特殊疑問的「統治幫凶」或者在台獨建國途中，成為最大阻礙，可能「賣台」的「外省人」。是以，在有關「轉型正義」的討論與討伐聲中，「外省族群」成為一個被污名化的優勢、特權集團，而對於整體類別，進醜化，追究，藉以「轉型正義」之名號。

這造成一個特殊的現象，由於大部分外省人菁英都拒絕成為台灣民族組成的一類屬，拒絕變成構成台灣的「少數民族」，是以，除了抗拒「多元文化」在己身的可能使用，並嘲諷多元文化。

台獨論述主導的台灣的轉型正義，常用選擇性的方式進行，將「外省人類屬」當成一種需要被改造或進行政治鬥爭的目標，當作轉型正義的手段，其實是走向一種鼓動「排外（省人）」的路上，也更激化「外省人」的不安全與敵意。

五、結語

多元文化主義不只是一種有「社群主義」的哲學，它也是一種公共政策，涉及到社會要如何整合，和正義、平等、尊嚴有關的選擇。它不只是國境內的問題，也涉及到跨國境的問題。但其弔詭處在，所有的政策的正當性都有受惠對象，受保護對象的身分界定問題。是以，不論在政策的形成與維護的過程中，我們都必須強調經驗的特殊性、真實性。是以，有關多元文化的公共政策，常面臨得依賴先確定「特殊國民身分」為前提，採行特殊的「肯認行動」，與制訂特殊的語言（教育）政策。以台灣原住民政策為例，包含眾多已經通過，或正制訂中的法律與行政規定。這些福利制度與特殊身份規定，固然將保障族群文化與各種特殊性，賦予他們在大社會中較平等與有競爭力的位置，但雖然是為了策略性的目的，但因為和福利相互包裹，將導致這些制度不斷強調「特殊身分性」問題，使得社會關係僵固與持續的特殊化，或者將促成社會類別「標籤化」、「本質化」、「對象化」、「自然化」的問題，在社會交往關係上，構成「軟性隔離」，反而更加限制了人們建立有機的社會關係的空間，也不能「發明」新的「交互性」（reciprocity），甚至，如同在北美以及紐澳，因為單純考慮大結構的社會不平等，而沒考慮不平等的情境性與小環境特殊性，都招致reversed discrimination的指控，引發新的社會衝突。

制度化的類型，建立特殊國民的待遇如社會福利保障，固有其必要，但是其施行必須考慮這些制度，將如何改變下一階段的社會群體之間的互動，是朝向更加冷漠隔離，還是建立「相互性」的認識與連帶關係。

在外省人議題上，多元文化恐怕必須回到文化綜合主義（cultural syncretism），而不是文化本質主義（essentialism）的立場。文化不論多麼特殊，幾乎必定是綜合的、相互涵化的。我們需要把焦點放在所有不同文化「承載者」的「多元」面貌，強調文化的多重來源，文化的柔軟性、多情境與綜合性，以及真正的多元發展上。既有的「多元文化」論不幸地指引人朝向「特殊性」的僵固類別性思考，不論是族群、性別還是宗教，但是「文化綜合主義」，指引我們朝向關係與情境性的思考，避免疆界化的問題。

我們不需否定各族群或社會類屬確實可能有他們特殊的社會形成歷史，但是我們不要將這樣的歷史發展「僵固成為單一不變的特質」，而要把重點放在他們的多重歷史建構進程，呈現其多樣形態，不但包括多樣的來源、過往的社會「涵容」與「綜合」關係，也包括與之對應的社會條件或情境，由此來思考如何處理「正義」的問題。

■ 錢永祥

台灣大學哲學系。
現任中央研究院人文社會科學研究中心副研究員。
專業領域為黑格爾哲學、政治哲學、西方政治思想史。
代表著作有《縱欲與虛無之上：現代情境裏的政治倫理》等。

理想主義與包容性的價值
錢 副研究員 永祥

「我帶著三個好奇來參加這次的『陽明山閉門會議』」，錢永祥說，開會前他就想，曾經活躍、但卻有好長一段時間，大家都「退回自己的書房」的知識分子，最近到底在想什麼；其次，對當前的台灣情勢有沒有什麼看法；以及第三，對這個社會的關心，到底應該用什麼樣的方式表達出來？

錢永祥認為，像這樣的一個會議，是一個很好的機會，讓大家在互動中把經驗再做整理；兩天一夜的會議，他看見老朋友，也分享了很多想法與憂心，錢永祥的結論是，知識分子有責任，為我們的社會描繪或者經營出一個「社會理想」出來，「而我們的眼睛必須看得遠一點、深一點，」錢永祥說：「看得遠，台灣要走出去，第一步要做的是看看如何連結華人，創造更多力量；看得深，要關注一些已經實際在台灣出現的社會現象。」

錢永祥感慨，一九八〇、九〇年代，知識分子熱情積極地參與、改造社會，但是「當時大家都把問題想得太簡單了，以為推翻一個『威權政府』，就可以解決一切問題」，但事實上，台灣的問題有很多層面和細節，並不是政治上的「對決」可解決的；當年懷抱著一股熱情的知識分子，很多人後來選擇沉默，因為發現原來民主政治的背後還有那麼多複雜的條件與社會動力，並不是換人、換黨可以解決的。

錢永祥認為，台灣的知識分子、特別是所謂的「公共知識分子」，對自己的身分認同還不夠，不知道自己具有一種獨特的「公共性價值」，因此有的是很容易一下子就鑽回自己的「專業」裡頭，不問世事；另一是太靠近政治陣營，然後，不管說什麼，都將失去一種大方向上的影響力；他說，如果有更多知識分子對自己的身分有信心，對提振時代精神有一定的自我期許，台灣會有所不同的。

錢永祥指出，這些年台灣政治對決的氣氛和實務操作，已經超越了正常「政黨政治」的規模，根本是一種「內戰政治」，因為不同陣營的人幾乎是志在「消滅對方」，這使得台灣的民主發展充滿困難；知識分子應該首先跳脫出這樣的氣氛，一方面努力在一個更大的架構裡找到台灣的價值，他認為「連結東亞華人」就是一件很值得做的事，特別是在中國大陸這一塊，「其實中國大陸民間的知識分子對台灣是很有善意的，很可惜，」錢永祥觀察到，台灣對中國大陸的觀感，好像永遠只能透過經濟上的台商和政治上的政治人物表現出來，其實「文化上，我們有更多交流和互相認識的可能。」主辦廣對華人知識界開放投稿的《思想》雜誌，錢永祥說他就是想做這樣的努力。

此外，島內很多問題，如貧窮、環保、教育、人力資源，等等，也需要付出很多關懷和專業心力，「從這次立委選舉的結果來看，很多問題都還沒有形成足夠的共識，當然很難化為政黨的力量，因此還要更多人更深的耕耘、著力。」

理想主義與包容性的價值

——錢永祥

前言

幾十年來，台灣的發展有起有落，不過總體呈現一種向上的勢頭，亦即相信情況會更好，相信一個優於現狀的未來值得追求。在經濟領域，這種整體的心態可能最明顯。如果這種心態中還有著較為明確的價值意識，則可以浮泛地稱為「理想主義」。在這個意義上，台灣接續幾個十年，都可以用某一種理想主義來標示。七〇年代延續六〇年代，似乎文化上的理想主義比較突出，各類年輕人相信，文化方面台灣正處於一個待變將變的時代，值得探索與努力。八〇年代，似乎政治與社會的理想主義比較突出，許多人相信，不僅政治上對於民主、自由的嚮往值得追求，並且可以藉著廣泛的社會運動，循著正義公平原則更新整個社會。九〇年代，統獨之爭雖然已經激烈，不過多數人還是相信，藉著關於台灣主體性的共識逐漸浮現，一個新的、比較好的台灣是有可能的。

二〇〇〇年至今的七年呢？各方的評價會很不一樣，不過如果說，台灣的「向上」的勢頭停頓了；對於未來的期待與追求模糊了；理想主義的情緒冷淡了，可能大家不會很不同意。進一步，如果把理想主義的意義稍微緊縮一下，強調在前面幾個理想主義的年代，其「理想」繫於一些價值，其信仰在當時確實比較鮮明，那麼對比之下，最近這七年台灣社會中能取得跨社會肯定的價值又是甚麼呢？我的判斷是缺如。

有人會說，這種情況，基本上祇是社會趨於成熟的表現。愈成熟的社會，愈傾向於常規化、行政化、也就愈形平凡，理想主義的成分自然降低。也有人會說，在一個愈形多元的社會裡，本來即不應該妄求某種「跨越性」的價值。

這兩種說法都有道理。不過，從較為現實的角度來看，今天台灣社會的特色並不是平凡化，因為強大的、有高度動員能力的意識型態的衝突，在台灣仍然處在臨爆點；台灣社會也不是以多元取勝，因為一套意識型態的切割線，其實壓倒了其他的多元分野。

今天大家都窺出了一個端倪：藍綠兩陣營的衝突，已經不是常態的政黨競爭，而是正在「切割」台灣社會。這種切割的政治意義要如何瞭解？這種切割跟理想主義的消逝（以及可能的「復甦」）有甚麼樣的關係？本文將試著提一點看法。

政權政治

所謂政黨切割台灣社會，意思當然不祇是兩大政黨的支持者各擁其主、各有南轅北轍的政綱政見。那種競爭——無論多麼激烈——並不應該稱為割裂。所謂割裂，意思是兩大政黨在從事的鬥爭，並不是誰組成政府、執掌治權，或者應該採取甚麼公共政策，而是將對手視為敵人，認為對方的陣營與自己不再構成同一個政治共同體，而是「內戰」式的鬥爭。這種鬥爭所涉及的問題是甚麼？是政權的性質。

政權的性質牽涉甚麼？它牽涉到了整個政治共同體（其組織核心當然就是政權）的基本性格，尤其涉及其中政治主體是如何界定和構成、權力的來源與歸屬、以及權力如何正當化。在今天，我們容易遺忘這個問題的存在。可是歷史上，在現代國家的出現與演化過程中，這個問題一直是政治鬥爭的核心。舉一些大家熟悉的例子，最足以彰顯這個問題的面貌與真實：例如國家的宗教構成（西法利亞條約之前與之後的歐洲、政教合一或者政教分離）、國家的社會構成（等級國家、絕對王權、由國王貴族與平民組成的混合政體、國民主權）、國家的階級構成（以某一種財產資格界定國民資格、或者無產階級專政）、甚至於國家的種族構成（各類種族歧視與種族隔離體制），每一個例子均是一種企圖界定政權之構成、界定政治共同體界線、界定政治主體的企圖。從這些例子的歷史真實來看，政權問題乃是很真實的鬥爭。

值得注意的是，政權問題乃是超乎憲政體制、超乎治權輪替、更超乎政策爭議的一種「後設」層面上的衝突。這個特性，注定了政權問題通常要以革命或者內戰的方式來產生結論；由於政權爭執牽涉到誰有發言權、發言時的規則與正當性標準等等，一般的民主制度、或者一般的政治過程，根本無足以處理政權爭執。試問：黑人是不是公民，豈能根據甚麼民主程序來決定？政權問題的這個特色，我們一定要正視。

霸權：台灣的政權鬥爭

在台灣，很少有人幻想革命，也不會有人期待內戰。但這不是說台灣沒有政權的鬥爭。相反，在民進黨來看，台灣整個體制的「本土化」，處裡的正是上述的「政權」問題，涉及了整個體制的身份是「台灣」（有或者沒有「中華民國」作為裝飾）、權力來自「本土力量」、歸於「兩千三百萬人」、以及以「本土論述」作為新國家正當性的基礎。民進黨無意以革命的方式處理主權問題。但是它相信，從黨外時期開始的民主運動和接棒上來的本土運動，已經針對政權問題建立了整套本土答案的正當性。如此，自信業已在「全國—全民」（national-popular）意義上取得社會「同意」的民進黨，一旦在選舉中取得了國家機器，便同時擁有了「強制」與「同意」兩方面的資源，本土論述即是台灣新秩序的「霸權」所在。用「霸權」取代革命與內戰，作為建立新政權的途徑，乃是當前政治局面的特色所在。

在這裡突然引進葛藍西的概念，用霸權概念討論政權問題，有甚麼特別的意義？我的考慮在於，霸權概念提供了重新理解理想主義、重新建立價值共識的機會，同時也凸顯了這種價值本身需要甚麼樣的倫理特質。

葛藍西所謂的霸權，係針對階級政治／階級分析常陷入的階級本位（他稱之為經濟—組合）立場而發，故特別強調，霸權在性質上乃是「全國—全民」的「思想與道德領導」。為了實現這種全國—全民的性質，霸權的鬥爭、以及它所實現的領導，需要盡量統合「全（人）民—民主」（popular-democratic）多陣線的力量與鬥爭。確實，要在國家機器之外主動地掌握同意，當然會涉及廣泛的「全國—全民」意志之打造與成形。霸權的民主性格、乃至於是不是有可能以非革命、非內戰的方式處理政權問題，有賴於這個全國—全民意志成形過程要如何想像。在葛藍西的理論裡，這個過程主要是指參與的廣泛、議題的多樣與滲透、以及參與者在鬥爭過程中所達到的學習與意識提升效果。到最後，「全國—全民」的霸權將是一種新文明的引路者、實踐者。

但是細究葛藍西賦予霸權的任務，可以見到，除了形成政治結盟、促成廣泛的共識之成形、廣泛的社會動員之外，霸權的文化、倫理、認知功能還包括了將社會的多元勢力整合為一元的整體，賦予這個一元的整體新的身份，經營和傳布新的價值、世界觀、以及意義，以資整體之內的成員形成新的認知與詮釋視野。總而言之，霸權旨在塑造新的政治主體，方克進一步實現新的社會。葛藍西的這個透見，掌握到了現代社會裡支配的本質。國家祇是支配的因子之一；更重要的還包括了民間社會裡的文化與意識型態新主體。而無產階級革命，必須從泛及整個文化與意識領域的霸權爭奪開始，其爭奪的標的，也就是新的政治主體。

但是，這個政治主體會如何面對其他未能納入這套新道德／政治秩序的人？不要忘記，誰有資格納入政治秩序，本是政權問題的根本關懷之一。

本土：敵我之分及其危險

這個問題，在政權以及公共政策的層次，根本不會發生。套用大家熟悉的自由主義說法，這裡的差異乃是執政者與在野者，或者不同利益、不同身份、不同信念之間的矛盾，乃是多元社會的常態，循多數決或者其他決策程序即可以解決。從另一端，套用毛澤東的字眼（當然不是毛澤東的觀點），在這兩個層次，問題都祇是人民內部的矛盾，用「團結──批評──團結」的程序也可以解決。可是到了政權層次，不會這麼輕鬆。歷史上，涉及政治體制基本性格的歧見，通常會循暴力的方式處理。在政教衝突的時代如此，在王權與國會權、民權衝突的時代如此，在爭取婦女參政、黑人參政的衝突裡是如此，在階級鬥爭專政的過程裡又何嘗不是如此？一直到了自由主義立憲民主逐漸成為共識，以及它本身的理念隨著歷史教訓而開拓，暴力的必然性才逐漸減少。

自由主義民主制如何有助於減少政權層次的暴力，在此不贅。政權問題為甚麼易於傾向暴力，則不難理解：政權議題的爭執直接涉及的是一個政治共同體的主體、也就是權力的主人如何構成、整套支配態勢如何界定，尤其涉及了政治體內與外的界線，也就是涉及了敵與我的界定，不僅構成了直接的衝突與鬥爭局面，並且敵我也瀕臨著戰爭的可能。這種態勢，根本上是一種潛在的暴力狀態。

二十年來支配台灣政治日程表的本土計畫，正逐漸取得這種敵我對峙的性格。之所以如此，除了「霸權」這件事本身在領導與支配之間的曖昧之外，還應該歸咎於民進黨的政權思維，並不是近代的自由主義/個人主義式的人民主權理論，而是以「國」界定「民」（常常還淪為以族群省籍界定「民」）的國家主義式國民主權理論。我要強調，這套政權觀念，注定難以發展出字面意義上的「全國—全民」的共識，因為它的「本土」意識，基本是參照一套在共同體內部區分敵我的對比、對立而建立的。它未能如葛蘭西所要求的，呈現超越了特定族群、特定「我們—他們」之分的包容與普遍性。這種內在侷限的成因，有涉及國際以及兩岸因素者，也有涉及民進黨的族群—省籍情節者，當然還有涉及民進黨本身的政治考量者。

台灣本土論述這種內在的對立結構，大家並不陌生。台灣的「本土」理想，不同於七〇年代、八〇年代的情況，愈來愈不耐用正面價值來陳述，而必須訴諸一系列我們—他們的排外對比。論者會說，「我們—他們」之分，乃是政治論述的本質性並且常見的文體，無需意外。但是到了政權層次，如以上所言，這種分際乃是敵我性質的矛盾所在，其嚴重的破壞力量，對於以「建立共同體」為念的人來說，無論如何都是棘手而急若燃眉的議題。而到了價值層次，這種分裂會將一切理想主義都趕進特定的圈子裡去，不復容許一種跨越全社會的、具有「全國全民」意義的進步思考。

關鍵在於，要處理社會的裂壑，是有政治與倫理的抉擇可言的。你可以強調敵我的鬥爭需要，追求霸權的貫徹，徹底擊潰敵人（即使在現實中這是跡近不可能的）。你也可以追求某種更高的價值，藉著一種更為涵攝而普遍的全民理想——也就是一種跨越性的界定新政治主體的方式——喚起人們克服對立界線，建立共存之道。這種途徑是不是可能，並沒有現成的答案。不過顯然，此一途徑不太可能是以對立的選舉為奪取政權捷徑者的首要選項。於是，從上個世紀八〇年代民主運動轉為建國運動、本土運動以來，在台灣的本土論述中，敵我鬥爭的成分愈益強化，價值的對比與超越的可能愈形隱晦，多出來的則是一分內部的挑釁與緊張。

容我再說一次，能不能以較普遍的價值處理主權以及霸權問題，是一個關鍵的倫理與政治抉擇。任何霸權（包括自由主義的、社會主義的），與它在馬克思主義中的理論前身「意識型態」一樣，一定是一種挑釁性、衝突性的概念。但是另一方面，正如所有馬克思主義式的挑戰都設定的，霸權的經營要有「意義」，不淪為純粹的權力爭鬥，則又必須要代表某個在某種意義上「更高」、「更進步」的「上升中的」立場或者力量。換言之，霸權概念的普遍性，雖然不必涵蓋整個社會、整個對立面，但是一定要代表一個在評價意義上有理由聲稱更高、更好的立場，建立在某種進步或者超越性上。你可以不走這一條路；但是你也就難以賦予自己的立場任何「進步」的主張。霸權的這種性格，難免不賦予它一種道德意識與道德優勢，葛蘭西所謂「思想與精神的領導」，意義實在此。

在若干階段，本土論述的確呈現了類似的道德意識。二〇〇〇年大選的時候，李遠哲所提出的「向上提升、向下沈淪」的疾厲抉擇，充分表現了本土政權的這種道德自覺與道德優越感。這種情況之下，本土意識型態對內的挑釁、排他性格，以及對中國大陸的藉鬥爭肯定自我的自我界定方式，雖然令一些人不快和不安，卻少有人敢攖其鋒。

不過，李遠哲的訴求乃是一種空洞的善意，根本缺乏論述「上」、「下」之分的價值意識。同樣的，本土論述本身的資源畢竟貧乏，始終無法發展出較具普遍涵蘊的內容。這是一個殘酷的事實：在台灣的民主運動逐漸棄絕昔日的自由主義—憲政主義—社會主義—社會運動的「進步」雜燴之後，取而代之的任何訴求，都侷限在台灣本身的時空之中，無從連結到歷史上近代中國、第三世界、乃至於世界的各項反抗運動或者社會理想。這樣一套特殊主義的、地方主義的、以悲情與妒恨為基本色調的論述，焉能成為具有普遍召喚意義的真正「霸權」？

結語

屆此，我們可以從政治分析，回到關於理想主義的呼喚。如果以上的分析足以顯示，二〇〇〇年以來台灣政治已經發展出一種以敵我態勢為主軸的「政權政治」，那麼如何克服這種政治對於社會公共價值的破壞，大方向應該也是不言而喻的。台灣社會能不能發展出一種跨越性的價值意識，將其進步性明確地建立在「將外人納入」、「將弱者納入」、「將異己納入」等等包容性的原則之上，明確根據「自由而平等的個人如何在公平的條件之下進行社會合作」，來思考這個島上的人們如何經營共同生活，讓一種能令內外、強弱、我他都有所感動的價值逐漸成形，理想主義或許才有機會再現。

由於時間緊迫，無法撰寫專文，本文內容多摘自拙作〈主權政治的苦腥滋味：關於晚近政潮的幾段劄記〉《台灣社會研究季刊》六五期（二〇〇七），頁二〇一－二一三。該文中所謂「主權」，本文中改為「政權」。

■高承恕

俄亥俄州立大學社會學博士。
現任東海大學社會學系教授。
專業領域為經濟社會學、歷史社會學、社會學理論、台灣社會與經濟研究。
代表著作有《頭家娘：台灣中小企業「頭家娘」的經濟活動與社會意義》、《理性化與資本主義》等中、英文著作。

收錨、揚帆

「這個社會太吵雜了，我們應該多注意那些沒有聲音（silent）的地方，」高承恕說的是「對社會存在著一種疏離態度的年輕世代。」

高承恕說，他執教三十年，每年都會教大一新生，就是希望一直保持著對年輕人有一分關懷和了解；他認為，一個社會必須讓年輕人看得到未來的希望；高承恕說，很多人說年輕人冷漠，其實真正的問題是大人說的事情跟他實際會遇到的人生狀況不相干，久而久之，他們就選擇用「懶得理你」的態度來面對。

高承恕說，台灣以一個沒有資源的小島，為什麼過去能夠創造令人敬佩和羨慕的「經濟奇蹟」，靠的就是人才，而人才是從教育來，高承恕的觀察是，「這些年，台灣社會經常在做的都是虛妄的事情，以教育來說，實際放在教育上的資源的確是變少了，年輕人能接收到福利是減少的，」年輕人畢了業找不到工作，或者即使找到了工作，薪水也少到連養自己都很難，何況是成家育子？高承恕認為，一個社會不能給年輕人希望、熱情，這是很危險的，因為看不到未來。台灣有這個趨勢，必須注意。

自謙不敢說自己是知識分子，只以一個「教書人」、「讀書人」定義自己的高承恕說，其實，所謂「公共知識分子」這個概念是西方的，在中國，「傳統上，『士』總是跟著『大夫』一起被認知的，一個人學而優則仕，也就是說，士與政治基本是不勾脫的。」但西方的公共知識分子，則是不從政的，就像法國社會學家阿宏（Raymond Aron）說的，知識分子對政治事務，充其量只能做一個「入戲的觀眾」，與政治勢力保持距離，「這樣才能具批判性，說的話也才能夠有一定的分量」。

目前台灣社會對知識分子的定義與其在社會上應扮演的角色和功能，是比較接近西方式的，然而，高承恕認為，或許大家要思考的是，台灣究竟有沒有讓這種類型的知識分子出現、成熟、發揮影響力的環境呢？如果要知識分子要擁有這樣的社會影響力，高承恕的建議是，知識分子第一要回到自己的專業，在自己的本分上表達意見比較妥當；第二，即使有機會在大格局裡發聲，還是要注意專業的分際，「要讓人們尊重你，就不要想通吃，那是一種『知識的傲慢』」。

其三，現代的資訊發達了，知識分子應該要與時俱進，要能經得起時代的挑戰，知道這個社會到底需要的是什麼；第四，高承恕說，知識分子要常常跟年輕時代對話，現代年輕人安靜不作聲，有時是因為他們覺得「這些唬爛的大人很好笑」，有時是因為他們心裡不平，因為他們所處的環境實際是比過去更困難的，很需要更多幫助；知識分子很多在學界，能在這方面多使力就多使一點力吧。

高承恕說，他對台灣社會仍然充滿盼望，「現在需要的是，有更多人願意一起把這個社會的溫度再找回來，不要冷下去了。」而像「公與義—台灣社會的發展與變遷」這樣的座談會，就是一場找回溫度的聚會，看到老朋友，心也被激勵了起來；高承恕說，人生不該是用「拗」的，應該「使出勁兒來過日子。」

收錨、揚帆

——高承恕

二十年前，我和一群研究生一起開始做有關中小企業的田野調查。那時候的台灣，從北到南，不論鄉間或城市都是生氣蓬勃、一片榮景。記憶裡的彰化和美，有四百多家大大小小的紡織廠。到嘉義的信孚企業吃尾牙，眼見一家製造千斤頂的公司也能席開一百多桌的盛況，更見識到酒量不好，做老闆的不易。八〇年代後期，台灣仍然是世界上許多消費性產品的生產龍頭。

然而，也在八〇年代後期的訪談之中，警訊隱約浮現。新台幣快速升值，新興國家廉價勞動力的大量投入市場，加上歐美地區平價大賣場的削價競爭，台灣廠商的毛利愈來愈低，接單愈來愈難，外國買主的支配性壓力也就愈趨沈重。世界經濟的結構性變化已然悄悄轉動，當世界銀行在一九九三年出版東亞奇蹟（The East Asian Miracle）一書的時候，其實台灣經濟奇蹟已近黃昏。

一九八九年柏林圍牆倒塌，蘇聯及東歐共產政權解體，冷戰時期走入歷史。一九九二年鄧小平南巡，確定了中國改革開放的道路，春雷已響，山雨將至。在歐美買主強勢支配下，台灣外銷的廠商不得不選擇西進或南下，找尋新的代工生產製造基地，已是企業謀求生存發展的必要策略。從九〇年代開始，半個世紀以來空前未有的社會移動迅速發生，企業在移動，錢在移動，而企業主也被迫跟著移動，這些人曾經是過去幾十年台灣社會經濟的中堅，這是集體命運，也是總的趨勢。

變遷創造了機會，也形成了新的矛盾。總的來說，存在著三種相互糾纏的矛盾。第一是個體利益與總體利益間的矛盾，雖然，這兩者之間本來就不可能完全一致。但這二十年來，不論是政黨利益與國家利益，個別企業與總體經濟之間的矛盾不斷地擴大。個人與政黨為了勝選，不擇手段，甚至不惜撕裂社會。企業為了個別的生存，往往也把自身的利益當作唯一的考量判準。在惡性競爭之中，最大的受害者是整體社會，尤其是社會底層的大眾，他們弄不清楚，也無能為力。

第二是政治與經濟間的矛盾。南韓北韓不是統一國家，政治軍事也有緊張對立，但它們在經貿上沒有綿密的互動。從九〇年代起，兩岸透過第三地的接連，經濟產生空前的互賴關係，而且持續擴大，不可逆轉，但在政治上則是逆向發展，緊張性與不確定性不曾減緩。二〇〇八年總統大選，不論哪一黨勝出，對立已然深化，短期之內，鬥爭恐怕不易歇息。政治與經濟的演變反向而行，其中的內耗與傷害正不斷消耗多年來全民累積的能量。

第三是社會階層的分化日益嚴重。各種資源與機會的分配愈來愈不平衡，不公正。只問顏色，不問能力；只憑關係，不守規則。試問今天年輕人有多少真正中小企業創業的機會？除非第一代留下一些基業，否則想要白手成家是難上加難。回頭看看，台灣過去幾十年最可貴的不正是造就數以百萬計的中小企業家在世界經濟舞台上出人頭地嗎？但我們都十分了解，社會若要維持一定程度的整合，最重要的是規範的公平性與正當性，這最基本的要素一旦被破壞，形成的不是發展，而是斷裂。

在這些矛盾交互作用下，這十年台灣剛好面對的是一個中國崛起與世界經濟重組的大變化。挑戰本來就不可避免，但我們的回應卻顯得遲緩無力。

我們的未來呢？情勢嚴峻，除了努力調整，找新出路之外，實無他途。然而，另一個令人憂心的問題，又悄悄浮現，那就是我們的下一代。從年齡層來看，今天十五到二十五歲的青少年，十年後將近入社會，他們的未來正是社會的未來。這些孩子在八〇年代之後出生，那時候台灣正是經濟快速成長的時期，這一代生於安逸。大多數沒有絕對貧窮與動亂的威脅，在整個社會化的成長過程中，外在壓力不大，在物質條件相對充沛的情況下，他們跟外部世界的接觸更加多元、開放，對於新觀念、新產品、新流行的接受與反應遠比上一個世代更要敏捷。但弔詭的是，正是因應樣式繁多，速度太快，他們對於新產品的興趣遠超過這些產品背後所蘊涵的文化，喜歡日本的漫畫，卻對日本文化一無所知；喜歡韓國偶像演員，卻弄不懂高麗、新羅與百濟。對於多采多姿的生活嚮往遠勝過對公共事務的關心與參與。試問今天還有多少年輕朋友每天看報紙？政治的紛擾及虛偽讓他們選擇以一種冷漠與嘲諷的態度來對待。當他們看到國家元首常常在罵人，上一任總統經常在憤怒，除了覺得好笑之外，他們已經不再願意關心。面對畢業之後工作的困難，薪資的低迷，「以天下興亡為己任」已然是我們老一輩的神話。

然而，孩子都是可以教的。至少，我們可以讓他們體認到危機意識；至少，我們可以盡量給他們更多的學習的機會。九把刀文章裡的嘲弄有他的深意，蘇打綠的歌裡依然有深情。給他們機會，讓他們發揮，就會有一個新的世界。或許，此刻我們更該深思的，是如何讓他們透過學習，擁有更寬的視野、更高的格局、更深邃的心靈。

面對
灣的社會發展與變遷
、國際互動、M型社會下如何追求台灣的永續發展與社會公義

「草山論劍」的一小步」

「草山論劍」的一小步

——專訪策劃小組　彭蕙仙

■時報文教基金會董事長余範英。

「將這群朋友關在陽明山上兩天，可不是件容易的事！」幕後催生這場研討會的時報文教基金會董事長余範英，回憶當初從動念、構思、策劃到最後促成這場純由知識分子擔綱的「草山會議」，整個過程不知經過多少周折，從成果看來，是值得的。

草擬大綱還算單純，時報余範英、林聖芬、倪炎元、以及學者黃榮村與朱雲漢先後開了幾次內部會議就陸續搞定了，真正麻煩的還是在於怎麼將這群知識人湊在一起，回憶當時可說是大伙兒親自「一通通電話打來

■中國時報社社長林聖芬。

的」，有的時間湊不上，有的先答應來後來臨時又不來了，有的則是推了其它行程，一定趕來。最後的組合，還是令大家滿意的搭配。

余範英說，公與義研討會已經辦了十年，「一直在做的就是結合一些令人敬重的朋友，學習並且尋找擔負社會責任、與公共政策對話，以及自我反省的機會。」而這次的會議特別讓人期待，林聖芬說，「因為台灣走過民主開放的這些年來，累積了很多值得關心的問題，知識界有很深刻的焦慮，有很多話要說。」策劃人之一的時報總主筆倪炎元補充：「在政黨、統獨的問題之外，文化論述長期被邊緣化，變成了冷議題，但事實上，我們要談台灣主體性，就不能不談文化議題，」因此，在這次的會議中，四大議

■中國時報總主筆倪炎元。

題都扣著文化省思。

余範英認為不必迴避敏感問題，現在很多人喜歡談「意識型態」，並侷限意識型態為政治用語，但她以為本意不應如此，「什麼是意識？意識是個人或社會在成長的過程中，所發展出來的經驗與態度，」她認為社會應該跳脫以政治範疇來談意識型態，應多去談互動與共同分享、分擔的部分，「這樣也許可以為我們的社會帶來多一點溝通、包容、建立共識的機會與空間。」

讓知識分子直接藉由文化論述來處理意識形態的議題，有時反而能將問題變得更清晰，倪炎元表示，啓蒙的時代過去了，「在大論述之外，我們已到了需要實際著力的時候了。」媒體人林聖芬社長則相信，這次的聚會不只是讓大家抒發情緒，「也是對知識分子的再一次『號召』，」把他們的專業與熱情再一次與台灣社會的發展聯結起來；「希望做的不只是枝節性的批判，而能夠對台灣未來的路，形成具可操作性與前瞻性的觀點，而媒體應反思與責任，為結合知識分子提供平台」余範英形容：「這是公共知識分子該做的事。」

林聖芬說，二十多年前《中國時報》在宜蘭棲蘭山莊曾舉辦了一次國是會議，「當時的台灣一步步走向解嚴與自由開放，因此自由主義知識分子的意見和觀點是社會迫切需要的，他認為，今天的台灣正在另一個關鍵點上，「內有民主自由化之後，如何實踐社會公義的挑戰，外有全球化在經濟、文化等各個層面帶來的影響，衝擊可說更大，也同樣需要知識分子投入關切、提出良方。」余範英強調，不論外在的世界如何變化，「擁有堅實的內涵，是建立自信的基礎，也才有能力迎接挑戰，」而如何創造一個真實永續的力量，「是我們共同的功課。」

「或許這是一個小的聚會，但我們已經踏出了一步！」

【議題一】

全球化與在地文化下的衝突與反思

先了解全球化與中國化的意涵

鄭瑞城：這是一個非常有意義的會，很高興有機會來參加，我想現在社會裡面的一些問題要在短時間內把它診斷出來，並且提出具體的建議也不是那麼容易。比較有可能的是，在我們討論之後，也許可以發現國家社會有幾個大方向是可以去建立的。對全球化，我先拋出兩個問題：

第一個主題是有關於全球化的問題，若由邏輯思考來想，我會想到如果要談全球化，我們是不是要先去談全球化的意涵，如同我們在預測颱風的到來時，必須先去瞭解是幾級、雨量多少，所以如果沒有對於全球化的意涵進行仔細思考的話，我們便很難去說它對於台灣有什麼的影響，在瞭解全球化的意涵與樣貌之後，然後我們才能說全球化的東西大部分是擋不住的，有些是可擋住的；什麼是我們應該擋或不應該擋的，如果沒有這樣的思考，我們便無法具體的思考全球化對於台灣有何影響。

第二個就是剛剛添枝兄把全球化與中國化放在一起進行思考，這對台灣也挺有趣的，如果中國那邊在適應全球化，而事實上中國的中國化也變成全球化中一股主要力量，到底台灣會受兩股力量的什麼影響，中間的分合與獨特的力量對於台灣的意義是什麼？我也沒有答案，但這值得我們思考。

有的在觀念反省　有的在實際建構

余範英：這十年中我辦了很多的研討會，無論是在金融、稅制、內部社會現象、全球化的來臨，談到某一個階段都有相當的侷限性。在察覺今天在台灣的人文社會的研究上，智庫與政策的對話也有其侷限性，甚至導向性，缺乏自主的地位，遑論尊重，智庫所扮演的角色愈趨邊緣。

這幾篇paper有的是在觀念釐清上反省，有的是在面對與建構。例如在建構上面，最實際的就是夏老師，他從面對全球暖化到教學應用的結合，都有其理想與追求的步驟。至於觀念的釐清，第一個大題丟出來的東西是非常的多。我謹就剛剛曾講到全球化與中國崛起對中國文化的影響來談，那麼台灣在中國近代史上的地位與關連，是不是有人也能回應。

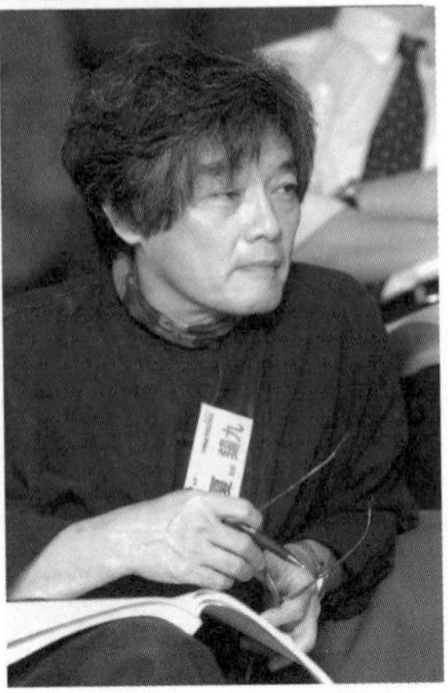

茶的生產　把自然環境破壞得很厲害

夏鑄九：就我對台灣茶葉的些許瞭解，我要提出兩點觀察。

第一個是技術，我不太擔心台灣茶葉在全球經濟競爭中，能不能像古巴的煙草葉一樣，會受到波及或輸掉，因為台灣茶的生產掌握了一些技術，像是半發酵茶、烏龍茶、包種茶，因此台灣在茶的生產技術上是具優勢的。

另外，我反而比較擔心的是茶的生產對台灣生態環境所造成的破壞，我們現在所喝到的茶，尤其是中南部的茶，因為是開墾原始地的關係，地利反而被茶消耗殆盡，所以茶的生產把台灣的自然環境破壞得很厲害。

我最近跟幾個老師在幫坪林轉型，但我幾乎不知道會不會成功。幾年前坪林鄉長差點打我，因為我跟他說坪林最好不要種茶，它位於翡翠水庫上游，而我們台北人又跑到坪林北勢溪旁烤肉污染水源，讓翡翠水庫管理局頭痛萬分。

北宜高速公路通車後，遊客都跑到宜蘭而不到坪林，有些專家說不要管坪林了，這時候管他們反而害了翡翠水庫，雖然講得很對，可是這是蛋頭學者的想法，因為坪林人還是要活，所以台北縣政府在想辦法讓坪林轉型，但是轉型談何容易，因為它變得很貪婪。

我們現在正努力試著讓他們改種生態茶，不用殺蟲劑不用肥料。在台北新店的雙峰，有一位年輕的茶農已成功培育出生態有機茶，但他沒有辦法參加農委會主辦的茶比賽，因為我們台灣喝茶都只喝前面兩泡，但生態有機茶卻是要喝到第四、五泡味道才會出來，這顯示我們的茶比賽也出現了錯誤。有機茶的種植就是要讓蟲來吃，蟲吃不到二十五％的話茶農就賺，若輔導坪林種有機茶，還是有利潤的。

面對全球化與在地化的衝擊，我想經濟上的問題不是那麼大，我們需要的是在既有的技術上更上一層樓。

文化內涵與產業結合 提供就業機會

王振寰：我自己作了個整理，我們的討論大概有四個面向，一個就是台灣在中國崛起後在工業生產上所要面對的問題，下一步會是什麼？另外就是文化、政治與環境生態，這四個大概是我們所必須去面對重要的問題。整體而言，我們必須勇於面對全球化，如何去整合全球化中好的面向再去走下一波，才是我們接下來必須積極應對的。

以技術來看，台灣產業中其實有很多還是領先中國大陸的。我們大概是中等的發展國家，所以我們應該是要去利用全球化的優勢，而不是看到中國崛起後就認為全球化對台灣只有壞處，像愛爾蘭與韓國的崛起就是因為他們跟全球的結合。

在文化上，剛剛提到很多，我覺得全球化不是一體化，每個地方都有其全球在地化特色，重要的是你如何去凸顯在地文化。文化工作者通常不太談文化產業，可是在現階段必須去強調，因為這同時包含了創意與就業，現今學生已不太可能在傳統產業中就業，新的創意有部分一定是要成為文化產業，文化一定要和產業結合，讓學生能在未來有就業機會。

韓國為最好的例子，它的成功便是將其文化轉換成產業。韓國的成功包含將美國好萊塢整套的模式與韓國的電影工業結合，換句話說，將韓國的傳統文化與新的產業模式結合，因此其內涵是韓國的傳統文化而不是新的東西。事實上每個社會都有其內涵的東西，台灣社會是中國文化孕育的社會，我們如何去面對和運用它，能夠讓它變成具有文化的內涵且與產業結合，以及提供就業的機會，是我認為在全球化之下應該要去注意的面向。

第三個部分是政治，最近我們可以觀察到，民主化之後，台灣的社會確實與過去不一樣，充滿了生命力。在各個社區總體營造中，民間社團熱情地改造地方社會與地方景觀。這個生命力在現今的媒體中不被重視，但是卻是我們觀察在全球化過程之中，台灣社會最值得觀察的面向。

第四個就是環境生態，我們很清楚台灣過去的發展，環境已被破壞，暑假我去中國大陸走一圈，去了兩個禮拜沒看到一天是晴天，也不是天氣不好，就是看不到藍色的天空，整個汙染的情況非常嚴重，當然對他們而言，在發展過程中環境可能不是最重要的，但是對台灣來說，卻是目前非常重視的面向，如何將環境問題與工業化結合是我們在全球化過程中必須去面對的議題。

我們剛談的這幾個議題，有些已經在台灣發展成長，我們應更進一步作探討，而不只批判而已，這樣才能夠為台灣未來創造出更多的光明面。

我們只有厲害的個人 整體卻不厲害

南方朔：針對台灣的茶產業，就算情況再不好，總會有人賺大錢，但是我們不擔心個人而擔心整體，這才是台灣真正的問題所在。我也來講我的茶業哲學，我真的不擔心台灣的茶業，台灣的茶業生產貴了就去大陸生產，大陸貴了再去越南生產，現在台灣有很多茶是從越南來的，業者總是會找出不同的辦法，精明的個人有的貪婪有的上進，可是我們只有個人，我們沒有整體茶葉的未來。我在二十年前就跟農復會、農藝系甚至是行政院說過台灣最有潛力的就是茶業，我一直主張台灣應該要成立茶大學，我們把全世界所有的茶品種收來，研究各式各樣的生化技術，從而可形成整個茶產業鏈。

也就是在全球化時代中，台灣聰明的個人越來越多，麥肯錫顧問公司七八年前寫了報告，指出未來最厲害的人是hubber，這些人具有雙語或多語的能力，具有技術，都在全世界跑來跑去，身上都穿名牌；將來的香港有10－15％是這樣的人，台灣將來也會有這種精明的人物。但我們缺乏方向感與大策略，現在全球化已離開一九九〇年代在概念上被美化的時代，而進入重編的階段，現在討論全球化已離不開治理的問題，而我們的治理策略是甚麼？

我一直認為台灣的經濟學家越來越沒有地位，最有地位的反而是股票及房地產分析師，他們基本上也影響了政府官員的思惟模式，已成了一種似是而非的通俗見解，經濟學家及從政者反而沒有聲音了，如果國家持續沒有自覺，M型社會的問題勢必更趨嚴重。如果從大範圍的思考到小範圍，比如說各個行業要振作要創新，比如韓國今日的傑出表現，但是韓國首爾市政府是跟首爾的五十八所大學建立很多關係，所以整個產官學體制極為有力，韓國國際化的程度是非常高的，首爾早已成為國際會議主要地點，因此

人家的社會有厲害的個人、有厲害的整體，但是我們只有厲害的個人與公司，整體卻不厲害，因此我們應要著重在這一部分。

保存文化特殊性 正確理解普遍性

江宜樺：全球化對我而言是一個很大的課題，這個概念的涵蓋面非常之多，包括政治、經濟、文化、社會等各種面向。我不認為我能夠針對全球化進行全面性的檢討，而只能針對剛剛的幾篇文章作一些回應。

我集中在兩個課題，一個是全球化與在地化之間的利益，另外一個是王汎森剛剛提到文化與文化產業的問題，因為後面的問題較小，所以我先講一下。我其實是蠻贊成王汎森所講文化與文化產業之間的區分，因為我認為這個區別確實存在。不管我們怎麼定義文化，文化必然基於特定時空。換言之，特定歷史風俗累積所形成的特殊行為或現象稱為文化，而文化創意產業則是把上述特殊性利用資本主義的方式求取最大的商機，如九份就是一個最佳的例子。

又比如說我上禮拜去北埔，沒想到北埔全部都是遊覽車，擠滿了攤販與人潮。我一點都不否認這為當地帶來了商機，如果這地方還像二十年前一樣，來的人只有幾十位，那這地方可能更為貧困，人口將會加速外移。可是北埔文化創意產業興起之後，北埔的特色又不見了，我們看到的只是跟九份一樣的觀光客、遊覽車，一樣的打著某某名產標籤的重複性商品。文化本身具迷人的獨特性，而文化創意產業則因為運用同樣的資本主義包裝或生產方式，抹除了這種獨特性，因此兩者之間難免呈現某種衝突。九份原本很純樸，有其海濱山城之美，但在目前的商業包裝之下，令人感到窒息。

所以我想要求教於各位這個困境該如何處理？在我看來，台灣各種文化創意產業的推廣事實上摧毀了不少值得珍惜的東西，並沒有保存我們記憶中美好的東西。但是我也承認，如果沒有利用朱敬一老師所提規模經濟的方式來作，我們不可能創造出利潤、解決就業問題，我們處於兩難的困境之中。

回到朱雲漢老師文章裡面提到的概念，我要提醒各位朱雲漢老師的命題其實顛覆了整個panel的預設，因為這個panel主要是談全球化與在地化，但是朱老師在他的文章提到，如果將世界各地的現象看做一套普世文化與各種特殊的在地文化之間的接觸，而在地文化只能選擇是要去接受普世文化還是要去抗拒，這樣就誤解了整個現象，因此他提出了一元現代性與多元現代性的概念。在台灣我們比較不去談一元現代性的問題，可能我們的規模較小。可是在中國大陸，許多知識分子就不斷質疑西方現代性的普遍效度。朱老師可能因為跟中國方面的學者談的比較多，所以文章裏有這樣的概念。我同意朱老師的分析，認為兩三百年來以歐美為主的霸權其實是人類歷史發展上的一個特例，大部分的時候是多元而非一元，因此這個格局理論上不會一直持續下去，談論多元現代性因此也有其歷史意義。

但是另一方面，我覺得很不安的是當我們在談多元主義或多元現代性時，過度強調多元的文化社會裡沒有任何先驗的普世價值。這段話是在朱老師的文章中寫到，他提到在多元秩序的世界裡沒有先驗的普世價值，任何制度與價值體系都必須在不同的社會土壤，不同歷史條件下經過實踐的檢驗，經過時間的粹煉才能取得其特定時空下的正當性。

這段話寫的滿優美的，但是有一個問題。最早提出多元主義或多元現代性的知識分子幾乎沒有一個是根本否定普世價值的存在，比如柏林（Isaiah Berlin）被公認為多元主義的源頭，可是從他開始便一直強調，世界上好的東西有很多不是只有一個，而好的東西之間可能是沒有辦法並存的，就像我們要事業就不能有愛情之類的，但是他還是相信這些東西都是好的東西，是不同於不好的東西。因此在價值取捨上，多元主義或多元現代性都是肯定有好的東西存在，只是好東西有很多，哪個是最好的我們無法判斷。從這個意義來說，我們必須很小心去看，當有人要挑戰多元現代性時，他拿出的東西是

經過驗證的還是隨便拿出來的東西，還是只因為它不同於別的東西就拿出來說是好東西，僅僅不同，並不能證明是好東西。具體一點，文章裡面也寫到，日本不會因為他有單一民主與君主立憲而覺得這是日本，我們寧可說他們因為有和服與藝妓而覺得這是日本，但是我們不能忘記日本的政治的確發展到具有憲政民主的元素。

如果說中國大陸在談多元現代性時，背後目的是防止憲政民主對中國大陸的挑戰，希望盡量不要走到這條路，甚至像某些文化保守主義者那樣試圖恢復傳統儒家，營造出一個沒有民主的現代性，並且說這就是中國所應該追求的現代性，如此我會非常的擔憂。我其實蠻擔憂我們說這個世界沒有普世價值的時候，會不會太快掉落到一個遠比我們想像更可怕的世界，最後變成只有實力或暴力才能決定價值？我想人類兩三百年來文化發展所追求的東西應該不是如此，因此我對於是否要以這些概念取代全球化的概念，基本上有所保留。

怎麼看待全球化下台商的策略？

余範英：走向世界經濟的主流，台商如何不被再切割？台商應是台灣這多年來累積的資源，我們應該要有什麼樣的態度來看待台

商的轉變？中國在第三階段中有其面對全球化的策略，我們要怎麼安排全球化下台商的策略？有人說政府與台商就像風箏關係，希望它是臍帶關係，那麼由風箏關係到臍帶關係到底欠缺了什麼？

其次，剛提到社區營造的部分，什麼是真正的社區營造？社區產業有助於社區發展，但社區營造並不等同於社區產業，社區發展的問題猶如鄉鎮與城市發展的問題。今天台灣這些區域營造的發展，面對M型社會日趨兩極化，是否能在各區域發展，或社區營造中，有互補、能自主，應有什麼導向或期待？

第三個我還是想問汎森，你講到文化跟歷史有嚴重的政治化。台灣傳統跟中國傳統之間的區別究竟是什麼？我們台灣到底是中國歷史文化的延續，還是處於多元歷史的集成呢？在面臨全球化強調在地化的今天，我們價值體系的基礎到底是什麼？

不要把文化與在地獨特性太美化

錢永祥：我比較傾向於說：千萬不要把文化與在地獨特性太美化，台灣的文化絕對不能僅以李安、朱銘、林懷民來代表。台灣的文化充滿著各種非常醜惡的東西，這是各個地方文化的本性，因為文化本身就是藏汙納垢的地方。種族主義、種族歧視、性別歧視一開始與最強的地方都在文化裡面，因此文化是非常需要被挑戰，甚至於每個文化都要接受清洗的過程。所以全球化作為一種普遍的視野，幫助文化進行清洗的過程，這是進步的一面。

第二點就是說除了全球化與在地化這兩個軸線關係，還有一個觀念就是區域與在地。這幾年不少人談論到東亞甚至亞洲，試圖不要老是在討論中國、日本、台灣或者是香港。面對西方現代性的概念，如果放在歷史面來看，東亞或者亞洲的概念應是更好的概念。我個人認為應該多用華人這個概念。華人世界在語言、文化、視野上面有相當大的共通性，但是分布相當廣，目前約有四到六個很大的華人社群存在。然而這些社群彼此的來往並不多，像馬來西亞與新加坡，除了馬華文學其他都被忽視。若把這些視角也放進來，並不是台灣本身的在地面對全球，台灣同時和中國大陸、港澳、新馬等一起面對西方。這個時候問題便不只局限在全球與在地之間，區域與在地也可使我們發現一些端倪。

台灣經濟問題不大 關鍵在國家

夏鑄九：坦白說台灣的企業、台灣的經濟真的問題不大，整體的問題關鍵是在國家。我就把問題直說，其實是第一點在全球資訊化過程中，台灣的state在轉變。

第二點，台灣的state從發展國家變成一個popular state，是一個popular regime，轉變的過程號稱民主化，但是最讓大家尷尬的就是這個號稱民主化的過程，我要很坦白的面對這個問題癥結，因為popular state所以他的領導權、文化價值觀、支配型價值觀是什麼，就是nativism本土化，而最近的發展卻形成所謂排外性的本土化，若再下去就接近法西斯了。這就是為什麼知識分子噤聲的原因，因為知識分子怕背後有國家、有特務、有軍隊，我們都曾經經歷過，我有很多朋友說這樣終於可以讓年輕人知道什麼是戒嚴。

第三點，很悲哀的是，台灣的社會好不容易因為經濟發展冒出頭，卻被popular state撕裂，變成一個分裂的民主社會。最後因為Hegemony的權威，所以自由主義的知識分子噤聲，左派知識分子尷尬。

很多事需整體力量 非個體可做的

朱敬一：全球化把平台變得寬廣，資本主義是平台上流動的主要勢力。當然朱銘跟林懷民不是台灣文化的一個好的代表，但是沒有企業化也未必能夠凸顯它的特色。有些本土藝術工作者也許一開始並不是很有信心的創作人，但在創作成功之後有一些feedback，因此企業化對於其持續創作是有幫助的。當然九份是非常不成功的例子，不過剛剛對於文化產業摧毀文化的說法，我不太贊成，畢竟有成功的例子，也有不成功的例子，主要還是看我們怎麼樣去用他。

另外，剛剛南方朔也提到了一些整體的問題，確實很多例子是個體在走，像是台商在中國的布局是比較被動的，那個地方有什麼可以發展或需求其實是個體性的。其實台灣有很多奇怪的事情，我也有一些奇怪的想法，需要一個整體的力量去作，像是書法有式微的傾向，假設文建會認為書法是值得推廣的方向，它反而是該與網路結合。我曾經和施振榮提過設計一個screen server，楷書跟隸書就在上面寫，用摧毀文字的工具攜帶著文字文化。資本主義的流向雖然是摧毀書法的力量，但也要藉著這個力量來重建文化。

另外，台灣的社區是適合人住的地區，很多人都提到東亞地區在老化，我覺得老人也是適合發展成一個產業，形成老人產業。把台灣規畫成很多老人社區，因為台灣的醫療又很好，這些都是我所說需要整體的力量，不是個體可以做的。

台商大陸布局 是被西方公司所驅動

陳添枝：我稍微回應余小姐提的，事實上台商對大陸整個局是被西方公司所驅動的，當Nokia對台商說在台灣做不下去要去中國，台商就跟著轉去中國，甚至後來又要轉去東歐、越南，台商也跟著去東歐、越南。台商並沒有主導權，主導權在顧客。所以為什麼政府這些年來對大陸的政策有做卻沒效果，就是因為台商是聽客戶的，不是聽政府的。

我想全球下的global company在全球經濟中的power是不可忽視的，但是這個時代已經結束了，因為中國已不再是台灣最主要的代工基地，因為工資開始上升了，中國政府也不希望有太多人民從鄉村往沿海移動，因此台商若繼續要這個生意就必須往內陸走，可

是內陸不適合外銷，因此才往越南移動，這是非常清楚的。

到目前為止我們是被動的，也在無意中幫助中國跟全球的生產面接上軌，幫助它實現快速的經濟成長，可是另一方面，事實上我們也是剝奪者，我們利用她們廉價的勞工，繼續用便宜的代工產品來維持我們的地位與擴大我們的市場。

未來有三種可能，我也沒有答案那個好，但是有些台商已經成功，我們可以拿來作為例子，第一個是聯發科的模式，基本上大陸白牌手機所用的核心晶片平台都是聯發科提供的，因為有了聯發科的平台，所以大陸的手機設計者可以打敗motorla跟nokia等廠商而占有一席之地，這就是台灣創新的能力，可以跟大陸業者結合，產生共同的價值創造過程，台灣事實上變成一個價值鍊的驅動者。

第二個例子就是ASUS的Eee-PC，這個產品是台灣設計，生產都是在大陸的，或者是宏達電的智慧型手機也是自己創造，利用大陸的條件來製造；我覺得宏達電這個例子非常好，是台灣品牌創新成功的案例。

第三種是成為材料主要供應商，典型是液晶的panel，幾乎大陸所有的電視都用台灣的，這類產業在台灣會繼續生存下去的，包括鋼鐵業、石化業等等也如此，為何這類產業可以活的很好，因為這些產業的技術是屬於製程技術，台灣在製造上就是比人家有效率。我也常問那些環保人士，如果台塑大煉鋼場不蓋在台灣他會蓋在哪裡，一定會蓋

在大陸，但是環境的汙染卻是全球性的，所以我認為全球的問題要用全球的方式解決，若純以台灣單方面的解決也是不行的。

另外，很多人都擔心因為全球化的關係，大國會較有優勢，所以我們很多有規模經濟的產業會消失，不過其實經濟理論上從來不會如此，確定全球化的結果卻是會讓規模經濟的因素更為重要，但是並不一定是大國有利，好比nokia即為一個很好的例子，它來自小國。所以只要我們與大陸之間沒出現太多阻礙，我們絕對可以出現很多產業不受大陸控制，而關鍵就在於技術領先，領先的條件就是innovation，因此兩岸目前政治與社會結構對比這麼強烈的情況下，台灣絕對有他可以成功的方法，只是過去成功的方法或許已不太能夠適用，必須尋找新的方向。

知識分子可扮演更積極角色

朱雲漢：我想有兩點，一個是謝謝剛剛宜樺的回應，我想在思惟出發點上會跟他不太一樣，對是否有先驗的普世價值的問題，從規範理論出發與經驗理論出發的角度是很不同，我也很尊重的立場是，如果我是做規範理論的，我要去主張一些先驗的普世價值，那當然可以從抽象理念，出發導出一個一元的價值體系，而且主張它應該是普世的。但是如果是放到一個經驗和實踐的層次，那又是另外一回事，靠理念指導的社會制度與實驗絕對要經過時空條件的檢驗，才可以得到一個社群多數人支持的正當性，不可能只用一種抽象的概念就可以讓人信服那是好的。我覺得這種沒有實踐基礎的普世價值，沒辦法產生真正經驗上的正當性，即便它再好聽，在實踐上是另外一回事。

何況如果我們把歷史的焦距拉的很長，我個人認為抽象上面去主張些東西，在歷史上的環節是非常脆弱，其結果與我們理想中的距離會有南轅北轍的現象。我們看西方法治國家民主體制的經驗，可能誤以為是可以超越時空的，從長程歷史角度來講，西方的民主面臨重大經濟危機時是十分脆弱的，例如二戰之前的經濟大恐慌，我對人類未來的集體前景擔心是很深刻的，我們現有的政治秩序是否可以應付地球生態危機，還有待時間的考驗，我們不能以短暫的戰後承平經驗做為推論的唯一基礎。我們可以看的非洲達佛（Darfur）危機好像離我們很遠，但是其實那是因為水資源枯竭引發的，整套的社會秩序中阿拉伯後裔和非阿拉伯後裔和平共存的可能性，因為水資源枯竭而崩解了。

因為我們常用很特殊的片段在觀察我們的大歷史，因此我們以為自己很清楚什麼是進步的，但是在歷史或實踐上來說是比較複雜的，我並不是要維護無論是先驗或體驗上的東西用多元性來包裝，但是如果你過度強調一元或先驗到一個程度，會變成新保守主義甚至民主帝國主義，那是很恐怖的，像是美國以民主為名入侵伊拉克，千萬人頭落地最後還是一場悲劇。

我覺得台灣知識分子有很重要的工作，現在台灣社會需要診斷自己的焦慮和心病，包括我們會過度自艾自憐台灣，有時過於自大、又過於自卑，在兩種極端心境之間擺盪，很不健康，我覺得知識分子要去協助台灣走出自心的心靈牢房，這樣的心態需要去打開疏導，這樣才能用正面的角度來看台灣承繼的歷史、地理與文化。

比如說台灣的悲情，但是當我們換一個角度去看，或者不要當做政治動員的工具的時候，台灣與其它東亞社會相比，有更多的地方值得我們惜福，而不是怨嘆，我覺得知識分子在這些問題上可以扮演更積極的角色，因為這樣我們可以正面面對東亞主體性的再現，以及迎接中國的復興，我們可以有很多歷史與文化資產上的優勢，可以充分利用，而不會產生南方兄所說的，歷史記憶大逃亡的狀況。

我們看韓國的創意產業，其製作技術上，行銷等等利用好萊塢的模式，但它的內涵為何，他充分利用自己承繼的文化資產，他把三國演義變成電子遊戲。剛我們說台灣在國際舞台上最響亮的金字招牌，都是發揮了我們自己的文化資產，例如雲門舞集用行草、朱銘把太極帶進來、漢唐樂府、李安的電影，他們沒有歷史大逃亡，他們用他們熟習的文化元素來做為登上世界舞台的基礎，政治扭曲下的文化定位讓台灣在大世界無法扮演一個活躍的角色。那韓劇嚴格說起來主要流行是在東亞，它的劇情有感染力，受到大家了解，就是因為是同屬一個儒家文化圈，也可以稱為筷子文化，現在東亞慢慢形成一個文化產業市場，如果我們大搞去中國化等於自絕或退出這個文化圈，這是讓我非常擔憂的。

人有進步性　也有變遷的偏限性

張茂桂：剛剛我們都討論在經濟或產業面向打轉，鮮少提到生存權與尊嚴的部分。錢永祥剛才提到local不一定是好的，可能是藏汙納垢的地方，我很同意，但不管是在地化或全球化也好，我們都是一個不斷在變的社會，人在自己傳統的文化不管是藏汙納垢或封建保守，他可能是舒服的，進步的壓力同時考驗人的適應性有多快呢？到底能改變多快？

我們假想在這個社會上一夜改變，只能說某種語言透過強制力是有可能做到的，但因為那種語言是有正當性因而非說不可時，就會產生衝突與壓迫。所以我覺得剛剛好像脫離了把尊嚴、規範與人的可調整性及其侷限帶進來討論。這使得我們開始對變遷有疑慮。

追求進步與改變的同時，個人的生存與尊嚴，必須予以考慮。

回應夏鑄九的想法，think globally，act locally，便是一個最佳的案例，但是要他如何在台大中協調呢，因為有些是無法改變的，這時候需要強制力，協調性一定是一個強制力，到最高的層次則需要國家的強制力。強制力到底是否可以正當化，很難一概而論。

新移民的問題是populism最為明顯的問題，populism不管是東歐、美國、西歐、東亞都有問題，即便日本也是如此，因此populism究竟是台灣個別的問題還是國家普遍的問題？哪個國家可以強大到說我有這個強制力去掌握全球戰略，也許可以做到一些，但是「發展國家」恐怕已不是現今思潮主流。

面對大議題 年輕世代是不關心的

高承恕：照理說我原本是被排在明天的最後一個，但是有話忍不住想說。這一節是談全球化與在地化，我看了一下真正在中南部混了四十幾年大概只有我一個，而在私立大學教書的也大概只有我一個，榮村是私立大學校長，所以台灣基本上已經是一國兩制。我想講個東西，因為今天談全球化、在地化，回顧台灣在過去二三十年的時間，台灣是非常全球化與在地化的地方，我跟中小企業這二三十年東跑西跑，因為中小企業是最典型的，甚至在六零年代開始就在地化了，他們的工廠就在田裡，不就是在地化嗎？

我去訪問過一個做棒球的，去高雄鳥松鄉，找了半天沒有路名，在田裡，但你信不信，美國職棒大聯盟十個球有一個從這工廠出來的，但不好意思，現在他也已經在中國設廠了，我問他為何會做棒球，他說原本在加工出口區有家日本的棒球工廠，櫻花牌的，他說頂多就幹到課長而已，於是他就跟同事回去弄一弄在田裡蓋工廠，結果把球賣到大聯盟裡面去了。台灣的故事太多了，現在還有做小文具的、削鉛筆機的，過去賣八十個國家，現在他還有八十五個國家，美洲、非洲他都賣，其實台灣這種在過去幾十年有太多例子了，在我來看就是台灣社會的中堅有全球化也有在地化，什麼時候有對立過，沒有，但是現在改變了，這個有些話留到明天說。

因為這次談到永續發展，台灣現在變得既不全球化也不在地化，因為我在私立大學教書課比較多，所以跟學生接觸的機會比較多，我有個大二的班，我問他們每天看報紙的舉手，八十個不到五個，我說你們不關心大事啊，看報才可以看天下大事，他們回說有什麼大事，反正有大事ＢＢＳ會傳嘛，不然看看全民大悶鍋也可以。

所以假如要談永續發展，我們現在可能要看十五－二十五歲的人，十年後我們也沒辦法再談了，但是現在十五－二十五歲的人我真的感到很擔心，我教了三十年的書，我發現台灣年輕的這輩既不全球化亦不在地化，此外我們大學生的英文程度每下愈況，因為根本沒有動機來念，主要因為明天教授就會解釋，加上現在獎學金也少，多半都是中下收入的家庭，家裡生活是很緊的，可以發現麵包越來越小。所以我們所思考的問題與對立，但對年輕人來講未必，也未必會有同樣的心情或熱情來關心，即使他們認同我們的思考是合理的，但是卻不太關心，甚至是冷嘲熱諷。

因此我們談這些問題可能對於這塊族群必須要掌握，我們這一輩的人假如他們覺得不相關相呼應的話，那就等於放空檔踩空門了，面對這些大議題，冷嘲熱諷與冷漠是這個世代的想法，關懷不再，如果我們沒有辦法改變的話，那麼就算我們企圖改變現況，仍還是會得不到積極的回應，這是我的淺見，謝謝。

台灣最大的問題是文化內捲（cultural involution）

王汎森：談到文化產業，韓國在十七世紀中葉以後（也就是清代以後），感嘆當時的中國因為受滿人統治，文化上不再牢守中華古代傳統，禮樂都沒有保留，只有韓國還保留著。今天它吸引東亞世界的「大長今」那些東西，其實是古老的、獨特的、帶有很多中國歷史文化的成份。由這個例子看，古老的、獨特的、用國際的語言、用現代的平台，在全球化的文化產業中是可以有競爭力的。

我最近去了趟大陸，其中有個地方是四川的李莊，那是中央研究院歷史語言研究所（我任職的單位）在大陸抗戰時期的駐所。因為史語所離開那邊有六十一年了，我主要是想跟當地的領導說一句話，不要拆這些舊房子，要發展觀光就要留這些舊房子，有內涵的舊東西在全球化時代仍具發展潛力，獨特有特色才會賣錢，韓國的例子便是如此。回到我們的主題來說，文化跟政治之間沒有必然的關係，最怕的是把兩個硬扯在一起，兩個都走不動。文化的「化」字本來就是一個流動的東西，若硬跟政治扯在一起，無法發展出良性、有生產力的對話，過去幾年台灣的情形就是如此。

其實台灣最大的問題是「文化內捲」（cultural involution），這是已故美國人類學者紀爾茲（Clifford Geertz）在一本講印尼農業的書（Agricultural Involution: the process of ecological change in Indonesia）中所提到的觀念。他發現印尼人農業收成不好的時候，不是想別的辦法，而是把土越挖越深，這是不行的，要對外看才可以—要想辦法打開發展之路、向外開拓才可能進步。我覺得台灣文化有嚴重「內捲化」的傾向，譬如說想要國際化卻對國際一竅不通，既沒有興趣也沒有方法。

談到文化自信力的問題，在十九世紀後期，當西方力量進入中國時，有一批思想家王韜等人，認為海通不是危機、而是轉機，認為可以利用海通這個平台，是孔子之教傳播到全世界的機會。王韜等人會這樣想，是因為他們還有文化自信心或文化主體性，只是後來被西方的船堅砲利打得慘兮兮，自信力及主體性隨之日漸消失，前面那種話也不再有人說了。台灣一定要發展出具有偉大包容力的文化主體性跟自信心，否則，對我們而言，全球化的平台反而可能成為負面的東西。

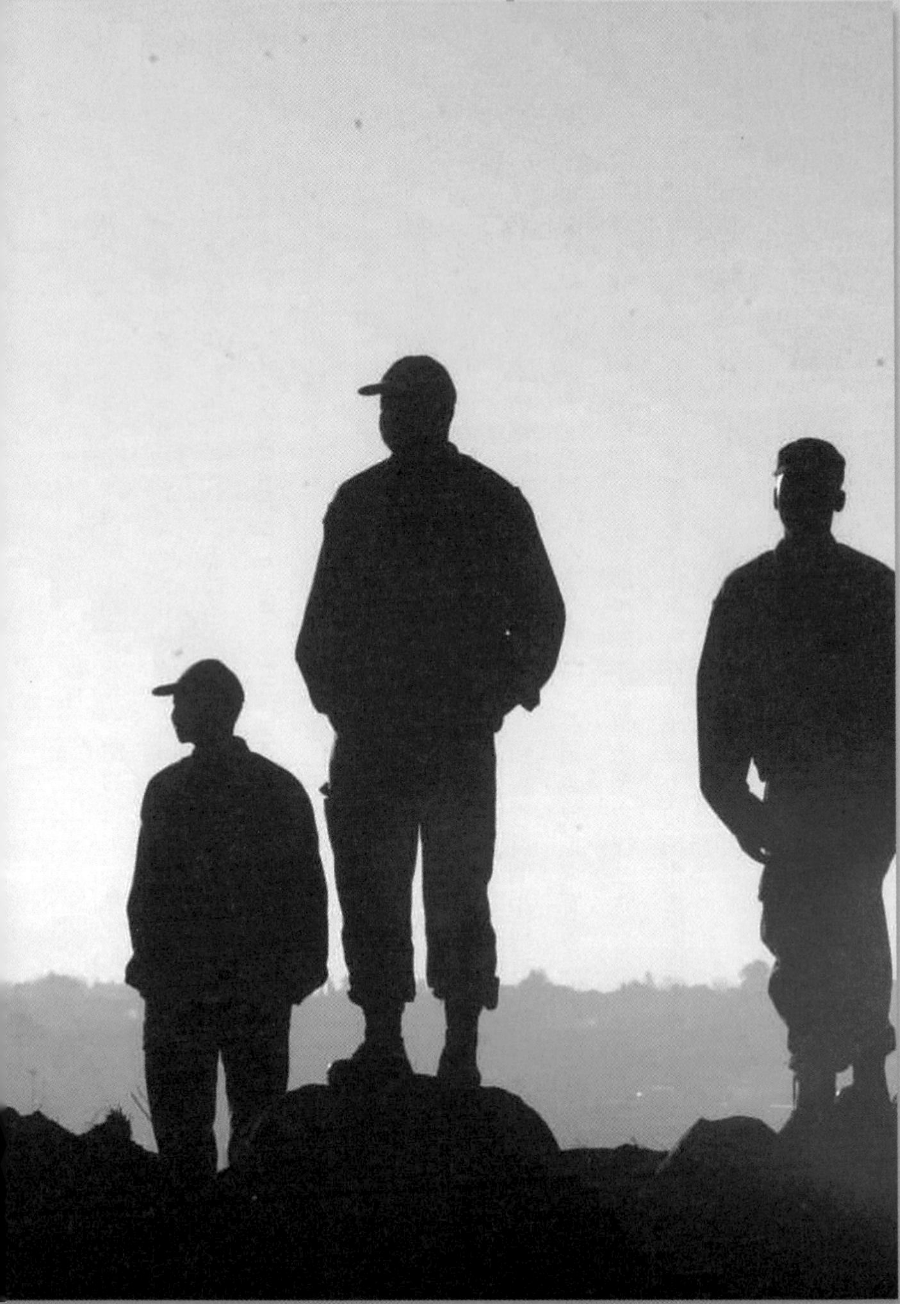

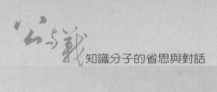

【議題二】

公民社會與責任倫理的診斷

知識分子出了什麼問題

張茂桂：我想接著剛才杏慶兄所說的，換了一個位置就換了腦袋，其實這是非常社會學的概念，就是人會被它的生存條件、物質條件所決定，其實是非常社會學的，我們要了解它的社會關係網絡，因為人不能獨立於社會而生存，例如人要做很多事情，他做的事情就要協調人，協調人就要有物質條件與網絡，所以網絡對它的生存是有意義的，不會只是社交而已，以一個基金會來講他也有他組織的網絡，他要維持它就必須非要去動員它的社會關係，所以我們說換了一個位置就會換了你的社會網絡、換了你的物質所賴的資源等等，所以人的想法會轉變，我認為這是可預期的，不一定是把人假定為一個非常完整的，都不轉變的。

但是談到這邊我就回應剛才有些人提到的，就是，台灣的知識分子裡面出了什麼問題？從八〇年代末期，從百花齊放，大家有一些共識，一直到現在好像談不出什麼共識來，然後充滿了無力感或怨懟，特別是抱怨。有的時候是擔心但也有很多批評，這中間到底什麼問題？我在想有時我們想得很遠，但是可能它發生作用的就是在非常micro

的環境裡面。這個micro的環境跟我們早上所說的也有關係，這跟我們下午所談的全球化是很有關係的，全球化裡面談到的一點很重要的就是你如何在全球化裡面可以生存，所以競爭是很重要的。從競爭轉化成知識分子的工作壓力就是全球評比，這樣講所有的問題就很清楚了，今天二〇〇八或是二〇一〇年以後的知識分子除了面對這麼多的國家認同的問題之外，他跟八〇年代後期的比較不一樣的問題在於他在這micro的環境裡面他多了一個突然的壓力就叫做全球評比，所以各大學要比，然後不只是自己比，他還要跟國外比，這馬上就轉換成小環境裡面的壓力，這種壓力就在於各個機構裡面的升等機制、續聘機制，這個我想大家都很清楚，那他對知識分子所產生的直接的壓力是什麼呢？就是更馴服的知識分子，因為這涉及到他生存的條件，所以我們還不用講很多道德的問題，我們從生產環境、生存條件根本的轉變，這種轉變除了全球的評比被內化成為學位的規範外，還造成被規訓的學者。

另外，包括各位在校長任內，我不知道你們怎麼看待你們學校出了一個教授，他是專門做批判的，做社會參與，但學術上沒有產出的。過去我的經驗是，楊國樞先生曾經跟很多所謂澄社或是知識分子在談說你研究作的好再來做批判，以前會講研究作的好再來做批判，原來是行有餘力才來做這個事情。可是現在研究作的好，是在全球評比的基礎，如果你的系所評比輸了，你的招生就會不足，私立大學的壓力可能會更大，就有關門的問題。

台灣的位置其實也是很特別，全球貿易總額，我們是排名蠻前面的國家，所以其實台灣經濟是非常活躍的，我們相對於其他國家程度來講我們全球化程度是不差的，非常依賴外貿，如果從這觀念來看，可以想想看這個社會是被什麼樣的一個全球化壓力所全面壓縮著，那我們講到底有多少知識分子在處理這些問題？所以我們這麼多人在這，聽剛剛夏鑄九說他們系上要改的事情，台灣發展的前途縱然能朝他想的那個狀況，但是下一個問題是你去哪找人來？台灣有這麼多的問題，處於世界上這麼大的一個環境，但你就一個城鄉所，你要怎麼樣去處理這麼複雜的問題？

所以從實際生產的條件來看，知識分子其實在台灣沒有什麼尊嚴，有時候活得跟狗一樣，沒時間，忙個半死，不知道在做啥。一個血淋淋的例子是，我們現在的政府說要注重公民教育、培育公民社會、草根等等其實也做了一些措施，但是在過去兩年多裡面，要幫台灣的高中公民去設定新的課綱。我們講了很多的公民社會，一年的高中生大概十萬人，十萬人大概一千個高中老師，所以一個高中老師一年大概可以影響一百個高中學生，我們大家想像假如狀況是這樣，所以他教什麼東西是重要的、有影響的。一年十萬個學生、三年三十萬個學生要把公民學好，這是很重要的一個工程吧？那我不小心去做了這個教改工程，大概可以有多少錢去做這件事？給你多少時間去做這件事？做這件事情所有的預算是四十萬，真正操作的時間，四個月。相對而言，教育部在中正紀念堂換了一個民主紀念館牌子也要七十多萬，我做的事就只是四十萬，那個牌子要七十萬，好啦，我覺得那也很重要啦。然後再接著又去換大中至正，那一個字要多少萬我不曉得，我就說那個就是血淋淋的知識分子沒有尊嚴的事實。

社會是一個整體的力量

鄭瑞城：我們今天的這些論文，我昨天有在電腦上看，因為把兩百一十四頁影印下來是很困難的一件事，我是花了兩三個小時大概看了一下。我覺得余董事長非常英明，比如說指派江老師你要寫些什麼，寫出來的東西大概就是我們比較應該注意的一部份。可能是我們這一次做這樣一個base的討論，然後大家交換意見，也許可以再回過頭去把問題作比較系統的認定，那問題是怎麼來的，它的內涵是什麼，怎麼樣把他解決？在場的這些人其實是蠻好的代表，當然還有更多人可參與。

然後我想到的第二個問題應該是所有的問題應該都像是粽子式的模式，所有台灣問題如果象這樣去抓起來，比如我剛剛在看江老師的那篇文章的時候，我想不管國家認同是假問題還是真問題，其實他就是一個問題，那這樣的問題我們到底應該怎麼樣去解決？如果政治這一面我們這樣來看的話，那經濟那一面其實就是我們被邊緣化，我們跟大陸的關係到底應該是怎麼樣去解決，我想那應該也是一個主要的議題。那文化這邊大家所關心的是全球化之後與我們在地化之間，我們的多元性應該怎麼樣去體現，怎麼樣去維持？我連帶回應主席剛剛要我講說我沒有講完的問題，後面再談論的時候發現說，如果是從教育領域的觀點來看公民社會，其實是蠻有趣的，我不曉得看的對不對？有一些觀點跑出來，就是政治面這邊有時候是公民社會這邊你用對了力抓對了主題的時候，我們也看到像黃武雄先生幾次在四一〇聯盟或是有關教育基本法那邊，事實上是公民社會那邊的力量出來的時候，抓對了議題，方法對又夠認真的時候，真的會發生力量，這一點是蠻重要的。

我們回到戒嚴時代，其實戒嚴時代也做了一些很好的教育政策，我們其實可以看到延長九年國教在民國五十七年六十年的時候就推了，很多很好的政策，如果說部長找的人（黃部長，我沒有說你什麼話），如果找對了人，一樣也是可以發揮很大的力量。解嚴之後我們也看到有很多很好的政策，黃部長任內也推了一些很好的政策出來，沒有人給他壓力，也沒有公民社會的壓力，從這個地方我們也可以看到第二種模式其實是政治跟行政力量的優質性，其實是很重要的。能夠從這個觀點來看的話，就會變成說如果我們有正確的人、正確的方法，夠努力，夠努力這一點對現在的台灣來講很重要，因為我記得我們年少的時候也都是很忙，但其實也做了很多事，現在台灣真的是很需要這樣的公民力量能夠再出來，就是我剛剛講的，其實整個社會沒有說是哪一邊的力量，他是一個整體的力量，各個部門的力量都要出來，才會有更大的希望在那邊。

用集結方式做更深入討論

王振寰：在今天的台灣，有很多的問題已經不再是觀念，民主該是實際操作的問題。民主政治也有好壞之分，而我們現在的民主政治是比較不好的。所以我們要討論民主政治，就不只是觀念問題，而是如何在實際操作上，讓民主政治的理念能在實際政治生活上落實。剛剛聽了江宜樺的分析，我就覺得假如我們今天要再進一步出發，那要談的東西一定不是過去獨立評論或是大學雜誌所談的東西，而是實際的運作機制、現階段到底我們的制度碰到什麼問題？碰到這些問題我們應該立基於既有的制度基礎，去探討制度改良的可能性。我覺得我們現在的矛盾就是不太去面對、嚴格的討論我們現在碰到的問題，包括像認同的問題、憲政的問題，公民素

養的問題，或是說國家定位的問題，這些其實就是我們看到的制度議題，有些議題是很專業的，需要深入的觀念和制度討論。但是現在沒有一個方式去集結人，去更深入的對話。

如果我們覺得現在整個社會運作方式是有問題的，甚至說我們厭惡某些東西，但是卻沒有什麼方式可以讓大家集結在一起討論出路。我覺得今天為什麼大家會來這裡，為什麼余董事長把大家找來談問題，內心不就是剛剛林教授所說的一種焦慮嗎。這個焦慮感大概就是集合我們在這裡的原因，我們應該用我們的專業來討論現今台灣社會所面對的重大問題。

爲什麼國家的老闆創造不安定

朱敬一：江老師說可能台灣的政治問題有一部分是在憲法與憲法的實踐，所以可能二〇〇八年之後要找個時間來個大修憲，我不是很同意這樣的想法。我講個小故事，有一次李遠哲院長在主管會報上說，某年他去以色列開會，由於時間很充裕，他在路程中就看一下以色列歷史周邊狀況的問題，然後在談話的時候，好像是以色列的總理吧，人我不記得，李院長就向他說他覺得巴勒斯坦這邊有哪些哪些問題，他覺得該怎麼解決。

結果以色列總理就跟他講：你一定是個科學家，你們總是想要解決問題，而我們政客則是學者適應問題（live with it）。我覺得台灣的問題有一些是我們需要花一點時間去解決，可能不是那麼理想的說解決就解決。當然宜樺所講的雙首長制等的問題我們都可以同意，但是可能需要一點時間去解決。由於我們的經濟大概無法等兩年三年不做事，如果你要在兩年三年之內做事，那可能要避免一些紛爭，所以未來兩三年可能是悶著頭賺大錢的時候，我覺得憲法的問題要隨順而轉──先適應，再邁步調整。

第二個是早上錢永祥先生說到就是全球化跟在地化有一個價值體系，後面這個主題是講到有關公民社會，其實我覺得這是相關的，就是全球在地哪一個是主流，那一個是支流，哪一個是該接受哪一個是普世價值，他不是由我們來選，不是我們這個屋子裡任何一個學者選，而是人民選。人民怎麼去選擇他，怎麼去選擇一個價值，靠的就是公民社會嘛！這兩天我一直想不懂一個問題就是，我們都說當家不鬧事，可是最近有些事情就覺得確實是當家在鬧事，比如說選舉的方式搞不定，還有一個多月，好好談談怎麼樣去解決他，還有好多的時間嘛。當家的人，比如說台積電老闆，不會一開始就威脅他我要戒嚴，然後我要停選，這就是好像在鬧事。為什麼當家不會鬧事，因為鬧事就會產生很多的不安定不確定，為什麼老闆一定不會鬧事，因為他是剩餘價值擁有者（residual claimer），所有成本扣掉的東西都是他的，如果是虧損，全部都是當家的人要take。所以我們這個公民社會我想不出那裡出了毛病，沒有一個機制讓執政的人得到虧損，無法讓他瞭解他必然會獲致虧損。沒有一個企業家想在公司裡面鬧事的，可是國家的老闆為什麼會想要創造一個不安定，這是我搞不懂的地方，所以我們公民社會好像是有點問題。

要有和政府進行參與對話的機制

余範英：我一路來在工商時報十幾年，曾經跟李國鼎在一起很長一段時間，覺得李國鼎常常就是不按牌理出牌，他構想格局、尋找方向，東找資料西去查問，他為經濟發展的架構，東去找西去找他國作法與制度，尋遍地方去找資源，為因應外在的發展變化，為台灣找出路。暨如今天鑄九的構想，也是他為城鄉發展的時空變化在做探索。我們的民主架構是自己奠定的，台灣知識分子為發展探索自我的出路而負責；香港不同，它的經驗是移植的，香港只負責專業行政管理，沒有參與從觀念到制度這樣一步一步的推展，更況乎制定憲政體制的過程。而今天我們真正缺乏的是敢去想像面對轉變中的大架構，鉅細靡遺的步步推進與結合的作法。所以希望，社會人文科學要迎頭趕上，這個迎頭趕上是我們要跟政府有對話、有參與、有研判的機制。我不知道這一點來講是不是可以回答這位先生，由於急迫，需要解決方法，雖然很多當家鬧事的阻礙今天的發展，後面是不是我們可以在這個方面多談一些，多討論一些。

知識分子要做更大的努力？

南方朔：近代學術氣氛已變的有點奇怪了，由於知識分工和知識的雕琢，人們都可以朗朗上口許多瑣碎、抽象、動聽，但沒有太大意義的話，因而因小失大，這就是所謂的「零售聰明、批發瘋狂」。讓我們忽略了很多整體問題的思考。任何一個社會總是要有一些人，這些人不是總是在講一些自由民主的概念，其他別的都不會，不是這麼簡單不是這樣子的，知識分子本身必須與時具進的，知識分子不能不懂一些經濟學基本的ABC的，你不能不懂全球化經濟然後經濟學是怎樣發展的，你不應該不知道全世界怎麼在調整和運作，這些東西都是知識分子應該知道的，然後根據他所知道的這些，對某些問題提出一個很多技術專家們在本位上所沒有見到的問題，這是知識分子的角色，所以考慮到整體性，這是最基本的原則，為什麼講了幾百年，很多社會都在非法化知識分子的角色，尤其是保守派特別就會非法化知識分子的角色，事實上知識分子儘管碰到這麼多非法化的力量，許多知識分子還是與時俱進，能夠在政經社會開發出新的批判視野。

只是說未來的知識分子必須面對的挑戰、必須面對的問題，乃是知識分子本身要去做更大的努力，半部論語治天下，這種知識分子已經罩不住了，知識分子絕對可以當官，知識分子轉化角色變成某一種技術官僚、技術菁英是可以的，而且我認為知識分子轉化角色把他的理想實現到現實上也應該可以鼓勵。如果以前我是讀化學的，我有一大堆想像的美好願景，今天叫我去當什麼院長、部長當然可以，可是可以是可以，你做了這個官以後，因為你學的是化學，有一點空想，你當了官員後，你就應該對全世界其他領域的發展多一點瞭解吧，對教育系統的管理也要多一點瞭解吧，這是角色轉化，屁股動了以後，腦袋也動，這是OK的；但是，你不能過去認為某某事情不對，當換了屁股，腦袋一換，同樣的事情就變成了對，這個換就有點換的奇怪了一點，換了屁股換腦袋必須有原則，不能換得太離譜，尤其不能不負責任的表示政治人物支票可以亂開，沒什麼了不起，可以不必兑現這個話就有點離譜了。

比如，我都可講名字嗎，很多人都知道澄社是怎麼產生的，本人可是推手之一，當時澄社內的主要人物，一天到晚都在鼓吹內閣制的，忽然之間李登輝當了總統，就有人倒向總統制，主張總統權力要越大越好，我就問這個人你這樣不會不好意思嗎？他說這個時候我再繼續鼓吹內閣制，對李登輝不公平。人的主張可以這樣變嗎？知識分子的是非標準何在？太多人情況一變腦袋就變了，例如有些人這時候認為單一選區兩票制和立委減半對我最有利，然後就推這個制度，忽然間情況變了，發現不對了，對我不利了，就趕快要變回去，一個人的價值彈性未免太大了。如果這種價值我們一直推演下去，那豈不就像台灣民間所說的；手上揮著青天白日，口袋插著綠色，屁股後面插著紅色，反正情況無論如何變都可自我調適嗎？假設我們對於相對性的情境價值都不做一些反省的話，我覺得是很危險的，一個社會不能夠完全沒有價值，是非及道德基礎然後可以建造出一個美好的社會，我不相信，而且從人類歷史的軌跡上來看，也不可能。

然後另外一點，我們今天一直在談民間社會力量，公民社會，在座我相信有蠻多專家的，尤其是高先生應該是專家了吧，我們在社會學中很多概念是相對於別的概念而形成的，所以市民社會的概念在早些時候是相對於專制王朝的概念而形成的，用市民社會的概念打擊專制王朝的概念，因此，它最先是否定性的概念。可是發現到概念提出來之後，市民社會在實體上竟然是一團亂七八糟、自私自利像一團散沙的模樣，所以黑格爾所著的《法哲學原理》裡面不是特別講嗎，什麼叫公民社會，公民社會就是一個亂七八糟的社會，自私自利的社會，必須要透過國家來統合，所以國家是最高倫理性的存在。因此，很多概念我們都應該去做概念的考古學。近代台灣怎麼會談公民社會，台灣最早談公民社會是「南方雜誌」時代，因為當時東歐，尤其是波蘭華勒沙的智庫，在開放大學裡面專門講市民社會，他們是用公民社會的概念去對抗共產政權，所以當時翻譯我們不翻作市民社會，我們翻成民間社會，這種提法在台灣有某種程度的適用性，我講這些是在指出，公民社會這個概念是一個相對性的概念，當它某一個階段有意義，但它本身必須落實的時候，會發現到他是蠻空的。在台灣的環境下，人們經常都把公民社會這個概念偉大化、理想化，這是沒有意義的。如果台灣有好的公民社會，又怎麼可能會出現今天這種亂七八糟的政治呢？

因此，我們不可能希望公民社會的每一個人都是道德高超都有獨立思考能力的人，那麼，公民社會的核心價值是誰在領導呢？是資產階級在領導的嗎；一個社會裡面必須要有某種形象的人在領導，為什麼最近這兩天站起來公開講話的是那些醫生？為什麼是好幾個大企業家站出來講話呢？這些代表他們在市民社會作一個領導角色，其他人聽了覺得有道理而形成，公民社會不可能是一盤散沙自動團結，他一定要有些人有判斷力有身份地位，以及有擔當與貢獻，這些人站出來，整個社會就會有凝聚性，知識分子在這個建構裡面近年來是完全沒有力量的，然而台灣知識分子的角色被誰接收了呢？被那些醫生和企業家接收了。我對台灣的知識分子在這一段時間真的是感到蠻悲哀的，過去長期以來台灣從雷震他們一群外省知識分子形成一個台灣知識分子的傳統，知識分子傳統不可能一夕之間產生的，從雷震、自由中國、台灣政論等等到最後慢慢集結，這個集結的力量一形成後就變成一個政治主流，到了後來它逐漸廉價化，罵罵國民黨、談談自由民主就可得到掌聲，到了整個政權一變，一堆過去的批判知識分子通通變成新富新貴，然後知識分子就出現了空窗期。為什麼以前話很多的人都緘默了？有些人基於感情，有些人基於利益，全都噤口不言，通通都自動放棄，碰到大事情叫他講話也不敢講話，我認為知識分子這種感情的障礙要克服。比如說當今的政府當初必須有時間要學習，有些事情可以忍耐，但我忍耐他幾年？我忍耐兩年，兩年之內做任何事情我願幫你辯護，兩年之後我不幫你辯護了，兩年給你學，夠了吧。台灣社會就有人忍耐兩年、四年、八年、還有人忍耐一萬年，這個是不可以的。台灣知識分子在這段時間太沒有一點反省的力量了，太昧於私情也好，或者是害怕，各位都知道，台灣目前這個政府他造成的害怕不是靠政府的力量讓人害怕，他是靠群眾的力量讓你害怕。我們現在知識分子寫文章一定都要有一個開頭，「我過去是支持民進黨的」，彷彿這樣寫之後好像就安全了，就有了發言權。明明不支持台獨，也必須先開宗明義說「我完全理解台獨」，有了這樣的保護傘才取得發言權。查理嗆聲之後也要說，「我票是投給你的」！台灣目前一定要有一個安全帽戴下去話才可以講下去，有了這個帽子安全才有保障。這個帽子基本來說就是害怕，台灣害怕的程度，我跟各位報告，我現在已經是全民第一號公敵，我真的很害怕，我的很多美國朋友打電話跟我說，老王呀，你要小心一點喔，我們在美國電視上都有看到你，都在罵你喔，說你不愛台，是倡衰台灣，你是什麼共產黨走狗喔，所以台灣的可怕是用群眾，是用另外一種力量，跟以前國民黨時代用政府的力量是完全不同的邏輯。所以老夏是對的，政府很多力量不介入，但是用群眾力量來對付你，所以當家的鬧事，現在不是鬧事了，鬧大，越鬧大越好，就這樣，這就是現在的台灣。

不應放棄做對的事情的能力

陳芳明：世界各國出版的最新東西，台灣大概都可以看得到，而且很快就看到了。台灣開放的角度，吸收東西的能力，很強很強，我想不要說是哈利波特那種，或者村上春樹這種的，我們看台大附近所有簡體字的那些書店，那麼多。那麼多的開放，如果說像過去那種文化統戰的話，我們老早就已經被統戰過去了。可是我都覺得台灣還是有他自己消化的能力，把這些東西變成我們自己的，我想這方面是蠻強的，講創造力的話，我也一直覺得台灣的創造力是很強的。在文學方面，如小說、詩、散文這一方面，整個

創造性非常強，所以我覺得台灣社會是很開放的，剛才高老師有談到年輕一代好像不關心，我想要看什麼角度，我看我的學生在吸收各種文學的能力我覺得是蠻強的，因此在談全球化的問題是我們有消化的能力，但我們的創造力沒有辦法推銷出去，那當然這就跟政府有關係，這也是我為什麼忍耐四年的原因。我本來以為換了政權以後，過去是封閉的現在應該會更開放。這個政府跟社會開放的能量不成比例，它反而變的很保守。我看到它保守的時候當然就忍耐不住了，後來開始假本土化之名來進行各種思想檢查的時候，我作為一個民主運動參與者是無法接受的。我確實在海外有參加過政治運動，回來我參加了民進黨，那一套思考方式我都很清楚。我一直相信說只要換了政權，台灣就可以開放，現在才發現到這八年來整個台灣生產力，也就是進入廿一世紀後，就斷層下來了。而這個政黨沒有好好去看待整個台灣社會的多元性及其開放性。我覺得當一個新的執政者起來之後，反而不能比過去還更開放的時候，這就是台灣的危機了，這也是我開始批判阿扁的原因，我批判他當然我也希望他洗心革面，那是不可能的，但是作為一個知識分子總是應該講出來，你已經有這個侷限性，我們希望看到一方面讓更多人知道說這一個新的統治者它的侷限性在什麼地方，它的封閉性在什麼地方，我想作為知識分子一定要指出這一點。

第二個，我們當然希望在批判這個統治者之前，以後接班的人應該要避免不要再犯同樣的錯誤。這個期待我們是希望有，因此我從來不覺得我們作為一個知識分子，寫任何言論是沒有用的，我不相信這樣。我知道我當年也曾經是被放逐的，是一個黑名單，在台灣沒有發言權，但是我也是藉著寫文章跟我這個世代的人慢慢取得一些共識出來，然後累積發言權。我不要放棄我們的思想格局，我們不要放棄有那種做對事情的能力。我想我們就不要放棄。

今天我們來這裡，當然大家都在專業的領域上，我從我的專業領域來看，我覺得台灣的文化創造力還是有的，我從我們各世代，新世代的文學家他們最新作品所呈現出來的，當然都比以前寫的更好，那也因為他們和整個世界的文學接軌，在這一點上我是相當有信心的，我現在危機感最大的是像阿扁這樣的人，他知道民主運動的時候該講什麼語言他都會講，所以大家都會去相信他，但是這一個人是從來都不會去讀書的，他只懂得一部六法全書之外他什麼都不懂，他不懂台灣的歷史，他不懂台灣文化，我常講說他雖然自稱本土政權，但是我看他像外來政權，他真的像外來政權，他真的不瞭解台灣，那種台灣的文化創造力。因為台灣是一個多元社會，所以一直有創造力，不斷有新的智慧出來，這才是文化創造最重要的一個根源。可是阿扁不承認這樣的東西，他不承認，還要區隔這樣叫本土、這樣叫外來的，文化如果開始要區分這樣的時候，這就是我們文化的危機，因此這幾年來我當然改變很多，我想我過去也是。坦白講我是深綠色的，尤其在戒嚴時代，是一個黑名單的時候，也講了很多非常嚴重的指控，對我來說民進黨變成這個樣子的時候，我當年也是一個共犯。因為我有參與它的論述，論述形塑的工作我也有做過。今天很多人開始說我變了，我想不是我變了，而是這個政府從一個追求開放的夢裡面開始關起來，鎖在自己的權力慾望的時候，我想是執政者變了，我沒有變，但是我如果有變的話，那是我脫離了深綠色那樣的思考方式，比較真實的去面對台灣社會。

台灣社會真的是太多樣性了。我在過去是強調要革命的，可是我回到台灣社會我知道台灣是沒有革命條件的，原因是因為它太多元化，它不是一個同質性的東西，他異質性的東西都放在一起，這也是台灣文化最精彩的地方。因為我認識這種東西之後，我才知道你不能夠再去採取封閉或保守的思考方式來看待台灣。我也常講，事實上台灣的歷史不斷會有生命力進來，我想新的生命最清楚的就是新台灣之子，我相信在未來的新台灣文化建構裡面，這些新台灣之子從他們母親記憶中繼承過來絕對沒有南京大屠殺或二二八事件，他們可能帶來的記憶就是熱帶雨林的，或者是把越南的記憶也帶進來了，那些東西也要匯入台灣文化裡面。我們的執政者一直不認為這個是屬於台灣的，這就是我們感到焦慮的原因，我可能在批判阿扁的時候，恐怕所使用的字眼比以前批判國民黨的時候還更嚴厲，但是我覺得我最嚴厲的時代還沒有到來，因為我覺得我的危機趕還是存在的。今天我要講的是，我從來不會期待要被禮遇。我也必須承認我們這個世代被詛咒，你只好接受這樣的事實。我從來不會覺得禮遇的時代會在我的生命中出現，因此我想我今天來參加這個會議，是不願看到台灣希望被消滅。只要抱持希望，這才是台灣可以一直繼續走下去的最大的動力，就在這裡。因此，我現在要強調的是，在面對全球化的時候，我都從來不擔心，因為我們有吸收的能力，我們有創造的能力，只要我們有創造的能力，台灣文化是不會死掉的。可是現在最大的一個絆腳石，就是這個執政黨。當然我不必為我曾經當過共犯就必須要抱歉或是道歉，但是我覺得說我繼續要講真話這點，應該要堅持下去，我能夠講的大概就是這樣。

勿做僞專家　新聞應該講專業

李金銓：台灣可以引進一些低調的專業精神，並不因此而抹煞了知識分子的精神。香港原是殖民地，當然不要政府高官動腦子想政策，他們每天都在等倫敦的傳真，告訴他們做什麼，但他們的確把事情做的非常好。你到台灣來看，從政府機關到民間機構做事都馬馬虎虎的。記者的專業精神最主要就是事實。很多報導我覺得議論很多，事實非常貧瘠。因為每一個人都覺得我是專家，我為整個社會指導方向的，都是指指點點的。每一個社會的知識分子都有兩面性，知識分子固然有崇高的一面，但是也有很多偽知識分子。特別在台灣這個環境，更須進一步釐清，而不是籠籠統統的講知識分子。如果用最高的標準要求，幾個人可以做到知識分子？在任何社會知識分子，都是少數人，知如果少數好的知識分子跟大部分具有專業精神的人結合不好嗎？我覺得整個社會應該由這個角度來看，不該採用二分法，比如talk show上面，記者在那邊當偽專家，昨天晚上我稍微看了一下這些口水表演，幸福指數立刻降低。有人開始說哪個政治人物會被謀殺，他們就開始推演幾個假設，之後整個晚上就演繹那幾個假設，而且每天晚上都是這樣子。我們新聞界提倡專業精神，應該大有好處。

本土化貧乏了民主化的發展

錢永祥：我覺得台灣民主化的發展，不管他有多少因素，內在、外在的、社會的、歷史的因素，有一個很重要的因素是，前面幾輩的知識分子從自由中國半月刊開始，中間經過文星，到大學雜誌，到七〇年代到八〇年代黨外雜誌，把對於憲政民主、自由主義的基本價值花了三十五年的時間積累下來，詮釋下來，所以在大多數人的心中間，構成一種非常重要的批判精神。然後在這種精神的鼓勵、支援下，台灣的民主化有很好的發展。這是我想的第一個主要的觀察。第二個觀察我要講的就是，到了一九九〇年代後半期開始，台灣已經慢慢離開了民主化的歷史階段，進入了一個也許我們稱為民主化的建設階段之後，這個階段是靠什麼樣的價值意識，是靠什麼樣的嚮往來鼓動它來支援它呢？我覺得相對而言非常貧乏，貧乏的原因下午老夏有講到就是「本土化」這個概念。其實本土化這個概念，有兩種可能的詮釋。一個是比較右派的詮釋，本土就是族群的概念。可是我們如果去看一下七〇年代的鄉土文學論戰，當時的鄉土或我們現在講的本土，那是有一個非常實質的階級的含義，被壓迫者的含意。這個東西有實質的意義，可是，在我們今天談民主化的時候，比較左翼的這種詮釋完全消失了，剩下來的就是右派的族群主義的理解。這顯示台灣知識分子在本土化的階段，沒有盡責，沒有像老一輩自由主義者一樣，去積累、去詮釋一個社會的集體嚮往，那個功能知識分子沒有做到。所以變成這個關於本土的價值的詮釋，落到了政治人物的手裡。第三個觀察，今年是解嚴二十週年，我特別問了幾位不同學科的朋友，解嚴在他們學門的發展有什麼意義。我們第一次找的一群人包括陳芳明先生，到後來找了哲學界的，因為我自己是哲學界的，但他們說解嚴對哲學沒有意義。沒有意義有兩種可能，一個是以前的戒嚴是假的嗎，沒有傷害到你們這個學門嗎？這個我們都知道不是真的，確實傷害了，而竟然唸哲學的人認為沒有影響，解嚴戒嚴與我何有哉？另一種可能說台灣哲學界基本上，二十年過去還沒有解嚴，沒有解什麼嚴呢？就是台灣哲學界從來不在乎，我們的精神祖師是美國哲學，美國哲學是怎麼樣在一九五〇年代在麥卡錫時代下發展成今天這條路，我們對這些完全沒有意識。那麼我如果拿同樣的問題來問歷史學者，來問政治學的，來問你們其他社會科學，你們認為解嚴對你們的學科發展有什麼意義？他們又會如何回答呢？這個問題，這對於我們知識分子或我們在座的人士一個很重要的課題，如果我們自己所在的學科的發展史上，一九八七年的解嚴對我們學科發展沒有什麼影響，那我們現在對解嚴戒嚴這麼在乎幹什麼？這種麻木，反映了我們知識分子或學者對我們自己學科的檢討可能不夠。謝謝。

談責任倫理應做好份內的事

張茂桂：我覺得台灣很多談責任倫理都是在這個範疇裡面，沒做好自己分內該做的事情，我覺得這點是需要面對的，的確也包括媒體，專業主義裡面你的基本事情沒做好，寫假新聞或為了某一個目的去寫假新聞這是不對的，第二個就是，我們要談到社會學裡面在討論「公共知識分子」，根據美國傳統左派的社會學者邁可波瓦的主張，他到全世界各地去旅行，到各地方宣導社會學家要做一個公共知識分子，去年在南非有機會參加了他的座談，他就把各國的社會學者找來然後要大家談公共知識分子在你們國家是如何，相對於公共知識分子就有所謂技術官僚，他叫做公共政策知識分子，還有一個是所謂的假的價值中立科學家。但是等到各國社會學家一開口之後，就知道你的公共知識分子跟我的公共知識分子完全不一樣，為什麼，因為我們生活在完全不同的世界跟不同的自由度，不同的公民權的國家裡面。所以你跟一個南非人談說你的公共知識分子是什麼，這很簡單，你就是要去走社會運動，去打敗種族主義者，很單純，你就要去做這件事情，沒有第二條路，但是你要是要一個伊朗的人來做一個公共知識分子，他在伊朗是沒有空間發言的，他只做一些非常簡單的東西，他在這樣的國家裡面做民意調查，用客觀而科學的民意調查告訴你社會是什麼，跟所謂的建構出另外一種社會不一樣。他根本做不到什麼批判，因為他在伊朗這個國家。然後一個香港的學者談中國的公共知識分子，非常批判性的認為，中國沒有公共知識分子這件事，所有公共知識分子都是黨許可的知識分子，這句話有點誇大，當場就有中國的學者起來跟他抗議了，但基本上要講的是我們知識分子的確有一個工作的環境跟生產的條件，他的point其實就在這個地方，最後我回應一點就是學院

知識分子的困境。知識分子開始去討論管理公共事務，其實你創造出來的是公共財，經濟學者很清楚就會告訴你公共財是沒有敵對性的，人人都可以享用。所以自然就會出現搭便車的問題，一旦變成某一個特定的公共知識分子之後，你會吸引到各類的議題跟你相關，比如你是醫療就會牽涉到個人的醫療問題，健保問題都會到你這邊，另外就是，創造另外一條狗，意思就是說，所有的議題別人不必分攤，我有這個問題我就找你來幫忙，你愈來愈有影響力，責任愈來愈大，出現所有社會運動或是社會實踐者的兩難，你開始去做社會服務的時候你就開始必須承諾，你要有熱情要有理想，你要去實踐，所以別人找你來你不能說不行，不能。所以這種東西就是不斷的滾動，你只要做，開始去做公共的事業，事情就會來找你，然後你不能停止，這是學院知識分子的公共性的最大挑戰。

台灣還有機會優先議題應先訂出

高承恕：我接著來，我剛剛看了一下名單，嚴格講起來，只有我一個是私立大學的，所以這也是M形社會，為什麼提這個？我到不是埋怨，但我提一個問題，第一，台灣的認同不僅僅是族群社會地位等等。而是可以看到一個問題，今天在座各位，我為什麼要提你們都是台大、政大，現在一般的私立大學，即使一般的老字號，像東海、輔仁、東吳這些，其實都很辛苦，台灣不是沒有資源，我們也是貿易大國，我們現在出口還很旺盛，現在是外熱內冷嗎，但你現在去餐廳吃飯，台中幾個比較熟的餐廳，關了一半，為什麼收了，消費不在這，都在深圳、在崑山，可能在青島，不在這裡吃飯，連特種營業也一路下降，這製造另外一種社會問題，但基本上有一個更根本的必須從長遠來看，是教育的M型化，今天少數好的國立大學，資源比較多，但是大家可以預見一個問題，今天台灣一百六十幾家大學裡面，其實就我的瞭解，今年後面三分之一的報到大概不到百分之八十，教育部給你名額但你招不到，這基本上有個很重要的問題就是基本上沒有這麼多的小朋友了嗎。我們唸小學的時候一班六十個人，現在小學一班三十個人，你拿東大附小來講，以前大家是擠破頭大家要去念東大附小，現在招不足額，就是沒這麼多小孩子嘛，今年國中基測的人數已經超過我們大學可以招收的名額，五年之內陸續會有很多的大學院校要倒店，現在我們的理論叫切香腸理論，從後面開始切，所以大家都很有危機感，不過在座各位反正切不到你們嗎，所以不只是社會的M型化，教育的M型化都已經出現了，而且在惡化之中，這不是只有人數招生不足額，而是整個資源分配不足額的問題，我教書三十年，我一學期要教三門課，一年教六門課，很多很多想盡辦法讀完博士，博士念完當助理教授一個月賺七萬塊錢，要養一家人，據我瞭解每一個私立大專院校保守估計每一個星期平均授課時數，十四、十五個小時，你叫他怎麼做研究怎麼當知識分子？他要去參與公共論述他老婆先把他罵一頓，七萬塊錢大家知道假如太太沒工作的話已經在平均所得的中線之下，我不是危言聳聽，的確是這樣，又有升等的壓力，現在又要搞評鑑，要SCI、SSCI，當年我要是這樣我肯定升不了等，所以各方面的壓力我們必須認清是有問題的，我們不要當鴕鳥。

但是話講回來，今天大家參加這個會議也不是光衝著余董事長的面子，我們基本上都還覺得有機會，還有希望，不然不要來了嘛，幹嘛做這裡三更半夜的，從這點我回應到陳兄的講法，我始終認為這幾十年我在中部我在南部，台灣的民間力量是很強的，非常強，我現在還在做些個案，還在跑，你信不信，台灣可以還有成衣業，他的EPS可以超過九塊，他的廠還在台灣，成衣我們總覺得是夕陽工業，不知夕陽到那裡，已經天黑了，他還是可以搞，前面三季EPS七塊，這一季九塊，這家公司叫聚陽。我的牛仔褲的布是苗栗一家工廠生產的，在苗栗的偏僻鄉下，他的牛仔布依然是全世界第一名，他的廠在全世界，但總部在苗栗後龍，一年三百六十五天連除夕都不打烊的，台灣民間有力量的，那種吸收的力量很快、反應快而且早就走出去了嘛，誰說台灣走不出去呀，早就走出去幾十年了，說走不出去是瞎說，但是現在這個力量我是覺得很關鍵，時間不再等我們了，假如再不能把我們的總體力量發揮出來，沒有優先順序，還是這樣亂哄哄，是一直把這幾十年民間的力量耗完，我覺得太可惜，所以最後一句話，我有個建議，明天大家有緣來排個議題，難得大家都在這個地方，看了幾十年來台灣的發展，是不是明天我們可以來聊一下我們要努力的一個優先順序。

我回應朱教授剛剛提到，有些事情它治了也不會好，也些事情他不治也會慢慢好，那我們先想個法子把用的藥、治的病，用的力的先把它做好，醫生就是做這些事的，有些病不治他自己也會好，像感冒一樣，但我們現在完全亂套，沒有優先順序，亂哄哄的，年輕人常會講你們很好笑，他們出走你也不能怪他們，所以我想明天我們能不能集思廣益有個優先順序一些討論來落實下來，應該要有一些解決的建議。

應該充用運用組織的力量

張苙雲：前面提到的多屬大社會大架構底下的議題，但我想強調枝節的問題。我們很多時候不注意枝節，枝節的地方是不太講究的，我不是在針砭知識分子的概念，以我的經驗來看，我覺得台灣的民間社會是非常非常可愛而且活躍，不只是在產業經濟活動的部分，不僅在文化的部分，我覺得民間力量一些思維或者是一些如醫療方面的話，常常讓我非常感動而且意外，就是你在碰觸的過程中間會在關鍵的時刻冒出一些關鍵的人事物以致於讓你在做這些事情的時候，覺得原來我們不是那麼孤獨的，原來我們社會中有很多的人同此心，大家都是想做一些事的。我常在想，剛剛政治部分的討論，在我們生活中的忍受是不是真實？會不會有點像莊周夢醒？我的觀察是，真實的台灣社會是非常非常的可愛，非常活潑而且我覺得所謂民間社會的力量我所看到的那一塊是相當成熟而且論述得很好。回到知識分子，有人不是說我們忙得像狗一樣嗎，我覺得實踐的策略是很重要的部分。正如我們下午談的，看個人的話每個人都非常出色、很可愛、很有潛力，可是看集體就不然。這就是其中可以思考的地方。很多事物、理想實踐的過程當中，單打獨鬥常常是最自然的作法，比較少應用組織的能力以及策略，以致於在推動裡面常會像你（張茂桂）四十萬的計劃，忙得像狗一樣，我個人過去六年的經驗，你說忙不忙，其實好像還好，這個基金會沒有一塊錢從政府單位來的，除了今年外，過去還沒有赤字過。你說人數多不多，有九位全職工作同仁，我覺得現代社會裡面組織的運用很重要的一個策略，組織本身是會帶出一些力量的，所以你會指著我問醫療大家都來找你，會不會累，但是大部分的時候是有一批人而且這批人背後還有一大批人大家一起再做，所以我覺得知識分子在實踐的過程中間，剛剛李金銓講專業的低調，我個人覺得在策略的運用上在台灣來講至少在台灣的環境裡面是可能的、可行的，而且不一定會把我們變的跟狗一樣。

知識分子論政從政有相當不同

余範英：知識分子論政、知識分子參政、從政，有相當的不同。知識分子論政、參政，建議經過媒體、智庫或跟政策對話，發揮影響力。學者專家對公共事務的視野與格局帶動社會力，也是服務人群的途徑。比如說剛剛張苙雲講得好，黃武雄帶起的社區大學，最初只有個概念，這個概念的設計行動過程與奔走，一群朋友都在裡面作了很多事，如林孝信扮演了鼓勵與結合的角色，許多朋友堅守課業的傳遞或社區的改造。當然社大還有很多參差不齊，也有人有政治考量，但他還是有個合宜的進程，在台灣這個進程我覺得是一個很漂亮的公民社會發展的例子，它彌補了許多對社會的期待與自我精進的機會。反思與批判是重要的，深入基層也是方法。

的從政困境也有諸多不易，肩擔與負責需要被珍惜與尊重。像我跟萬億的接觸裡體會到，很多公務人員不被珍惜，公務人員尊重倫理基於職別與責任，發言權不夠，而空降、轉換的從政者，主宰了權力，但從政的知識與能力的培養與評鑑，在我們的制度裡沒有看到。萬億從自己經驗或是在學校裡面整合資源，從學術到智庫到研究試圖貢獻給體制參酌，補給政策前進的動力，但這應有一定的秩序與支持，又如何可以形成制度化？

藉由幾個問題診斷知識分子

黃榮村：最後我來丟幾個問題，大家可以思考看看，藉由正確的診斷才有適當的對策：

第一個問題，外在因素逼使知識分子邊緣化還是自己因素造成的？

第二個問題，因為換了位置才換了腦袋，還是個人本性，只是他以前沒機會表現？假如一個人是理性的，他怎麼會說變就變了呢？

第三個問題，有很多以前批判的人現在不批判，是因為他難以克服感情的障礙，還是因為他不必戰鬥，或失去了論述批判的能力。以上是三個相關的小問題。

【議題三】

經濟與社會變遷中的文化體驗

台灣當前問題出現相互牽引

朱雲漢：台灣當前還有民主跟法治倒退的問題，這些問題都是相互牽引的。我聽萬億兄報告我們的財政來源事實上是逐漸在萎縮這和經濟成長趨緩導致稅源枯竭都有關係，社會福利的需求緩和M型社會的差距，再加上老年社會已經在眼前了，看大家是不是進一步再做些開展。

稅制不公　台灣應加速改革

陳添枝：技術的變動是就業問題的主因，製造業的部分，對高技術人力的需求高，但在供給的方面沒有太大的變動。大家雖然鼓勵教育，但高科技人才的供給要快速增加卻是很困難的事。有技術人才全球都有offer，沒有技術性的人才全球都不需要；沒有特別技術，在台灣找不到工作的到大陸也依樣找不到，這就是全球化造成的一個大影響。

服務業佔台灣就業比率已經逾六十％，我們花太多時間談失業率卻沒有談就業率顯然偏誤，台灣就業率其實非常低。

提高就業率比較容易的方法就是服務業的部分，因為佔ＧＤＰ比例較大，很容易就讓就業率升高。在服務業的部分扮演較大角色的就是政府，公務員就是其中一種。政府已經很多年沒有調升薪資，其他產業當然也不會調整，這是台灣工資低的原因之一。

政府因為對教師有很好的退休照顧，引發很多人想當老師，因而就產生了流浪教師，造成教師提早退休從此不就業，為了怕政府遲早財政出問題，因此公務員提早退休的人越來越嚴重，這就是制度面所導致服務業市場扭曲的例子，造成就業率偏低。

關於醫療照顧產業的問題，醫療有健保的架構，健保關係本身就導致架構上的扭曲，老人照護也是嚴重的問題。到目前為止我們的法令還禁止用營利事業來提供照顧老人的服務，照護產業不一定必須是一個公益事業，應該由社會比較有效率的組織來促成，讓中高齡婦女來照顧。但目前制度的設計並不存在太多的彈性，很多法律妨礙就業的促成。

對於我們對part time工作制度的安排也不理想。反觀西歐、荷蘭都是在part time產業做比較好規劃產生比較好的part time服務，因為服務這種東西是隨時需要的，所以這類型的就業機會是應該多加照顧，所以政府部門對服務產業應該多做些檢討。

台灣中小企業一直在所得分配扮演重要的角色，由於中小企業異常繁榮創業容易，因此提供所得的機會也高。但現在中小企業的經營越來越困難，尤其是製造業方面，現在的創業大多發生在服務業，製造業反而越來越少。政府對中小企業創業應多加照顧，順應全球化潮流，好好來看服務業在這塊。如何讓小的企業、個人有更多的機會，是解決所得分配不均很重要的一環。

最後一點是稅制的部分。台灣的稅制扭曲非常嚴重，最大的扭曲在於領薪水的人付的稅很高，靠資本賺錢的人交稅的比例卻很低的，勞動所得繳的稅佔課稅之所得近七十%資本家賦稅卻很低，但沒有人敢去動這一塊。兩稅合一，就是要減資本所得稅，現在又提營利事業所得稅再降，反正一切措施都是在減少資本所得的課稅。

目前的利息所得免稅我覺得已經不需要，已經out of date，以前是要鼓勵儲蓄去免稅，我覺得現在台灣面對的已經不是儲蓄、資本不足的問題，所以像這塊免稅也是都可以取消了，至於資本相關的稅制應該大膽的做些改變。剛剛講說台灣越來越嚴重的問題是大部分的中產階級、受薪階級在付大部分的稅收來照顧目前所產生的社會不均問題。

謝謝！

民主機制是不容任何挑戰的

朱敬一：萬億兄剛剛提到所得分配，大家都講所得分五等份，最高和最低的比，這是失真的。因為最高所得二十%的人平均所得一百七十幾萬，如果在座夫婦兩人都在教育界教書的話都變成最高所得，比起來沒有意思。我們要比是比更細的，例如全台灣比最高的五%和最低的五%看他的變動才比較有時貌，我有比過，算到二〇〇四年，我保證是大幅的上升。或者是gini（吉尼）也可以分的更細去看，可以保證是大幅的惡化，所以五等分數據無法完全反映最高所得的人是持續增加的。

第二個回應雲鵬講的民主價值問題，我也認為這根本不能忍受被挑戰。挑戰民主基本上是挑戰人為目的的人本基礎根源，政治社會科學都是為民服務，所以要挑戰民主很讓人想不透。

接著回到昨天談的一些事情。講到澄社以往的種種來比照現在的情況，李金銓教授批評到媒體，現在這麼多胡說八道、在鼓動戒嚴，明明白白維護執政黨和特定政治勢力的人，媒體要去維護這些是相當奇怪的。黃榮村校長在澄社時期，台灣曾經推行黨政軍退出媒體的運動，我當時擔任澄社秘書長，是真正要求黨政軍退出媒體的活動。可是現在看到這麼多的「御用媒體」真的非常令人生氣，不知道要說甚麼，當年那麼努力的推動黨政軍退出現在卻變得這樣醜陋。

再舉一個例子—黨產。黨產討論最早是出自一本書—解構黨國資本主義。當年我行走江湖也是六寇之一，我可能比屋子理每個人都清楚黨產問題。黨產是想要打破以財養勢、聚勢斂財的政經互相勾結的結構，這是我們的目的。但是該書中沒有一個地方是用「討黨產公投」的程序去解決。在任何一個民主社會要把黨產拿掉一定要透過司法程序而非立法程序。立法是批發業，司法是任何人不公不義個案要拿回來的零售業。沒有一個民主社會會用立法去對付個案的。

當年澄社轟轟烈烈的兩件事情—解構黨國資本主義、黨政軍退出媒體。回過頭來看真的很難過，兩件事情黃榮村好像都是社長…

當我們看到媒體這樣不正常，我雖不舒服卻可以忍受。看到討黨產不走司法而是用鬥爭的方式對付一個政黨，非常討厭但亦可以忍受。但要挑戰到民主機制是無法忍受的，這是我的底線，因為這侵犯到所有的自我糾正機制。民主機制是白血球免疫系統，我的底線是不能挑戰民主，假若真的到了戒嚴境界，不讓公民作最後決定的話，真的會讓各種情況都到了臨界點。

善用國有財產不怕沒錢建設

朱雲鵬：聽到黃榮村說當初澄社創立的目的就是anti-establishment。

知識分子至少要有敢言的精神。我比較感慨的是現在台灣這種anti-establishment的組織看不到了，所以這是我比較憂心的。

朱敬一說他當初推動黨政軍退出媒體，現在行政力量真的退出媒體了嗎？台視的出售過程有沒有可以被質疑的？當年澄社所反的很多東西is coming back。可惜沒有另外一個澄社出現。

我們不能只從台灣看台灣

高承恕：這兩天談台灣社會，到目前我的感受是，我們不能只從台灣看台灣。

我回應一下萬億兄的報告也同意敬一兄的評論，許多統計數據是失真的。我覺得大前研一的M型社會概念太簡化，我認為不單只能從台灣看台灣。就像所得分配上層那群人是最有能力跨界流動的。這幾年我做田野的訪問，當你手機拿起來問你在那裡時，半數以上的回答可能是他在越南、檳城、捷克，台灣的中小企業以前就這樣的個性，現在更是如此，而且還有出去不回來的。所以談那個所得我非常不同意，因為你根本算不到，比如說你去大陸演講的演講費扣得到稅嗎？

我的keypoint是你越是中下階層越沒能力流動，上面那層最有能力流動但又記錄不到的根本無法納入計算，所以你說貧富差距沒有拉大我無法認同。

到中南部看看餐廳為什麼關門，因為不在這裡消費了、跑走了。新竹以北還好，但中南部原本做傳統產業的都出走了，現在最大的問題是無法回流，所以一但跨界，走出去的人和錢還有多少設分公司，更不用說在海外移動基金的錢，假如我們還認為我們是知識分子，我想我們要面對真實、發掘問題，知識分子如果沒有獨立批判的能力的話，那就連基本的立場都沒有。

社福和市場該如何平衡

鄭瑞城：剛剛高老師的那席話讓我想起來，我們要問的資料來源是否正確，到底解釋一個現象，要怎樣分析這個資料是大家比較有共識的，特別是在台灣主流價值上。

第二談到社會福利，從民主政治或者純粹的自由主義的觀點，坦白說是不太重視經濟平等問題，主要是強調政治和程序正當性問題，民主政治若與市場結合，平等概念未必是一個重要的角色，台灣的社會福利，很容易在談到公義正義的時後成為一個非常好的口號，很容易被提出，特別是選舉的時候，所以可以看到很多社福政策是在特殊狀況下被提出的。

我的問題是，到底社會福利跟市場經濟在什麼地方應該取得平衡？

在台灣整體的社會福利制度化成一個比較具體概念來談，應該佔我們的預算狀況大概是如何？

再延伸出第三個問題，我們在談社會福利的時候，在教育那部份，部裡面推了很多貸款、獎助學金，我很好奇那學校本身有沒有在做些什麼？社會福利如何界定？醫療、人、教育這塊都會有謂社會福利與預算的概念，應該怎樣來看？

政治讓台灣恐懼而累倦

夏鑄九：一點小意見，另外一點自我批判。

高老師指出有二十%越界流動，現實上一九八〇年後台灣的企業慢慢積累了一點技術的能力，但是我們這個社會要面對的現實卻是台灣現在的政治，使台灣進入一個精神狀態—恐懼而累倦，價值有問題。相反的假如是民主開放趨向多元，一定是美麗台灣，人一定會留下來。否則就算你不准他跑，納稅也納不到，統計也無從統計他的財富，你越害怕這些有能力的人跑，別人就越歡迎他。

第二點關於知識分子自我批判，我是因為林萬億指出大前研一的M型社會太簡化，所以我昨天避開M型社會而用兩極化社會。而余小姐希望能轉化成具體實踐策略而非泛泛空談，我覺得這是要從自我批判開始，所以我將論文標題從M型化換成為兩極化社會。

擴大福利應提防成爲無底洞

江宜樺：今天上午講的是貧富差距的問題，我很關心。這陣子因為教書的需要，去蒐集平等、公正、社會福利制度等等資料，其中也包括林萬億老師的東西。

我想先請教朱雲鵬老師，您提到台灣的貧富差距南北拉大，民主是唯一解決的方式。我無法了解民主為什麼是解決貧富或南北差距的唯一方法？對我來說，民主可以解決一些問題，但我比較不會有把握説民主可以用來解決貧富差距問題。早期希臘民主的確曾用赤裸裸鬥爭的方式對付寡頭，以之做為拉近貧富差距的做法。但是現代民主政治的意義跟古希臘民主很不相同，就像你提到的，富人避稅的方法這麼多，即使立法院通過某種條例，還是課不到錢。如何去避免上有政策下有對策的格局，在賦稅結構非常扭曲的情況下縮短貧富差距呢？另外關於林萬億老師的文章，大家注意力集中在資料的正確性，我對這部分比較沒那麼重視，因為林老師承認確實有某種貧富差距存在，我關心的是縮短貧富差距要怎麼做？也許有人反對縮短貧富差距，認為沒必要、也不可能。但我認為貧富差距太大的確有不好的社會效果，所以還是不能不採取對策。只是，我們要怎麼樣才能公平有效的縮短貧富差距？一個是增加稅收，另外一個是擴大福利，這是林萬億老師提出的方法。你提到第一種方法從台灣經驗看來效果不大，可是你並沒有問一個問題，稅率究竟要加到多少？我們的平均稅率如果增加到二十五％，和現在十三％是完全不能比的。增加稅收如真能縮短貧富差距，學者是不是該勇敢表達稅收要準備增加才能以此來調整貧富差距的事情。

至於另外一個擴大社會福利，我比較有所保留，包括社會救濟、社會安全網等，都有可能變成一個無底洞，特別當這個比例不斷增加，就會排擠到其他該做的事情，我們尤其要小心。另外，公部門的組成也會因此不斷膨大、政治肥大，以傳統的方式做，我們將會增加更多的公務人員，人事費用會大增；而即使以BOT委外，公共部門的規模仍然是越來越大，沒有政府真的做到小而美。這是因為：即使政府不再親自負責某些事情，光是扮演分配及監督的角色，也會使投入的資源越來越多。我們支持社會福利的理念，但也必須考慮怎樣才能讓社福不要變成無底洞。

另外，張老師講到觀光醫療產業，其實在所有部門都有分配不均的現象，以國民教育來看，城鄉的差距越來越大，譬如都市的小孩在入學前就有很多機會接觸英語，而鄉下小孩到了國中才開始學ＡＢＣ。基本醫療也是，有便宜的健保，另一方面也出現有錢人買的醫療保險，這種現象逼我們去思考什麼叫做基本條件上的福利供給、什麼是能夠隨著當事人的財力負擔所要的服務品質。自由的角度叫我們不應該限制有財力的人只能接受一般的醫療健保，而財政負擔的角度則告訴我們，無法保證讓每個拿國民健保的人都享受到觀光醫療的品質，這就是個兩難。

關於知識分子的問題，大家都質疑為什麼知識分子不出來批判？像是中正紀念堂拆牌事件，教育部主秘講的話明明已經很不入流，但似乎也沒有知識分子出來批評，這明顯是該批評的。為什麼知識分子不批判呢？原因之一是：如果你覺得罵了沒有用，你就不會去罵。現在任何執政黨官員有不對的表現，在野黨馬上會批判，甚至成為calling節目的話題，這些率先罵的常常被指為是最沒資格罵的，因此造成後來罵的人也被歸類為沒資格罵的。當你看到該被批評的對象，卻因為被罵而反而有些支持者跑去獻花，你就連罵的力氣都沒了。

另外有一點，批判之前必須要有資料，可我拿不到資料。時常我們要的不是機密資料，可是也一樣被封鎖了。拿不到資料怎麼罵？所有部長都會說你們不了解實況，你們沒做研究怎麼隨便罵，但沒資料怎麼做研究？所以這些都造成知識分子無法使力的原因，假如知識分子要有力量，必須要群策群力。

社福與分配不應該被設限

余範英：談到高調與低調。

澄社可以做anti-establishment的高調，但沒有專業的論證就不是澄社。低調講究非常專業及實踐，他山之石可以攻錯，但不是借來就用。高調跟低調的專業和學術應有分際。

本次山中會談的設計以社會學者為主，法律經濟比較少，是因為我們曾經有過一次全球化下的發展與分配，我們分配談的很多、發展談的很少。為什麼我們這麼談，因為是這八年的執政黨和在野黨都沒有盡責，台灣到底該怎麼發展，怎麼會有七十%的服務業？經濟發展和社會資源政府設想了很多、檢討了很多，發展與分配的比重和次序是不是可以meet全球化或大國崛起？

今天我們在做所有的社福與分配，是現有既定政策，執政黨與在野黨同意的或發聲不夠之下，是「政治正確」設限了我們嗎？是政黨政治設限了我們嗎？

對於反權成的理解太狹礙

錢永祥：第一點：我參加澄社之前，即是屬於另外一個左派學術團體，自由主義在我的觀念中和左派本來也應該結合在一起的。

第二點：在座各位在台灣都被定位成自由主義者，今天這個主題是社會公平正義，公與義不要把焦點變小，要把它放在同時涉及人權自由以及社會正義的層面上。

第三點：知識分子是anti-establishment，但台灣知識分子—尤其是澄社—對establishment的理解非常狹窄。他們認為自己反威權，但為什麼反他？自己的價值意識其實並不很豐富明確。我們始終沒有把establishment做一個廣義的界定和理解。

所以我們談到社會福利、社會正義，跟自由民主有沒有密切的關係？澄社沒有談威權的「黨國資本主義」不好，但是一個民主政黨跟政黨財團勾結又如何？資本主義是不是真的是我們要選的制度？至少我們沒有談過。

Anti-establishment的知識分子，對台灣跟美國及中國的關係要如何看？跟中間選民的考慮的角度是否也需要挑戰？澄社根本沒

有談過，這都是因為台灣的知識分子對establishment的認識太膚淺狹窄。所以講到反establishment的時候，大家都只是講「反威權要民主」，但說完那六個字就沒得說啦？

只做二次分配資源越做越少

朱雲漢：在這之前我也補充一點，我想顯然縮小貧富差距不能只靠傳統的社會福利手段，全球化時代只做二次分配，也就是只是被動的補救市場分配（即一次分配）的不均衡結果，一定越做資源越少、越困難，一定要設法改善一次分配，也就是增加弱勢群體參與市場的機會，確保立足點的平等，無論是從合理分配教育的手段，整套賦稅機制也要考量到這塊。

醫療基本功是我的底線

張苙雲：我們選上下層百分之多少去比較貧富差距，其實運用的是相對的概念。這樣的計算忽略了絕對基礎的重要性。而在台灣面對底層在生存的邊緣時候，我們要怎麼切這個標準，難道還在談

貧富相對性嗎？以醫療資源來說，初級中級三級，醫療固然因處理疾病的能力不同而分級，但是醫療照顧還是有個絕對要遵行的底線，不因是在那個醫療層級，都不可不做，我們稱之為「醫療常規」。醫療常規，例如血壓心跳等、用藥、病例、基本功，在台灣呈現的是破功的狀態。

朱敬一說民主被挑戰是他的底線，是不可以忍受的，對我來說，這醫療的基本功不能堅持是我的底限。

不同知識階級和財富，影響醫療照顧得到的懸殊。醫療照顧有絕對不可節省的那一段，但今天在台灣是有不同的差距。對我而言，民主自由的價值固然重要，但對於常民生活的生命至關的講究與認真對待，對我來說是更重要的價值。有些人有能力可以去五星六星醫療照顧，但至少我們一般階級走進醫療場所，基本的照護品質和標準是要有的。沒錯，有些是情勢是相對的，但沒有底限的談相對是失真且危險的。

人的生存權政府要負責

王振寰：所得分配還包含社會民主，不只是政治民主，可是我們現今似乎又回到威權去了，現在的台灣連形式民主都快不見了更別提社會民主，這是值得焦慮的。

談到所得分配之間嚴重的差距，當然會涉及到經濟發展，從經濟到社會發展，是要讓我們社會的每一個人都得到照顧才是公平正義的社會。我個人的感覺，任何的民主政治每個人都有生存的權利。一個好的社會，政府的責任不可避免。問題是在於福利如何分配，但沒有經濟發展，分來分去沒意義。我們現今沒有辦法好好利用全球化來發展把自己隔絕，這才是我們的問題，而經濟沒辦法發展，不均的問題就會嚴重，社會問題就更惡化。回到政治學和社會學最古典的問題，人就是要生存的權利，政府就是要負責，知識分子面對這些不均的情況應該要有一些看法。

品質的重要性應大於效能

林萬億：我寫這篇的時候非常平淡無奇，沒有任何情緒。

首先回應我在一九八〇年代中開始處理台灣的貧富差距，我用的就是這樣的數字不管政治經濟變化，沒有個別用。所得分配用百分位差是沒有意義的。我必須坦白承認我自己有研究全球化與福利國家間的關係，我知道黑數越來越多，這是一定的，就因為有多少黑數也不知道。現今的流動是跨界的，所以無法精確的知道那些數字在哪裡。因此

這些數字只是用來討論，沒有特別深入到學術的論證。

第二回應稅的問題。我主張稅收要提高，但提高的內涵是什麼並不是我這篇文章要討論的。台灣稅收太低了，低到人民生活品質和公共福利沒有辦法做。我和張忠謀談過，他說政府大小無關，效能最重要。小未必美，大也不一定不美，什麼叫有效能？就是跟人民之間取得共識。我同意也支持振寰兄提到的，一定要做些非常根本的工作，維持人民生活社會穩定、制度和自由民主運作。為什麼我對台灣稅收並沒有抱以很高的期待，因為有個結構問題—資本主義。我們有非常深的發展式國家經濟立憲主義，所有的一切都回歸到經濟發展，不談經濟發展幾乎很少被支持。我不贊成照顧服務市場化，我認為品質重於效能，透過社會企業來解決服務業在照顧老人與弱者就業機會上，可以維持人的最基本的品質和尊嚴，不一定要透過市場解決。

第二個問題兼職工作，非典型勞動在荷蘭大多為女性，生活品質不高，因此得用另外一個社會福利來支撐兼職工作的女性，因此這是環環相扣的。另外這些兼職工作的女性無法參加保險，因為沒有full time job，所以必須再擴大年金保險，作為配套來納入這群女性，我覺得這方面可以從比較多的角度來探討。

最後回到澄社，自由主義跟我這個傾向社會民主主義不太相

容，經濟發展與社會公平在澄社不能討論啦！一討論就臉紅脖子粗，經濟政治法學主張社福達到水準就好，但社會學家就不止這樣了，我們對上層公與義大致算有共識，但是手段方法就未必有共識了。

爲什麼民主是解決的方法

朱雲鵬：經濟跟肚子是所有東西的基礎。

回應永祥提到什麼叫anti-establishment，的確應該先定義追求的是什麼，台灣其實是一個福地，應該追求的是民主法治自由，這是我的預設，我們有多元文化、企業，這裡生活最舒服。so many good things in Taiwan！假定有人信仰這「六個字」，有誰破壞這六個字就是anti-establishment。所以我同意，應先確定自己的夢、對台灣的夢，如果有一群人有共同的理解就去做。

第二個我要回應的是，為什麼民主是解決的方法？台灣如果是有民主法治，可以公開討論經濟政策，相信經濟不成問題，今天最大問題是台灣沒有討論經濟問題的論壇，談經濟上不了報，談「大中至正」、「入聯公投」

就上報，也就是現在台灣沒有左右的空間只有統獨的空間。但我相信這是暫時的，總有一天與百姓生活密切相關的經濟會回到檯面，而台灣只要有左右政黨出現，政策一定會往中低收入傾斜。台灣今天最可憐的是一大堆中低收入，被全球化遺忘該怎麼辦，但台灣沒有一個政黨幫他們說話，怎麼會沒有方法解決？有很多方法。

在中南部可以創造很多就業機會，稅制可以改變，可以用負所得稅制啊！現在是稅基很小稅率很高最後稅收很少，這些都要全盤處理，應該是轉為稅率要低稅基要大才會稅收大。所以，可以做的事情太多但沒有人談這個，這就是台灣悲哀。

但我還是認為民主可以解決這個問題，因為正常的民主社會有很大的公民社會，執政黨假若無法阻止經濟下滑，人民會真正意識到問題所在，多數人越來越擔心貧窮和兩極化。這些問題等到有左右的政黨出現，就有希望了。畢竟低收入的人人數是最多，有錢人不一定在台灣，真正走不了的低收入户都在台灣，她們有這麼多選票怎麼會解決不了問題？以上是我的報告。謝謝！

【議題四】

型塑多元、開放、包容的文化希望

建構包容多元文化　防民主遭侵蝕

朱雲漢：有一個概念需要反覆提出來，台灣必須是追求公平正義開放多元民主法治的社會，其實也是在呼籲高教授的意見，這還不夠還要再加一個東西，加上和平，你必須把台灣放回兩岸放回東亞放回世界，台灣如果只是美國鷹派和日本右派支配戰略的棋子的話，她自己一大堆問題都沒解決，大的依賴框架如果我們自己無法超脫，自己也不可能有真正的主體性，否則只是虛假的自主與獨立。和平是建立良性兩岸關係，才能讓台灣融入東亞共同體，否則台灣只是區域中一個每天吵吵鬧鬧自怨自憐，逐漸邊緣化的群體，和平價值意味著我們不能縱容，每天在走戰爭邊緣的策略和路線的政治人物，因為在這個命題之下，他一定有一個被誇張的威脅與敵人，代罪羔羊，民主法治整個都會發生問題，也無法全方位的回應中國崛起的挑戰，因為所有的以國家安全為名限制自由，侵害法治，打擊異己，壓制多元的措施都會在這個框架中得到正當性和支持。

所以這是一個我們不能逃避必須要面對的議題，未來領導人在內部不僅要能扮演一個整合的角色，相反我們必須要去批判那些從撕裂仇恨取得政治養分的政治人物，同

樣的我們是要去鼓勵，本身要去提供想像的願景，怎麼樣去與十三億人民對話，我們的政治體制裡面如果沒出現這種理性聲音的話，前面所提的多元文化、政治體制都會被拖累，現在要維持一個邦交國每年差不多二千五百萬美金，我們國家整體資源配置的優先順序需要重新理解與檢討，我們真的需要花三%的GDP去對外做國防嗎？

我們社會也不能陷入一種困境，一半人完全仇視敵對另一半、拒絕對話，如果我們內部分裂，對岸也可以分化我們，在我看來這是對一個民主社會非常不健康的，也不可能健康的，所以這兩個是要用同樣的框架去設法扭轉，否則台灣會走的越來越險、窄、窮，這是我所擔心的。

民主法治也會受侵蝕，如果永遠都在製造敵人的話，這樣就很難建構包容的多元文化。

爲下一代年輕人 留下些什麼

王振寰：回應高老師，年輕人的部分或許和我們情況有很大差異，但年輕人不關心並不表示問題不存在，在社會變動的時候大部分人是不知不覺的，但當我們看到問題時必須要去面對，看到問題要發出聲音。早上談到自由中國出版的十大問題、澄社出版的書，

對當時的問題都有所發聲，知識分子應該有專業，但也要有道德良知，我們需要發聲，這是我們應該要做的，也具有歷史意義的。

讓社會福利制度 更加制度化

林萬億：資源配置的問題，如何找到有效的方式讓時間縮短，不可避免的再次改善稅制，應該要去處理，但是稅制就涉及到有些人不同的看法，包括對於傾向資本主義和公平正義的拉鋸，稅制改革那些部分為優先？要從那些步驟開始？這是下階段要去處理的。

進一步如何讓現有的社會福利制度能夠更加制度化，而非隨性式的政治操作或加碼，兩黨都有這個毛病，如何讓問題降低，回到社會福利，良性的作法就是用社會福利作為社會包容的手段，這是第一個。

第二個，也支持高教授提教育作為國家重要的社會基礎。如何透過資源配置讓其成為下一個世代人力培養中很重要的支持力量，讓下一代減少焦慮，向上流動增加，不只是資源的投入也包括必須要去改造教育體制，重新思考城鄉差距，比方說技職高中教育公私立之間的差距等等問題，甚至回到宜樺兄昨天的議題，作為一個民主法治基礎的培養，教育也應該要扮演一個重要的角色，去培養人的素質、去培養好的社會之間可以互相共同溝通對話的努力。其實我們都有很大的空間回應，也有很多學者在努力，不要因為一兩個不好的人而感到焦慮擔心，依然有認真在做的。

第三個，怎樣讓我們當前社會中焦慮的族群、文化、階級等的文化多元主義普及。我們承認差異一定存在，如果不願面對差異也無法讓多元真正有意義。差異有歷史的經驗和時間空間所產生的變化，我們現在可能必須要用一些更積極的對策，使得因為差異產生的差距縮小，否則會被誤解，讓差異和差距混在一起談，使之成為正常化就不好了，透過知識分子論述更多討論讓它可以處理。

最後一個這幾天下來我有個擔心，在座知識分子的批判滿多具焦在某個人身上，而忘了制度本身不見得那個人可以代表一切，有時候因為某個人的不一致或你對他不同意的關係而導致擴大焦慮，縮小關切面。回到兩黨或多黨政治，制度或政策可能對台灣社會有更大的影響，所以知識分子應該要把視野放廣才不會被覺得和某些談話性節目太類似。

追求精神層面 並堅持應該提升

黃煌雄：我們要一直保持從黨外時代以來所展現的台灣精神的追求，並堅持這部分

應該要提升。我們當年對總統制是全力以赴，但對總統制相關的配套沒有縝密的思考，因而出現了一些執行上的問題，這也反射了我們是處在一個「政治家缺位」的年代。這點值得我們延續以往戒嚴時代保持的銳氣那種探索精神，應該更加堅持這種精神來對待當前的重大問題；以前在戒嚴時代我們都做到了，現在在比較寬鬆的民主環境，我們為何又猶豫？為何又做不到呢？

最後一點，今後台灣無論誰領導，他所面對的中國不再是一九八九年以往的中國，而是世界各國承認的從世界工廠走向世界市場的中國，所以了解中國、面對中國，是台灣領導者必須具備的素養，並謹慎去思考怎麼樣去面對這樣的中國。我們應該努力在台灣建立一個在華人世界中保持領先的民主、公義、永續的社會，這也是我們生存的意義。

我從一九八六年就不斷呼籲要修改選舉制度，那時候幾乎每年有選舉，明年選完之後有關中央層次的選舉大概可以休息四年，這是難得的休養生息的機會。希望國家未來的領導人能抓住歷史的機會，有效處理國家所面臨的課題，這應該也是「政治家」要做好的功課。

包容多元文化 才能創造豐富心靈

王汎森：一、我們是小國，但長期以來我們卻隱隱然認為自己是大國，所以有與我們體型不太相稱的使命感。衡諸台灣過去幾十年的發展，我覺得這個不合身材的使命感所產生的自我不滿及督促力，對我們的發展也有它的益處。

二、我常常向外國人宣傳住在台灣真舒服，所以我們對台灣有許多批評是愛之深、責之切。

三、剛聽完高承恕先生的發言，我們在討論全球化及M型社會這些問題時，不能忘了台灣的南北、公私立、世代、民間與全國等，種種視野範疇間的差別，在思考上述問題時都要考慮到。

其實我認為年輕一代不理會我們談的這些問題，也可能是因為年輕人知道統獨、族群的問題太難解決，乾脆不理會，讓問題自己去新陳代謝。

我因為研究歷史，所以很注意近代的人物。近代人物的政治論述裡面，常隱含著一個對「未來」的模擬雛型。以前人們重視其中隱含的「歷史（過去）」，但是到了一九二〇年代，人們重視其中隱含的「未來」。在一九二〇年代光談過去已經逐漸吸引不了人，而台灣過去幾十年看太多「過去」，應多看看「未來」。

另外有一點，學術和文化是很重要的事情，只有優質、豐富、

包容多元的偉大文化，才可能創造出具有豐富創造力的心靈。這麼多年來，大家太關心政治了，一切力量都被政治捲走，應該要多注意文化。但目前台灣的文化有一個大問題，即經過長期的扭曲與撕裂，我們的文化沒有「座標」(coordinate)，變得不知道該往哪裡走才對。我認為不管將來台灣的政治要往哪裡走，上述的問題都應該好好想想。

教育和醫療照顧　不因城鄉和出身不同

張苙雲：我個人很少想政治議題，多半是因為自己能力的限制，想不清楚，當然也可能是個人原罪。若我未來有兩個夢想，很清楚的在兩個領域。一個夢想是，台灣國民教育階級的質、量和機會，可以不因為城鄉、個人出身背景、家庭有錢沒錢而有所不同。台灣社會的學子可以安心就學受教育。類似的夢想則是希望在醫療照顧領域出現。醫療照顧不因個人出身、財富地位、有關係／沒關係、城鄉等，而得到不同的對待，承受不同的醫療結果。

台灣社會在讓學生安心受教育、民眾放心就診後，才是大力將「教育事業」和「醫療照顧」產業化的時機。無論教育或是醫療，沒有在基本功上的堅持，產業化發展徒然將弱勢者變為更弱勢，以國際醫療旅遊為例，常被引為範例的泰國，從其國民的各項健康指標來看，泰國便宜高品質（划算）的醫療旅遊，實由全民承擔其成本，卻無法分享國際醫療旅遊所產生的利益。富者剝削貧者的不義，是全球化發展下，需要嚴肅面對的公與義問題。

教育沒國際化 會有問題

陳添枝：面對中國崛起的問題，對台灣其實是一個好的機會把自己推向一個高峰，無論如何都無法忽視中國的崛起。

另外談談高等教育，以目前台灣的教育能量非常有限，教育產業未來不能國際化，是會有問題的，無論如何他是一個需求下降的產業，當教授失業時也是滿危險的社會事件，若欲教育國際化勢必吸收大陸對岸的學生最容易，因此國內應該將教育體系轉成雙語教育體系，去中國化最好的就是雙語體系，香港早就這麼做，他們也可以收高學費，用很高的薪水聘請教授。

因此從小學到大學創立一套系統是很重要的，澳洲加拿大英國目前做教育產業的出口十分成功，未來也有中文的產業，勢必有中文教育出口的產業，我們應該要有這各產業的機會，因此如何突顯台灣特色是很重要的。

整理問題　給新政府參考

錢永祥：有個建議請各位參考，明年五月會有個新政府出來，建議各位把這段時間觀察到的問題整理一下，不一定要告訴對方你該做什麼，但至少把問題以及可能的視角整理一下交給新政府參考，或許就是具體的貢獻。謝謝！

培養與年輕世代對話能力

陳芳明：今年九月和韓國學者有座談，我們提到台灣在國際競爭力問題，我很意外韓國學者說他們從來沒有低估台灣的實力。一直我都認為他們比我們強嘛。我們真的應該好好評估我們自己的實力，這個實力是從戰後不斷累積起來，在東亞社區其實已經有一定的份量，因此在談年輕的一代時，我當然也是覺得他們在趕流行、拜物的現象也是有。但我們那個時代也被上一代批評我們非常拜物，我們以前也被批判。最主要的原因事實上，每個世代都有理想主義者，理想主義者本來就是少數，我們這些人放在六〇、七〇年代社會也是少數，因此我對年輕一代還是抱持著期待，我們這個世代也應該培養能力與年輕世代對話，對話才能帶來了解，才能知道自己的位置。

培養語文能力　文化更包容

高承恕：我們體認到有差異就需要更用心的去了解去聽去對話，太多的資源是被誤置的，怎麼樣重新出發已是迫不急待。

我的稿子太短沒寫完，但是我的標題是收錨、揚帆，這幾年錨定在那，一群人搖搖晃晃但其實都沒動，要往外面走了，台灣六〇年代後期之後就早已經走不出去了。我去美國演講，在想怎麼介紹台灣，腦袋一轉把手機拿出來，介紹一個個零件都是台灣做的，她們才了解原來每天用的東西都是made by Taiwan。要教下一代的格局不但視野大、胸襟大、還要有能力。

剛剛提到對話，現在年輕這輩，相對來講對中國不了解，絕大

部分沒去過，因此這樣的前提談對話，就有點力有所不逮，因此怎樣有更多語文能力，更多文化的包容胸襟，建立更寬闊的世界是基本工作。台灣這幾十年本來就累積了這些能量，未來是希望重新把資源和關注擺在上面。

社會整合　強調的就是合作

張茂桂：日常生活就是一個權力角逐的範疇，這裡面就充滿了很多公與義的問題，再說一次低調的專業主義是很重要的，作為一個稱職的知識分子也代表是稱職的工作者，我並不是說就不要去理會作為公共型、批判型的可能，仍然是可做的。

另外提到一點對於如何進行一件事情的說理、批判，我有些看法，社會上太多的

口水撕裂，也就是訓話的人太多，作為一個批判的知識分子其實也有另外一種選擇的可能，你可以拉出常常被我們忘記的力量-設身處地empathy感覺到別人所感覺到的東西，也就是同理心的重要。但資本主義不強調這個，被壓抑了，如果歷史記憶感情是重要的議題，但設身處地更重要，是相互性的，這不是唯一的路，但是可以選擇的路，談到社會整合也是重要的議題，社會教育、社會福利、

多元文化都和社會整合有關，強調的就是合作，合作需要有很多正當性的支持（外部的、內部的），社會福利、教育和多元化都是，所以這方面的公共投資不只是要增加，如何使用也是很重要的。

最後一個就是兩岸還有國家經濟發展的角色，我也在想說走回「發展國家」的角色有困難，如果不能走回發展國家的老路，不然就是因勢利導或合作的這種狀況也許是可以去想的問題。

每個人都是公民社會的一員

鄭瑞城：一、烏托邦，就字眼來說有兩個意義，一個是完全完美之地。另一個是烏有之地—世界上沒有一個這種地方是可以稱之。但是追尋烏托邦這件事是任何時間點、任何地方都在發生。我們現在就是在追求美好的地方，希望居住在這個地方的人能更相互尊重、包容、理性、公義。

二、不一定把自己當知識分子，但就一個廣義的公民社會成員來說每個人都是一員，也是公民社會的元素。我不贊成說學生不關心這些議題，我觀察到他們非常的焦慮看到政治紛亂內鬥。

我具體建議如果能整理出來幾個方向，基金會可以針對那幾個方向，每個方向找兩三個人，去work out更具體的建議。

政治面：（一）族群對立與融合。（二）民主法治怎麼樣堅守，理性制衡如何建構。（三）積極、理性面對中國問題。

經濟面：（一）積極發展經濟。（二）貧富跟城鄉差距。

文化問題：怎麼樣尊重包容多元文化，從全球化觀點下尋求文化的自主性。

本土化須放在全球化脈絡來找定位

李金銓：一、台灣政治圍繞著壓迫與反抗的主軸，朝野兩黨都沒有太好的榜樣，鎖國心態不好。

二、媒體注意力都放在狹義的政治議題，對於其他社會公義與文化創新都沒有賦予注意力。其實，台灣文化資本不可忽視，不應妄自菲薄。

三、今天台上這批人對「中國崛起」都沒有正確的判斷。M

型社會或兩極社會的資訊差距也在擴大。國際新聞少之又少，難道對於我們生存空間沒有啓示意義？只有很小部分人有熱情去看外文報紙，台灣所有的熱情都消耗在很小的議題。但是台灣天天講本土化，本土化必須要放在全球化的脈絡和國際視野來找定位。即使要反對全球化也要先了解全球化。我們是中等國家，「中國崛起」如果不變成世界災害的話，我是樂見其成。台灣應該創造一個祥和、大家覺得很好的社會，不一定要怎麼和中國別苗頭，自己建造一個積極有意義的社會也很好！

世界上到底哪些榜樣可以讓我們採取，綜合走出一條自己的道路？我常常在想台灣應該是要學荷蘭而不是學美國。能不能想出一些什麼好辦法，加強國際新聞的報導，很多有意義的需要是可以創造出來的。

不要再清談　要提出來談

余範英：我們所有的與談內容跟十年以前的差不多：國家前途，確保憲政體制、改造整體社會、培育人才、面對知識經濟的社會，通盤檢討多元化的社會，今天又加上包容的文化心態，談來談去覺得還是清談。十年至今，跟年輕人對話，講什麼，不管講黨外精神也好本土化也好，我們都迴避了面對中國崛起，每個人都講到但通通都沒有深

入。全球華人世界以積極心態對待中國，有一位說到未來的設想要有優質包容偉大的文化，沒有座標要如何脫身？

未來到底怎麼樣架構台灣？十五年前構思的亞太營運中心流失掉了，今天ASEAN成立了，東亞經濟也朝向整合，FTA美韓也簽了，台灣還是走不出去，和平的願景還不知道是什麼，是不是有個方式可以來談。

為什麼我們對中國的問題不能有一些想法，根據雲漢提出的「和平」，不管黨外不論本土或其他思維。日前田弘茂也在回顧兩岸二十年的會議中提到兩岸和平進程、兩岸關係，以和平的方式提出一個approach，如果沒有進一步的作為，就只是關門自賞。不要再清談，不要把責任都留給下一代，我誠懇真切地提出，希望能得到回應。這幾天都討論不足，可能需要再一次的聚會。

知識分子要加強批判火力

南方朔：「主體性」這各名詞是戴國輝從日本帶回來的，他所謂的「主體性」，是相對於外在世界追求本身最大利益最大範圍的可能性，但他說的「主體性」後來被人當

作鎖國的意識型態，就被其他人拿來當作肚臍眼，後來他一直對自己創用「主體性」一詞覺得非常懊惱。近年來在亞洲國家內最能為發揮真正主體性的，其實是韓國在金融風暴之後，他們堅持自我不做大國附庸，遂有了陽光政策和新的方向和可能性。韓國思想的變化實在值得借鏡。

此外我認為今天的台灣已必須要有一種新的認知、新的願景，準備去寫未來新的歷史。近代的中、港、台、澳，由於我們都不是真正的歷史主角，主角是各式各樣的列強，它們創造出了基本的結構，我們只能在受制約下去做有限而且多半是不幸的選擇。而到了今天，世界形勢已變，已到兩岸四地用更大視野，更多創造力，去面對未來，重寫新歷史的時候了。兩德兩韓那種顯示出高度新視野的和平模式，實在值得我們反省，只要有足夠的努力，聯合國的兩席都是有可能的。

另外，知識分子作為批判的角色一定要加強，並非說如三、四零年代理想性的烏托邦，而是要加強防衛性角色，對於不能容忍的事務要有很強的防禦態度，挑撥仇恨不可以、危害到自由民主基本價值、基本人性也絕對不可以。我覺得台灣未來反仇恨立法應該加強，歐盟剛通過反仇恨法案就是面鏡子。我認為在做知識分子要很快凝聚一些重要策略讓新的政府領導人作參考，目前公視在做一系列的討論，要給未來總統的建言。台灣的問題是出在病態領導，需要有一大群人鼓吹及敦促優質領導，這個工作是我們在座各位關心公與義的成員該做的。

國家認同共識 須先建立

江宜樺：台灣其實很有氣魄，只是必須知道具體操作的可能性基礎在哪裡。坦白說，目前這個世界非常厭惡政治，但我只能跟各位說我若判斷沒錯，台灣要往前走，不管立多大的志願，可能要先安頓好起碼國家認同的共識。我也不是期待獲得很強的共識，去解決這些沒辦法解決的統獨問題，但至少不要讓它成為主要爭議所在，不然其他問題很難推動。

另外，我們必須注意憲政法治的層面，當我們無法好好按照憲法運作，或是挑一個最複雜的方式運作，無論是誰領導都會有問題。至於說要不要修憲？如果不修憲，大家能夠有個總統規矩地遵循憲法那最好，可是我看並不是這個樣子。即使有非常尊重憲法的總統出現，雙首長制的憲政問題仍然會讓我們陷入之中，因此我認為這些問題必須解決，我們才有辦法處理更大的問題。

積極解決經濟兩極化問題

朱雲鵬：幾個建議，第一、呼應宜樺剛剛所說，認同的共識、憲法的修正，以及對不良政治文化的批判。修憲很難，現在這個憲法的確是很多問題的亂源，單純總統產生的方式也要修憲，我也是做這個呼籲。

第二、因為很多政治的問題跟經濟的兩極化糾纏在一起，台灣要用緊急積極的態度，解決經濟的兩極化問題，在中南部創造更多的就業機會，擴大被全球化遺忘的那群人所得增加的機會，很多事情可以做，所得改善了就能參與全球化，很多其他問題就會被解決，就不會這麼容易在政治中被盲目動員。

第三、我們現在的下一代，他們的創意腦筋轉的程度比我們要強，雖然他們對大環境，對政治是不關心的。如果這裡發展不好，他們就會去大陸、新加坡等發展，在教育學生方面，這點要學習香港變成國際化的視野，多做雙語教育尤其技職體系或中南部出來的，語言不夠好，影響一生的前途，看到李家同在教中學生文法，其實這就是根本。

總結：

啓動良性對話　才是民主社會的德政

總召集人黃榮村：總結大體可分四類

第一、政治方面：與崛起的中國跟變動的世界隔絕，是不切實際的，台灣應多關注國際變動的資訊，應該將台灣放回兩岸亞洲與世界的架構看向未來，在地化應放在全球化中發展，反對仇恨立法讓和平帶入，才能有真正的自主性，能全方位回應世界，才能解除困境。啓動良性對話，才是民主社會的德政，以免越走越窄越走越險。現在所面對的中國，已非過去的中國，任何領導都需謙虛謹慎，全力以赴提升對話的品質，不要製造偏狹的假議題，讓社會花太多時間來做無謂的爭議。政治家缺位的嚴重性應予正視，應回復解嚴前的理想，未來四年是最好的機會處理內部問題處理歷史記憶。處理這些問題，應該不要過度集中在少數人已過度關心過的部分，應該擴大關切面到憲政面體制面，型塑優質的政治領導。

第二、具體問題：台灣的義務教育、醫療、高等教育的質量不要因各項差異而有不同，希望之後發展成產業國際化、雙語化，吸引外面人才。

如何在全球化之下發揚在地特色，不能忘卻忽視南北公私代間等等差距，應該要拉近差距，年輕人要能與外來接軌，應花更多的精神在稅制與社福改革上，走向包容重視底層。下一代人才培育的基礎，應重新思考教育體制等問題。

第三、社會要有優質多元的文化才會有豐富的心靈。文化應該要有座標，從政治脫身，走出一條活路。知識分子對現有的議題應該積極研議，結合專業以便能當為公民社會的一員，加強防衛性角色。知識分子也應對年輕人抱持希望，對差異有包容心，設身處地讓他／她們更為國際化。

第四、是我們這兩天討論中提到的許多具體建議：

一、民主法治、族群和諧、貧富差距、南北差距之改善，對多元文化尊重，型塑多元包容的文化歷史記憶的處理，這些特別的議題要提出具體建議。

二、對中國如何發展出具有和平進程的架構，讓政府願意推動。

三、主體性的概念，極有可以被誤用濫用，歷史沒有被好好撰寫。應重新再啓動，以新的眼光先安頓好國內認同，並且在華人東亞歷史中重寫歷史，創造華人新的格局和主體性。

最後，應該要期待下一個世代民主多元公義與永續的大台灣。

時報文教基金會余範英董事長：這兩天的聚會，大家非常誠懇，相當負責，在各個專業領域講的很多，知識分子的角色與反思亦多。台灣要做的事情非常多，不論是哪些議題，我們還是要面臨世界區域的變化。

後記

草山會議后記

——朱雲漢

面對令人憂心的政治、經濟與社會現狀，以及台灣社會整體對未來的迷惘與信心危機，知識分子應該做什麼？能做什麼？這兩個問題已經懸掛在大家心中許久。學術界的這群朋友大家來到草山，無不希望與其他人分享自己對這兩個問題的思考，或著希望從其他人身上得到啓發與激勵、甚至希望能討論出一些積極而具體的構想或行動方案，讓自己的知識力量，能在這個歷史濁流中，發揮一些起碼的澄清作用。

雖然參加草山會議的學者，大家的學術背景未必相同，承襲的歷史記憶與政治理念未必一致，對於台灣的未來之想像也未必都有交集合，但在熱烈的互動中流露出一股股惺惺相惜的暖流，沒有虛假的客套，但也沒有尖酸刻薄的批評。更重要的是，雖然我們沒有獲致任何具體的結論，但有幾個不言而喻的共識卻逐一浮現。

第一個共識是，面對政治的大毀壞，政治人與媒體人的沉淪，知識分子不能選擇沈默，選擇沈默等於變相鼓勵政治人與媒體人的惡行惡狀，選擇沈默等於默認現狀已經無法扭轉，選擇沈默等於知識分子的放棄自我、放棄台灣。

第二個共識是，知識分子必須堅持的一些基本原則。知識分子必須幫助台灣社會維護一些最基本的核心價值，這些核心價值超越藍綠、超越族群。民主、法治與多元等這些核心價值，界定台灣的存在意義，讓政治共同體的想像得以持續，也讓生活在這片土地上的人們保有起碼的尊嚴與自信、與對於未來的期待。對於破壞這些核心價值的政治人物與媒體人，知識分子必須挺身嚴厲批判與指責。

第三個共識是，知識分子不能放棄想像的權利，也不應過度限制自己的想像空間。知識分子必須設法幫助自己的社會，幫助台灣的下一代，探索一個比現狀更好的境界，勾勒出一組值得追求與努力的願景。知識分子不能輕易接受不合理現狀，尤其不能輕易接受一個與自己理想有巨大落差的現狀或既存趨勢。一個社會中的知識分子如果失去想像的能力，如果失去批判性思考的能力，這個社會也就失去了思想羅盤。

第四、知識分子不能鄉愿，不能面對爭議只是在表面上維持「中立」，應該避免落入對藍綠各打五十大板的窠臼。知識分子必須永遠對當權者，對於權力關係中的居於支配地位的強者，抱持合理的懷疑，並對他們課以更大的責任。大多數參加草山會議的學者，過去國民黨威權統治時期，都曾扮演過批評者的角色，甚至曾直接在第一線挑戰威權體制，直接獻身民主改革運動，但卻從未在政黨輪替後謀求一官半職，或接受封官授爵。因此當他們對於綠色政權嚴厲批判，絕對可以理直氣壯，因為他們站在道德制高點上。同樣的，如果國民黨在今年五月重新執政，又擁有國會絕對多數，這批永遠的在野監督力量，會毫不遲疑的將其批判火力轉向藍軍。

參加草山會議的十九位學者，絕不敢宣稱他們代表台灣的知識界良心，他們只是眾多關懷社會的知識分子中的一個小小的、局部的縮影。不過，在這個民粹政治橫行，弱智媒體充斥的時刻，他們的諍言猶如一枚信號彈，在黑夜中畫出一道光芒，激勵更多的知識分子加入扭轉台灣命運的行列。

幻滅不是放棄　而是覺醒

——陳芳明

書生空議論的時代，已是一去不復返。如果讀書人保持議論的能力，那表示對社會還維繫著一絲希望，也是對理想還未放棄追求的努力。接受時報文教基金會的邀請，參加「台灣的社會發展與變遷」閉門會議，為的是要對八年來綠色執政做一次總的回顧，也是為了對自己的發言位置做一次自我反省。

兩天的會議給我最深刻的印象，便是知識界仍然還保持旺盛的能量與想像，每位與會者對於台灣還是充滿高度期待。在名單中，我發現每個人都有過參加民主運動的紀錄。縱然政治的低迷氣氛瀰漫著學界，卻未澆熄他們所懷抱的理想與希望。

彼此之間的挫折感，當然還是存在著。這種挫折，究竟是來自對綠色執政一廂情願的預期，還是民主理想在實踐過程中遭到了阻撓。我想，這兩種原因都確實有的。對於政黨輪替的期待過高，幾乎是世紀之交每位知識分子的共同心情。必須承認的是，國民黨執政超過半個世紀，遺留下來的歷史問題亟待解決。面對那麼多未完的政治工程，顯然不是毫無執政經驗的民進黨能夠處理。這也是阿扁上台時，得到社會大眾諒解的原因。我對綠色執政有期待，當然是親自經歷過封閉年代的威權與保守。我對阿扁政府產生挫折，有一部份可能是期待過高。

然而，更大的挫折卻是來自民主實踐的障礙，而這樣的障礙必須由民進黨來承擔責任。政黨輪替之後，朝小野大是一既成的事實，這是當權者必須優先克服的難題。阿扁政府在執政之初，既未放下身段，也未創造協商文化，反而是以高姿態採取對抗的策略。這種對抗手段，註定了前後八年的動盪根源。這也是我對綠色執政從期待到批判的轉變關鍵。

以些微票數勝選的阿扁政府，從來都沒有考慮到民主政治的遊戲規則。對於舊執政者所遺留下來的功與過，接班者應該有義務去概括承受，而不是報之以全盤否定的態度。從廢核四到去中華民國的一連串措施，阿扁顯然是以革命者的角色從事清理的工作。反核與正名，原是可以遵循民主方式來解決。歷史存在那麼久的問題，不可能在一夜之間就可處理完畢。但是，阿扁政府卻以革命手段進行清除，完全無視朝小野大的事實，也完全沒有顧慮自己是否尊重民主原則。

我對阿扁政府批判，因為我相當清楚最高最大權力掌握在他手上。在他執政的前四年，我撰寫一系列文字為民進黨辯護。我也譴責國民黨的顢頇與杯葛，然而我對阿扁更有期待。事實已經證明，這樣的期待終於是落空了。因此，他尋求連任成功之後，我已找不到立場為他辯護。當他革命者的角色越來越鮮明時，當他把自己搖身變成正義化身之際，我能夠選擇的途徑就只能是提筆批判。

參加閉門會議的兩天，我其實也是閉門反省自己這兩年來的發言。在與會者的身上，我看到自己的影子；在他們的言談中，也聽見自己的回音。在混亂而動盪的歷史階段，能夠聆聽不同領域、不同專業的學者提出各自的見解，使我感受到知識分子說真話的勇氣。那種感受，使我覺得台灣民主理想還在燃燒，也覺悟到自己的言論終於不是寂寞。

附　錄

重拾一個多元、開放與包容的台灣

——二〇〇七年十二月十七日

社論

為了替台灣下一階段永續經營與社會發展思索方向，時報文教基金會日前特別邀集十數位來自人文、社會科學相關領域的學者專家，閉門舉行為期兩天的研討會，就台灣當前的政治、經濟、文化、環境等所爭議與糾葛的若干議題，進行深層的反省與廣泛的對話，並嘗試梳理出若干出路。值此選舉喧囂鋪天蓋地的時刻，重拾對這些問題的關注或許有些不合時宜，但我們始終認為，要讓台灣走出困局，讓相關課題重回公共討論的平台，恐怕是必要踏出的一步。

要知道，當下的台灣不可能自外於全球化的浪潮，也不可能完全忽視東亞與中國正在進行的劇烈變革，畢竟台灣的競爭力與社會分配的兩極化，正是與這個外環境的變革糾纏在一起；同樣的，當下的台灣社會也實在不能再被持續的切割與對立，畢竟不同世代或族群的認同或記憶，該是象徵台灣多樣與多元的珍貴資產，不是在選舉操作中不斷被用來為撕扯的工具；更有甚者，藉由民主轉型所辛勤打造出的公民社會與責任倫理，實在不能再讓少數政客的操弄與踐踏，就輕易的給摧毀掉了。這些林林總總的課題，其實都與台灣未來的命運息息相關，但圍繞這些問題的思考與對話，卻在當下的台灣被嚴重忽略。

我們發現，許多議題在經過對話後，逐漸就能夠還原其真義。以最近在台灣被過度消費的「轉型正義」為例，在最早被提出時原本旨在正面看待台灣的歷史過往，包括二二八、白色恐怖、本土化、兩蔣評價等在內，期盼能藉以重建台灣社會的和解與包容，本是具有相當嚴肅時代意義的概念，然而這組理念在被部分政治人物收編為口號之後，很快的就淪為操作政治報復的廉價修辭，甚至是算計選票多寡的工具。結果「轉型正義」的實踐不僅未見落實，原始的精神卻遭嚴重扭曲與摧毀。

同樣的，台灣在歷經解嚴、開放黨禁報禁、修憲等改革進程後，原本在民主、法治、人權保障的成就上已經享有極高的評價，卻在跨過民主化進程最關鍵的門檻—政黨輪替後開始面臨嚴酷考驗，包括國族認同的紛歧、憲政體制的紊亂、責任倫理的淪喪、程序正義的破壞、黨派識別的標籤、民粹動員的操作、政治語言的粗鄙……等都讓許多人對台灣的民主現狀感到不滿，甚至是彌漫著焦慮與畏懼，若干明顯反民主的陰影，如戒嚴、延選、軍管、操作奧步等傳言，已經開始飄浮在台灣的輿論氛圍中，怎麼重拾台灣社會對民主基本理念的信守，恐怕已是刻不容緩。

當然在這個過程中，知識分子究竟該扮演怎樣的角色，也值得進一步的思索。不諱言說，不少原本在戒嚴期間積極扮演觀念啓蒙、改革催生甚至行動參與的知識分子，很弔詭的在政黨輪替後陸續陷入進退維谷的境地，逐漸喪失對既有體制的批判與制衡能量，甚至根本選擇噤聲不語。結果這股在台灣原本最蓬勃的批判力量，竟然在政黨輪替後逐漸沉寂，導致這種情境的因素有多端，有的是被收編成為體制內的一部分、有的則是礙於昔日情誼不忍苛責，少數還敢於堅持批判者則被扣上各種帽子，結果在當下最需要知識分子站出來匡正時弊的亂局中，這股力量卻缺席了。而台灣知識分子究竟該怎麼重拾這股批判力量，絕對是需要嚴肅對待的課題。

值此選舉考量凌駕一切的時代氛圍中，彌漫於社會視聽空間的議題，舉目所見皆短線操作、區分敵我、擴大對立、情緒渲染的語言，罵街式叫囂取代了理性的對話，政客與媒體名嘴壟斷了輿論的發言位置，屬於更高層次的議題，例如對全球化視野之觀照、對大歷史意識的反省、對普世價值的信守、對公義理念追尋等，都被推擠到邊緣的位置上，這種輕忽的本身或許也是台灣的所面臨的危機之一。

兩天的研討當然不可能為許多難題找到答案，也不易獲致清晰肯定的結論，但透過研討也終究發現，再複雜敏感的爭議，都可在理性溝通中獲致彼此的理解與尊重，一個民主、永續、開放、多元、包容的台灣，不該僅只是個夢想，而是本來就可藉由實踐就能達到的目標。

知識分子如何不見了？

——邱天助

日昨，中國時報的深度報導質疑台灣知識分子不見了，對於讀社會學也教社會學的人，感受特別深刻。以往，社會學者往往被喻為社會的良心，總是站在社會正義的一方，充滿著知識分子的使命感。因此，學社會學的人心理上免不了帶有知識上的驕傲。

然而，近幾年，卻越來越多的學生曾沮喪的對我說，她／他們對社會學逐漸失去以往的熱情與興趣，覺得社會學理論對台灣當代社會的分析或影響，似乎已經失去以往的光芒與力道。同學彼此之間談起理論來，也沒能捕捉到往昔師長所憶及的，那種興奮的眼神，那種求知若渴的期盼，有的只是前途茫茫的焦慮。在她／他們眼中，社會學雖然尚未死亡，但就像一隻笨拙的大象一樣，步伐蹣跚、疲態屢現。

在社會學裡，理論或概念都是社會分析的工具，並非先驗性的存在；理論並非獨立、抽離、客觀存在的實體，也不是自我封閉、自我參照的論辯系統；理論更不是社會學家的修辭學或文字遊戲，完全與世俗世界徹底分離。因此，無論古典社會學家馬克思、韋伯、涂爾幹，或傅柯、布爾迪厄，到當代的貝克、紀登斯與杜漢（Alain Touraine）的理論建構，都是基於對所處社會的關懷或批判，甚至行動和實踐，這也是社會學理論的魅力和力道所在。

然而，面臨所謂「轉型期正義」的社會，台灣社會學者似乎失去了對威權思想或制度壓迫的批判力與行動力，社會學理論的教學或研究只能以「後設理論」（metatheory）的形式存在，單純在探究、分析、描述理論本身的理論，或致力於理論的建構分析，找出理論的空隙，以批判或修飾理論，進行理論的拆解或重組。社會學理論變成一種形而上的思辨知識，甚至成為博克（Kenneth Burke）所說的「理學」（logology），只是一種宗教的修辭學罷了。

更有甚者，在當前高等教育的控管體制下，大學教師已逐漸淪為論文量產的機器，從廣大的社會場域撤退到封閉的研究空間，大家關起門來做學問。在國家機器的規訓之下，如今，我們關心的是論文不是社會，在意的是篇數而非它所發揮的社會影響力，造成許多人的研究喜歡炒短線，以增加自己的「學術資本」。

在怕被染上藍綠的政治焦慮下，越來越少人有像曼海姆所說的「公共知識分子」

的使命感，能夠超越階級的侷限，不受學院行規與專業定見的束縛，保持對歷史和社會清醒的分析和判斷，始終以公共利益為目標，堅定的向權力說真話，成為漫漫長夜的守更人。如今，學社會學的人，不但逐漸失去社會實踐的行動力，也造成理論與行動的分離。最後，理論往往變成抽空的思辨系統，與塵世無關。當社會學理論的教／學，越來越布爾喬亞化的情況下，也讓許多學生感覺這種論述似乎離她／他們越來越遠。

因此，如果我們確信人類的反思與行動能力，我們就必須從「理論」轉化為「行動」。根本上，我們必須認定社會學者不應是社會生活之外的旁觀者，而是社會行動的積極參與者。當我們發現運用某些主流社會學的理論和方法，不僅難以面對台灣轉型社會和轉型問題，甚至還會導致社會學變形為社會巫術的巨大風險時，就不得不轉移我們的方向，實現杜漢所謂從「結構社會學」向「行動社會學」的轉變，將社會學(理論)定位為「濟世之學」，力求從社會批判與行動的立場，來關照轉型中的台灣社會。

我認為，我們的立場應是鮮明地站在社會底層或被壓制的這一邊，以現存社會結構中的壓迫、支配和不平等問題為關注的核心，注重底層的日常生活經驗，揭示不平等的社會結構作為社會學的基本目標，以激發師生教／學的熱情，也涵育未來的行動潛力。

（二〇〇八年一月三日時論廣場．作者為世新大學社會心理學系教授）

當我們面向草根社會

——陳美霞

「台灣知識分子不見了」，這是一群學術精英近日在分析台灣社會變遷、檢驗台灣社會的公與義時，集體發出的感歎與省思。確實，過去一、二十年來，一方面，台灣社會貧富差距拉大，失業、自殺、吸毒、詐騙、生態失衡……等等社會問題紛至沓來；另一方面，政治層面卻充斥著虛假、欺瞞、對立、與內耗。這樣的情境讓這群學術精英有著嚴重的焦慮感。

而學術精英所謂「知識分子不見了」，事實上指的是「公共知識分子」。現代社會高度專業化的發展下，專業知識分子的工作被細微分割、被狹窄化、被科層化，他們本來擁有的面向公眾、為了公眾、涉及社會改造的「天職」逐漸被腐蝕，他們陷入自己的專業、學術的小王國，與專業、學術之外的歷史與社會漸行漸遠，甚至脫離、斷裂，「公共知識分子」這個群體似乎也因此在消逝中。

筆者作為關懷台灣社會的一介知識分子，對這群學術精英的焦慮情懷，感同身受。然而，我卻見證了台灣公共知識分子依舊在，他們仍活躍的在草根社會不停耕耘：

二〇〇三年SARS對台灣社會的巨大衝擊，造就了台灣公共衛生界史無前例的、全國性的、近千位「公共知識分子」的集結與形成。

因SARS流行的慘痛教訓，當時台灣社會對公衛體系前所未有的關注、社會大眾對改革公衛體系的要求也空前強烈。是在這樣的時空背景下、反省氛圍中，一群公衛醫療專業人員集結起來，推出《公衛教育在社大》的行動。

過去近五年來，他們運用專業素養分析公衛體系醫療化、醫療體系商品化、財團化的問題、健康差距越來越惡化、疾病汙名化、生態環境嚴重汙染、新興與再浮現傳染病威脅、醫病關係惡化等等公衛體系廢功的諸多問題。他們更進一步付諸行動，經由社區大學的平臺、經由社區，推動解放公衛知識、改造公衛體系的工作。

然而，這樣的行動並沒有得到大眾媒體的關注。因此，他們運用小眾媒體的種種管道，如，在全國社區及社區大學開課；舉辦終身教育研習營、研討會；發行電子報、部落格；運用民間戲曲如車鼓陣及歌仔戲；建立全國防疫志工網絡等等。藉由這些小眾媒體管道，公衛醫療公共知識分子與社區民眾共同感受、解放、建構新公衛知識，期望進而與社區民眾共同推動公衛體系的改造。

筆者從芝加哥大學回國任教十年有餘，在關懷台灣社會、投入改造社會的工作中，與許許多多有志之士多有個共同的感受：假如我們面向台灣上層結構，我們看到的只有虛假、欺瞞、對立、與內耗，我們覺得台灣向上提升的希望十分渺茫、因此有著嚴重的焦慮感。但是，假如我們面向台灣草根社會，我們卻深刻感受草根社會擁有著充沛的能量與豐富的智慧，我們因此覺得台灣邁向公與義的社會是充滿著希望的。

因SARS衝擊而集結起來的公衛醫療「公共知識分子」，正是因為他們面對台灣草根社會，一方面理解到台灣公衛體系廢功的問題，另一方面也感受到草根社會向上提升的能量與智慧，因此與草根社區民眾共同學習與行動，推動公衛體系的改造。而這群「公共知識分子」給了我很大的啓發：他們正在草根社會，在公衛、勞工、弱勢群體、環保、性別等等不同的領域，實踐著他們的理想。台灣「公共知識分子」依舊存在。

（二〇〇八年一月十日時論廣場．作者為成功大學醫學院公共衛生研究所教授）

尋找行動的知識分子

——李永展

新舊歲之交，有兩則值得對比的新聞：十二月底，《中國時報》以「過去八年，為何知識分子都不見了？」為題，紀錄在「面對公與義——台灣的社會發展與變遷」研討會上，十九位重量級知識分子齊聚一堂，自我剖析知識分子這八年來的邊緣化，政治的毀壞與社會集體焦慮，使這些曾經引領思潮的社會知識菁英也感到無奈與茫然的境況。一月初，報載高工肄業的白米炸彈客楊儒門即將在台北市文山社區大學開課，剖析台灣農業困境，而他所開出的選課要求是：「不吃麥當勞、肯塔基」、「不進連鎖商店、百貨公司」、甚至「拒用手機，不用電腦」。

這兩則新聞之所以引起筆者注意，原因在於，在同樣的政治局勢、同樣的社會情境下，擁有更多文化與社會資本的知識菁英有著時不我與的喟嘆；而出身農家、各種條件都相對弱勢的楊儒門，卻在極為困難的生存結構中，不僅以言説，更以具體的行動，自我實踐也引導實踐。

義大利革命理論家葛蘭西區別兩種知識分子：「傳統的知識分子」與「有機的知識分子」。前者是在給定的社會中，執行哲學與意識形態領導任務的人們，而後者則更緊密的與其所屬的階級相聯繫。

傳統的知識分子往往把自己看成是獨立的、自由的，並且有自己的個性，但這種獨立性不過是一種幻覺，因為他們不可避免地和他們生存的社會階級相聯繫，他們依附於時代的統治者以及當時的生存結構，就像教士之於封建貴族、士大夫之於集權王朝，或者是自由主義時代的自由代言人。

而有機的知識分子不再是雄辯家，不再是煽動人們的感情和情緒的外部和瞬間活動的說客，而是做為締造者、組織者、永恆的推動者，是積極地參與實踐生活的行動者。換言之，每個人都可能是知識分子，而所有的行動者都是知識分子。

因此，所謂的知識分子不是一種身分，而是以「態度」決定，他與某種特定的世界概念相聯繫，具有某種思想方向，並且致力於實現他的世界觀。楊儒門是典型的行動知識分子，而事實上，在所謂「知識分子不見了」的時代，仍有許多人面對他與世界聯繫，而以行動者的面貌實踐了知識分子在社會中的職能。

一直以來，參與時報河川保護小組守護台灣的河川及生態就像有機的知識分子參與台灣的公共領域一樣，其實是很內在也是很外求的。十數年間由關懷河川、重視水資源管理，到推動環境生態議題，我們在全台各地連結社區大學及社區公民巡守台灣河川，這兩年更與各在地專業、學者與行動夥伴分別就河川溪流整治開工作會，為永續社區營造作推動，落實台灣公民社會的理想，親眼目睹這些行動者便是「有機知識分子」的最佳代言人。

新舊歲之交，期待台灣的民間社團及社區公民都能成為具改革理想及行動力的有機的知識分子，繼續為公與義的公民社會努力。

（二〇〇八年一月十六日時論廣場．作者為中華民國社區營造學會理事、時報文教基金會河川保護小組顧問）

國家圖書館出版品預行編目資料

知識分子的省思與對話／沈憲欽，曲家琪文編.
-- 初版. -- 臺北市：時報文化基金會，民 97. 02
面； 公分. --（時報文教基金會叢書；48）

ISBN 978-986-82821-4-8（平裝）

1. 言論集

078 97002261

時報文教基金會叢書 48

知識分子的省思與對話

籌備委員：黃榮村、朱雲漢、
余範英、林聖芬、倪炎元

發行人：余範英
出版者：財團法人時報文教基金會
地址：台北市大理街一三二號
專線：（〇二）二三〇六-五二九七
文編：沈憲欽、劉端翼、曲家琪
美編：郎遠迪、林禮珍、曾立三
特約記者：彭蕙仙
特約攝影：林國彰
初版一刷：九十七年二月
初版三刷：九十八年三月
定價：新台幣三百五十元